# 直齋書録解題

下

〔宋〕陳振孫 撰 徐小蠻 顧美華 點校

上海古籍出版社

# 直齋書録解題卷十四

## 音樂類〔一〕

〔一〕盧校本作卷四十四音樂類。校注曰：有元本。

劉歆、班固雖以禮、樂著之六藝略，要皆非孔氏之舊也，然三禮至今行於世，猶是先秦舊傳。而所謂樂六家者，影響不復存矣。竇公之大司樂章既已見於周禮，河間獻王之樂記亦已録於小戴，則古樂已不復有書。而前志相承，迺取樂府、教坊、琵琶、羯鼓之類，以充樂類，與聖經並列，不亦悖乎！晚得鄭子敬氏書目獨不然，其爲説曰：儀注、編年，各自爲類，不得附於禮、春秋，則後之樂書，固不得列於六藝。今從之，而著於子録雜藝之前。

樂府雜録一卷〔二〕

唐國子司業段安節撰。

〔一〕今案：此條據盧校本補。

琴説一卷

唐工部尚書李勉撰。

琴書三卷

唐待詔趙惟暕撰。稱前進士滁州全椒尉。

琴經一卷

託名諸葛亮。淺俚之甚。

琴説一卷

唐待詔薛易簡撰。衡州耒陽尉。

琴義一卷

稱野人劉籍撰。

琴三訣一卷

稱天台白雲先生。

指訣一卷

唐道士趙邪利撰。一名彈琴古〔二〕手法。

〔一〕盧校本「古」作「右」。校注曰：館本「古」，通攷同。

琴操一卷

不著名氏。中興書目云：晉廣陵守孔衍以琴調周詩五篇、古操、引共五十篇，述所以命題之意。今周詩篇同而操、引財二十一篇，似非全書也。

琴曲詞一卷

不知作者。凡十一曲。辭皆鄙俚。

琴史六卷

吴郡朱長文伯原撰。唐、虞以來迄于本朝，琴之人與事備矣。

製瑟〔二〕法一卷

不知何人撰。

〔二〕盧校本「瑟」作「琴」。

大胡笳十九拍一卷

題隴西董庭蘭撰，連劉商辭。又云祝家聲、沈家譜，不可曉也。案：文獻通攷又有小胡笳子十九拍一卷，引崇文總目云：琴曲有大、小胡笳，大胡笳十八拍，沈遼集，世名沈家聲；小胡笳又有契聲一拍，共十九拍，謂之祝家聲。此題曰大胡笳十九拍，疑有誤。

琴譜八卷

鄞學魏邸舊書有之，己卯分教傳録，亦益以他所得譜。

琴操譜十五卷、調譜四卷

參政歷陽張嚴肖翁以善鼓琴聞一時，余從其子佖得此譜。

琴譜十六卷

新昌石孝隆君大所録。

羯鼓録一卷

唐婺州刺史南卓撰。

琵琶故事一卷〔一〕

段安節撰。案：以上二條，文獻通攷引陳氏之言。原本脱漏，今補入。

〔一〕盧校本以上二條列爲本卷第二、第三條，又琵琶故事一卷爲琵琶録一卷。

景祐樂府奏議一卷

殿中丞致仕胡瑗翼之撰。

皇祐樂府奏議一卷

胡瑗撰。

三聖樂書一卷

宋祁子京撰。

景祐廣樂記八十卷

翰林院侍講學士馮元等撰。闕八卷。景祐元年，判太常寺燕肅建言鍾律不調，欲以王朴律準更加攷詳。詔宋祁與集賢校理李照共領其事，照言朴律太高，比之古樂，約高五律，遂欲改定大樂，制管鑄鍾，并引校理聶冠卿爲檢討官，又詔元等修撰樂書，爲一代之典。三年七月，書成。然未幾，照樂廢不用。

皇祐新樂圖記三卷

屯田員外郎阮逸、光禄寺丞胡瑗撰。凡十二篇，首載詔旨，次及律度量衡、鍾磬、鼓鼎、鸞刀，圖其形製，刊板頒之天下。虎丘寺有本，當時所頒藏之名山者也。其末志頒降歲月，實皇祐五年十二月二十一日，用蘇州觀察使印，長貳押字。余平生每見承平故物，未嘗不起敬，因録藏之，一切依元本摹寫，不少異。

大樂演義三卷　案：文獻通攷大樂演義上有補亡樂書三卷。

成都房審權撰。皇祐中宋祁、田況薦益州進士房庶曉音律，上其樂書補亡三卷。庶自言得古本漢書，云「度起於黄鍾之長，以子穀秬黍中者，一黍之起，積一千二百黍之廣，度之九十分，黄鍾之長，一爲一分」。今本脱「之起，積一千二百黍」八字。故前世累黍爲尺，以制律。是律生於尺，非尺生於律也。且「一爲一分」者，蓋九十分之一也，後世誤以一黍爲一分，非是。當以秬黍中者一千二百實管中，黍盡得九十分，爲黄鍾之長九寸，加一，以爲尺，則律定矣。惟范鎮是之。時胡瑗、阮逸制樂，已有定議，遂格不行，詳見國史律曆志。審權，庶之子也，元豐四年爲此書，以述父之意。其後元祐初，范蜀公老矣，自爲新樂奏之於朝，蓋用其説云。

## 樂書二百卷

祕書省正字三山陳暘晋之撰。建中靖國元年進之〔一〕。爲禮書陳祥道者，其兄也。其書雅、俗、胡部音器、歌舞，下及優伶、雜戲，無不備載。博則博矣，未免於蕪穢也。賜〔二〕紹聖元年制科，終禮部侍郎。

〔一〕盧校本「進之」作「進」。校注曰：「進」下通攷有「之」字。

〔二〕盧校本「賜」作「暘」。

## 大晟樂書二十卷

大中大夫開封劉炳子蒙撰。「大晟」者，本方士魏漢津妄出新意，以祐陵指節定尺律，傅會身爲度之説。炳爲大司樂，精爲緣飾〔一〕。又有圖譜一卷。

〔一〕盧校本「緣飾」下無「又有圖譜一卷」六字。校注曰：此下通攷有「又有圖譜一卷」，蓋因晁志有大晟樂府雅樂圖一卷，通攷删其辭而附其目於此，陳氏元本無之。

隆韶導和集一卷　案：文獻通攷題隆韶道百和集，誤。

保義郎大晟府案協律〔一〕姚公立撰。以律吕、節氣、陰陽爲説，凡四十九條。

〔一〕盧校本「協律」下有「聲」字。校注曰：館本無「聲」字，通攷同。

## 雜藝類〔一〕

〔一〕盧校本作卷四十五雜藝類。校注曰：有元本。

九鏡射經一卷　案：文獻通攷「九鏡」作「几鏡」。

唐檢校太子詹事韋韞撰。制弓矢法三篇，射法九篇。

射訣一卷

韋韞撰。敍其學射之初，有張宗者授之訣，遂著於篇。

射評要略一卷

稱李廣撰。固依託也，而亦鄙淺亡奇。

射訓一卷

監察御史張仲殷撰。中興書目云本朝人，果也，不應名犯廟諱。

射議一卷
元城王越石仲寶撰。凡七條。
增廣射譜七卷
淳熙中詔進士習射，書坊爲此以射利。末二卷爲盧宗邁射法，亦簡要可觀。
書品七卷
梁度支尚書庾肩吾撰。
書評一卷
梁侍中袁昂撰。
藥石論一卷
唐昇州司馬張懷瓘撰。
六體論一卷
書斷三卷
書估一卷
論書一卷
以上四種亦皆張懷瓘撰。

翰林禁書三卷

無名氏。案：文獻通攷有翰林禁經八卷，引晁公武讀書志曰：唐李陽冰撰，論書勢、筆法所禁，故以名書。疑即此書也。

書後品一卷

唐御史中丞李嗣真撰。

墨藪一卷〔一〕

不知何人所集。凡十八篇。又一本二十一篇。案：文獻通攷作十卷。

〔一〕盧校注：晁志有十卷者，許歸與編。

古今法書苑十卷〔一〕

主客郎中臨淄周越撰。越與兄起皆有書名。起書未見，越書間有之，俗甚。案：「越書」二句原本脱去，今據文獻通攷補入。

〔一〕盧校本爲一卷。

金壺記一卷

僧適之撰。集書家故事。以二字爲題，而注所出於其下。凡三百餘條。

書史一卷

禮部員外郎〔一〕米芾元章撰。

〔二〕盧校本「禮部員外郎」作「禮部郎」。

祕閣法帖跋一卷

米芾撰。

翰墨志一卷

高宗皇帝御製。

法帖刊誤二卷

黄伯思長睿撰。淳化法帖出於待詔王著去取。時祕府墨跡真贋雜居，著不能辨也，但欲備晉、宋間名跡，遂至以江南人一手僞帖，竄入其間，鄙惡之甚。米南宫辨之，十已得七八，至長睿，益精詳矣。

籀史二卷

翟耆年伯壽撰。裒諸家鐘鼎圖説爲一編，頗有考究。

續書譜一卷

鄱陽姜夔堯章撰。

絳帖評一卷

姜夔撰。

法帖要録十卷

唐大理卿河東張彦遠愛賓撰。彦遠，宏靖之孫。三世相門。其父文規嘗刺湖州，著吴興雜録〔一〕。

〔一〕盧校本此條在書後品條後。

飛白敍録一卷

錢惟演希聖撰。天聖四年序進〔一〕。

〔一〕盧校本此條在金壺記條後。

蘭亭博議十五卷

淮海桑世昌澤卿撰。世昌居天台，放翁陸氏諸甥也，博雅能詩。又嘗爲西湖紀逸，考林逋遺事甚詳。

蘭亭考十二卷〔一〕

即前書〔二〕。浙東庾司所刻，視初本頗有删改。初十五篇，今存十三篇。去〔三〕其集字篇後人集蘭亭字作書帖、詩銘之類者，又附見篇兼及右軍他書蹟，於樂毅論尤詳。其書始成，本名博議，高内翰文虎炳如爲之序。及其刊也，其子似孫，主爲删改，去此二篇固當，而其他務從省文，多失事實，或戾本意。其最甚者，序文本亦條達可觀，亦竄改無完篇，首末闕漏，文理斷續，於其父猶然，深可怪也。此書累十餘卷，不過爲晋人一遺帖，自是作無益，玩物喪志，本無足云。其中所録諸家跋語，有昭然僞妄而不能辨者，未暇疏舉。

〔一〕盧校本作十三卷。

〔二〕盧校本「書」下有「也」字。

〔三〕盧校本「去」上有「書」字。

## 法書撮要十卷

吴興蔡耑山父撰。以書家事實，分門條類，亦無所發明。淳熙中人，云紹聖御史之孫，吾鄉不聞有此人也，當攷。然其名耑而字山父，「耑」者，物之初生，從「屮」，不從「山」也。案：「屮」原本作「而」，誤。文獻通攷自「紹聖御史」以下俱删去，今據文義改正。偏旁之未審，何取其爲法書？余於小學家黜書法於雜藝，有以也。

## 武岡法帖釋文二十卷　案：文獻通攷作十卷。

劉次莊元祐中爲官帖釋文，刻石於臨江。而武岡又嘗傳刻絳州民〔一〕。潘氏帖。嘉定中，汪立中取劉本分入二十卷中。官帖所無者，增附之。

〔一〕盧校本「絳州民」作「絳州」。校注曰：「絳州」下通攷有「民」字。

## 書苑菁華二十卷

臨安書肆陳思者集〔一〕。

〔一〕盧校本「集」下有「刻」字。

齊梁畫目録一卷

唐竇蒙子泉録。案：此條原本脱去，今據文獻通攷補入。

古今畫人名一卷

唐李嗣真録。

唐朝畫斷一卷

唐翰林學士朱景玄撰。一名唐朝名畫録。前有目録，後有天聖三年商宗儒後序，與畫斷大同小異。

案：「一名唐朝名畫録」以下原本删去，今據文獻通攷補入。

唐朝名畫録一卷〔一〕

即畫斷也。前有目録，後有天聖三年商宗儒後序，與前本大同小異。

〔一〕今案：此條據盧校本補。盧用元本補，通攷以此併入唐朝畫斷下，館臣遂據通攷補陳氏原文。

歷代名畫記十卷

唐張彦遠撰。彦遠家世藏法書、名畫，收藏鑒識，自謂有一日之長。既作法書要録，又爲此記，且曰：「有好事者傳余二書，書畫之事畢矣。」

五代名畫記〔二〕

大梁劉道醇撰。嘉祐四年陳洵直序。案：「洵」文獻通攷作「詢」。

〔二〕盧校本作五代名畫記一卷。

聖朝名畫評一卷〔一〕案：文獻通攷作三卷。

劉道醇撰。

〔一〕盧校注：晁志有三卷者。

益州名畫録三卷

黄休復〔一〕撰。中興書目以爲李略〔二〕撰，而謂休復書今亡。案：此書有景祐三年序，不著名氏，其爲休復所録明甚〔三〕。又有休復自爲後序，則固未嘗亡也。未知題李略者，與此同異？案：文獻通攷有益州名畫録三卷，載陳氏之言。此本脱去，今補入。

〔一〕盧校本「復」下有「歸本」二字。

〔二〕盧校本「略」作「畋」，下同。

〔三〕盧校本「明甚」作「甚明」。校注曰：「甚明」通攷倒。

山水受筆法一卷

唐沁水荆浩浩然撰。

圖畫見聞志六卷

太原郭若虚撰。元豐中自序，稱大父司徒公，未知何人。郭氏在國初無顯人，但有郭承祐耳。其書欲繼張彥遠之後。

畫史一卷

米芾撰。

德隅堂畫品一卷

李廌方叔撰。趙令時德麟官襄陽，行槖中諸畫，方叔皆爲評品之。元符元年也。

林泉高致集一卷

直〔一〕徽猷閣待制河陽郭思撰。其父熙，字淳夫，善畫。思，元豐五年進士。既貴，追述其父遺迹、事實。待制許光疑爲之序。曰畫訓、畫意、畫題、畫訣。案：文獻通攷、畫訓」上多「畫記」二字。而序又稱詩歌、贊記、詔誥、銘誌，今本闕。

〔一〕盧校本無「直」字。

廣川畫跋五卷〔一〕

董逌撰。

〔一〕盧校注：今有六卷。

畫繼十卷

鄧椿公壽撰。以繼郭若虛之後。張彥遠記止會昌元年，若虛志止熙寧七年，今書止乾道三年。

文房四譜五卷

參政梓潼蘇易簡太簡撰。

歙硯圖譜一卷

太子中舍知婺源縣唐積撰。治平丙午歲。案：歙硯圖譜以下三種俱係洪适撰，其弟邁有跋可證。此以歙硯圖譜爲唐積撰，而下二種俱不知名氏。文獻通攷、宋史藝文志及説郛遂因之。然适本有譜無圖，或圖係唐積所補邪？

歙硯説一卷、又辨歙石説一卷

皆不著名氏。

墨苑三卷

趙郡李孝美伯揚撰。曰圖，曰式，曰法。元符中馬涓〔一〕、李元膺爲之序。

〔一〕盧校本「馬涓」作「馮涓」。

硯史一卷

米芾撰。

北海公硯録一卷〔一〕

唐詢彦猷撰。專以青州紅絲石爲貴。

〔一〕今案：此條據盧校本補。

閑堂雜記四卷
不著名氏。述文房四譜，而首載唐氏硯録。
硯箋一卷
高似孫撰。
續文房四譜五卷
司農卿李洪秀穎撰。案：文獻通攷馬端臨曰：晁、陳二家書録以醫、相牛馬、茶經、酒譜之屬俱入雜藝術門，蓋仍諸史之舊。原本自論畫以下至博戲、酒令皆附音樂之末，與馬氏所言互異，蓋係誤編。今以評畫及文房之類次於書法，而香譜以下俱附算學之後，庶有次第。
算經三卷　案：文獻通攷作一卷。
夏侯陽撰。大抵乘除法。隋志二卷，唐志一卷，甄鸞注。今本無注，元豐京監本。
算經三卷
張丘建撰。有序，首言：「算者不患乘除之爲難，而患分之爲難，是以序列諸分之本原，宣明約通之要法。」案：唐志作一卷，甄鸞注。今本稱漢中郡守、前司隸甄鸞注，太史令李淳風等注釋，算學博士劉孝孫撰細草。「細草」者，乘除法實之詳悉也。
應用算法一卷

夷門叟郭京元豐三年序。稱平陽奇士蔣舜元撰。凡八篇，曰釋數、田畝、粟米、端匹、斤秤、修築、差分、雜法，總爲百五十七門。前志在曆算類。案：射、御、書、數均一藝也，不專爲曆算設，故列於此。

香譜一卷

不知名氏。

萱堂香譜一卷

稱侯氏萱堂，而不著名。

香嚴三昧一卷〔一〕案：文獻通攷作十卷。

不知名氏。

〔一〕盧校本作香嚴香三昧十卷。

南蕃香録一卷〔一〕

知泉州葉廷珪撰。

〔一〕今案：此條據盧校本補。

茶經一卷〔一〕案：文獻通攷作三卷。

唐陸羽鴻漸撰。羽自號竟陵子，又號桑苧翁。

〔一〕盧校注：晁志三卷。

## 煎茶水記一卷

唐涪州刺史張又新撰。案：館閣書目作「江州刺史」。本刑部侍郎劉伯芻稱水之與茶，宜者凡七等。又新復言得李季卿所筆録陸鴻漸水品，凡二十。歐公大明水記嘗辨之，今亦載卷末。余足跡所至不廣，於水品僅嘗三四，若惠山泉甘美，置之第二不忝，特未知康王谷水何如爾。其次，吴淞第四橋水亦不惡。虎丘劍池殊未佳，而在第四，已不可曉。至於雪水，清甘絶佳，而居其末，尤不可曉也。大抵水活而後宜茶，活而不清潔猶不宜，故乳泉、石池、漫流者爲上，案：「乳」文獻通攷作「浮」。爲其活且潔也。若夫天一生水，烝〔一〕爲雲雨，水之活且潔者，何以過此？余嘗用浄器承雨水，試以烹煎，不減雪水。故知又新之説妄也。

〔一〕盧校本「烝」作「蒸」。

## 茶譜一卷

後蜀毛文錫撰。

## 北苑茶録三卷〔一〕

三司户部判官丁謂謂之撰。咸平中進。

〔一〕今案：此條據盧校本補。

## 茶録二卷〔一〕

右正言修起居注莆田蔡襄君謨撰。皇祐中進。

〔一〕今案：此條據盧校本補。

北苑拾遺一卷

劉异撰。案：「异」文獻通攷及宋史藝文志俱作「异」。慶曆元年序。

補茶經一卷

知建州周絳撰。當大中祥符間。

東溪試茶録一卷〔一〕

宋子安撰。

〔一〕今案：此條據盧校本補。

北苑總録十二卷〔一〕

興化軍判官曾伉録茶經諸書，而益以詩歌二首。

〔一〕今案：此條據盧校本補。

茶山節對一卷

攝衢州長史蔡宗顔撰。

宣和北苑貢茶録一卷

建陽熊蕃叔茂撰。其子克又益寫其形製而傳之。

北苑別録一卷〔一〕

趙汝礪撰。

〔一〕今案：此條據盧校本補。

品茶要録一卷〔一〕

建安黄儒道父撰。元祐中東坡嘗跋其後。

〔一〕今案：此條據盧校本補。

酒譜一卷

汶上竇苹叔野〔一〕撰。其人即著唐書音訓者。

〔一〕盧校本「叔」作「子」。

北山酒經三卷

大隱翁撰。

鼎録一卷〔一〕

梁中書侍郎虞荔纂。

〔一〕今案：此條據盧校本補。

古今刀劍録一卷〔一〕

梁陶弘景撰。

〔一〕今案：此條據盧校本補。

泉志十五卷

洪遵〔二〕景伯撰。記歷代錢貨。

〔二〕盧校本「遵」作「邁」，改「适」。校注曰：館本作「遵」亦誤。

浸銅要略一卷

張甲撰。稱德興草澤紹聖元年序。蓋膽水浸鐵成銅之始。甲，參政子公之祖。

冶金録一卷

泉司吏所爲也。案：此條原本脱去，今據文獻通攷增入。又卷數通攷原闕。

彈棊經一卷

題張柬之撰。

五木經一卷并圖例

唐李翺撰，元革注。蓋古樗蒱之戲也。

三象戲圖一卷

汲陽成師仲編。

打馬格局一卷

無名氏。

打馬圖式一卷

鄭寅子敬撰。用五十馬。

打馬賦一卷

易安李氏撰。用二十馬。以上三者，各不同。今世打馬，大約與古之樗蒱相類。

譜雙十卷

洪遵集。此戲今人不復爲。

進士采選一卷

趙明遠景昭撰。此元豐未改官制時遷轉格例也。

希古集一卷

括蒼何宗姚取投壺新舊式及馮氏射法爲一編。

忘憂清樂集一卷

棊待詔李逸民撰集。

通遠集一卷

無名氏。視清樂爲略。

象碁神機集一卷

稱於陽葉茂卿撰。案：文獻通攷「於陽」作「杉陽」。

釣鰲圖一卷

採珠格局一卷

勸酒玉燭詩一卷

皆無名氏。

捉卧甕人事數一卷

李庭中撰。以上四種皆酒邊雅戲〔一〕。

〔一〕盧校注：此卷館本脱漏尚多，其次序亦多不符，此爲遠勝矣。

## 類書類〔一〕

〔一〕盧校本作卷四十六類書類。校注曰：有元本。

語麗十卷

梁湘東王功曹參軍朱澹遠撰。採摭書語之麗者，爲四十門。案：前志但有雜家而無類書，新唐書志始別出爲一類。此書乃猶列雜家，要之實類書也，但其分門類無倫理。澹遠又有語對一卷，不傳。

修文殿御覽三百六十卷

北齊尚書左僕射范陽祖珽孝徵等撰。案唐志類書，在前者有皇覽、類苑、華林遍略等六家，今皆不存。則此書當爲古今類書之首。珽之行事，姦貪凶險，盜賊小人之尤無良者，言之則汙口舌。而其所編集，乃獨至今傳於世。然珽嘗以他人所賣遍略質錢受杖。又嘗盜官遍略一部，坐獄論罪。今書毋乃亦盜遍略之舊，以爲己功耶？遍略者，梁徐僧權所爲也。又案隋志作聖壽堂御覽，卷數同。聖壽者，實齊後主所居。

北堂書鈔一百六十卷〔一〕案：文獻通攷作一百七十三卷。

唐祕書監餘姚虞世南伯施撰。其書成於隋世。

〔一〕盧校注：宋志卷數同。晁志作一百七十三卷，又云家一百二十卷。

藝文類聚一百卷

唐弘文館學士長沙歐陽詢信本撰。案：唐志令狐德棻、趙弘智等同修。其所載詩文賦頌之屬，多今世所無之文集。

初學記三十卷

唐集賢院學士長城徐堅元固撰。

六帖三十卷

唐太子少傅太原白居易撰。唐志作白氏經史事類，一名六帖〔一〕。醉吟先生墓誌云：又著事類集要三十部，時人目爲白氏六帖。

〔一〕盧校本此解題至「一名六帖」止。校注曰：館本此下語屬重複，元本及通攷皆無之。

金鑰二卷

唐太學博士河内李商隱義山撰。分四部，曰帝室、職官、歲時、州府。大略爲牋啓應用之備。

玉屑十五卷

無名氏。

蒙求三卷

唐李翰〔一〕撰。本無義例，信手肆意雜襲成章，取其韻語易於訓誦而已。遂至舉世誦之，以爲小學發蒙之首，事有甚不可曉者。余家諸子在褓，未嘗令誦此也。

〔一〕盧校本「翰」作「瀚」，改「翰」。校注曰：館本作「翰」，宋志同。晁又作「瀚」，通攷同。

戚苑纂要十卷　案：原本作「戚畹」，文獻通攷作「戚英」，俱誤。今據唐書藝文志改正。

唐劉揚名撰。皆集内外宗族姻親故事。

戚苑英華十卷

唐仙居令袁悦撰。唐志云重修，蓋因揚名之舊而廣之。

太平御覽一千卷

翰林學士李昉、扈蒙等撰。以前代修文御覽、藝文類聚、文思博要及諸書〔一〕參詳條次修纂。本號太平總類，太平興國二年受詔，八年書成，改名御覽。或言，國初古書多未亡，以御覽所引用書名故也，其實不然，特因前諸家類書之舊爾。以三朝國史攷之，館閣及禁中書總三萬六千餘卷，而御覽所引書多不著録，蓋可見矣。

〔一〕盧校本「書」作「家」。校注曰：館本作「書」，通攷同。

鹿門家鈔詩詠五十卷

鴻臚少卿襄陽皮文璨撰。以羣書分類事爲詩而注釋之。其祖日休，有書名鹿門家鈔，故今述其名。

册府元龜一千卷

景德二年命資政殿學士王欽若、知制誥楊億修歷代君臣事迹，八年而成。總五十部，部有總序；一千一百四門，案：文獻通攷作一千一百四門。門有小序。賜名製序。所采正經史之外，惟取戰國策、國語、韓詩外傳、吕氏春秋、管、晏、韓子、孟子、淮南子及修文殿御覽。每門具進，上親覽，摘其舛誤，多出手書，或詔對，指示商略。

天和殿御覽四十卷

侍讀學士臨川晏殊等天聖中受詔，取册府元龜，掇其要者，分類爲二百十五門。案：文獻通攷作一百十五門。天和者，禁中便殿也。

類要七十六卷

晏殊撰。曾鞏爲序。案：中興書目七十七卷，比曾序七十四篇多三篇。今此本七十六卷，豈併目録爲七十七耶？

事類賦三十卷

校理丹陽吴淑正儀撰進并注。

韻類題選一百卷

朝奉大夫知處州鄞袁轂容直撰。以韻類事纂集，頗精要。世所行書林韻會，蓋依倣而附益之者也。轂，嘉祐六年進士。東坡守杭時爲倅，「風月平分」之詞，爲轂作也。其後累世登科。絜齋燮，其四世孫也。

本朝蒙求三卷〔一〕案：文獻通攷作二卷。

端明殿學士成都范鎮景仁撰。

〔一〕盧校本爲本朝蒙求二卷。

十七史蒙求一卷　案：文獻通攷作二卷。

題王先生。不著名氏。或云王令也。

書敍指南二十卷

任廣撰〔一〕。案：文獻通攷作任浚。崇寧中人。皆經傳四字語，備尺牘應用者也。

〔一〕盧校注：晁志作任浚撰。宋志亦作任廣。

實賓録三十卷、後集三十卷〔一〕

高郵馬永易明叟撰，蜀人句龍材校正，文彪增廣。其三十卷者，本書也。義取「名者實之賓」爲名。

〔一〕今案：此條據盧校本補。

史韻四十九卷

嘉禾錢諷正初撰。附韻類事，頗便檢閲。

後六帖三十卷

知撫州孔傳世文撰。以續白氏之後也。傳襲封衍聖公。

海録碎事三十三卷〔一〕

知泉州建安葉廷珪撰。

〔一〕盧校本作海録碎事三十卷，改三十三卷。校注曰：從館本，通攷同。

皇朝事實類苑二十六卷
知吉州江少虞撰。紹興中人。其書亦可入小説類。

兩漢蒙求十卷
樞密吴興劉珏希范撰。紹聖中所序。

補注蒙求八卷
徐子光撰。以李翰蒙求句爲之注。本句之外，兼及其人他事。

羣書類句十四卷
三山葉鳳〔一〕撰。以羣書新語增廣。自五字以至九字，爲七百五十一門，各以平仄聲爲偶對。
〔一〕盧校本「葉鳳」作「葉儀鳳」。

書林韻會一百卷
無名氏。蜀書坊所刻，規模韻類題選而加詳焉。

幼學須知〔一〕五卷
餘姚孫應符仲潛撰次。此書本書坊所爲，以教小學。應符從而增廣之。
〔一〕盧校本「幼學須知」作「初學須知」。

兩漢博聞二十卷

無名氏。或云楊侃。

班左誨蒙三卷

程俱致道撰。

左氏摘奇十三卷〔一〕案：文獻通攷作十二卷。

給事中吴郡胡元質長文撰。

〔一〕盧校本爲左氏摘奇十二卷。

諸史提要十五卷

參政吴越錢端禮處和撰。泛然鈔録〔一〕，無義類。

〔一〕盧校本「鈔録」後空一字。校注曰：本空一字，館本連。

漢雋十卷

括蒼林越〔一〕撰。以西漢書，分類爲十五篇。案：文獻通攷作五十篇。皆句字之古雅者。「雋」者，取雋永之義也。

〔一〕盧校本「越」作「鉞」。校注曰：館本作「越」，宋志同；此作「鉞」，通攷同。

文選雙字類要三卷

蘇易簡撰。摘取雙字，以類編集。

選腴五卷

天台王若撰。以五聲韻編集文選中字。淳熙元年序。

晉史屬辭三卷

永嘉戴迅簡之撰。用蒙求體〔一〕，以類晉事。元祐癸酉歲也。

〔一〕盧校本「體」作「語」。

觀史類編六卷

吕祖謙撰。初輯此篇爲六門，曰「擇善」、曰「儆戒」、曰「閫範」、曰「治體」、曰「論議」、曰「處事」。而「閫範」最先成，既别行，今惟五門，而「論議」分上、下卷。

帝王經世圖譜十卷

著作佐郎金華唐仲友與正撰。凡天文、地理、禮樂、刑政、陰陽、度數、兵農、王霸，本之經典，兼采傳注，類聚羣分。凡百二十二篇。

經子法語二十四卷

左傳法語六卷

史記法語十八卷

西漢法語二十卷

後漢精語十六卷

三國精語六卷

晉書精語五卷

南史精語十卷

洪邁撰。自博聞、誨蒙、漢雋、摘奇、提要及此法語諸書，皆所以備遺忘。而洪氏多取句法，漢雋類例有倫，餘皆隨筆信意鈔録者也。

遷史删改古書異辭十二卷

倪思撰。以遷史多易經語，更簡嚴爲平易體，當然也。然易辭而失其義，書事而與經異者多，不可以無攷，故爲是編。經之外與他書異者，亦并載焉。案：原本「更」字以下俱闕，注云：「元本闕。」今據文獻通攷補入。

馬班異辭[一]三十五卷

倪思撰。以班史仍史記之舊而多删改，大抵務趨簡嚴，然或删而遺其事實，或改而失其本意。因其異，則可以知其筆力之優劣，而又知作史述史之法矣。

〔一〕盧校本「馬班異辭」作「班馬異辭」。

杜詩六帖十八卷

建安陳應行季陵撰。用白氏門類，編類杜詩語。

錦繡萬花谷四十卷、續四十卷

序稱淳熙十五年作，而不著名氏。門類無倫理，序文亦拙。

趙氏家塾蒙求二十五卷、宗室蒙求三卷

趙彦絟撰。

# 直齋書録解題卷十五

## 楚辭類〔一〕

〔一〕盧校本作卷四十七楚辭類。校注曰：有元本。

楚辭十七卷

漢護都水使者光禄大夫劉向集，後漢校書郎南郡王逸叔師注，知饒州曲阿洪興祖慶善補注。逸之注雖未能盡善，而自淮南王安以下爲訓傳者今不復存，其目僅見於隋唐志，獨逸注幸而尚傳，興祖〔一〕從而補之，於是訓詁名物詳矣。

〔一〕盧校注：通攷本（祖下）有「又」字非。

離騷釋文一卷

古本，無名氏。洪氏得之吴郡林虙德祖。其篇次不與今本同。今本首騷經，次九歌、天問、九章、遠遊、卜居、漁父、九辨、招魂、大招、惜誓、招隱、七諫、哀時命、九懷、九歎、九思。釋文亦首騷經，次九辨〔一〕，而後九歌、天問、九章、遠遊、卜居、漁父、招隱士、招魂、九懷、七諫、九歎、哀時命、惜誓、大招、九思。洪氏按：王逸九章注云「皆解於九辨中」，則釋文篇第蓋舊本也，後人始以作者先後次序之耳。朱侍講按：天聖十年陳説之序以爲舊本篇第混并，乃考其人之先後，重定其篇第，然則今本説之所定也。余按：楚辭劉向所集，王逸所注，而九歎、九思亦列其中，蓋後人所益也歟。

〔一〕元抄本、盧校本「辨」作「辯」，下同。

## 楚辭考異一卷

洪興祖撰。興祖少時從柳展如得東坡手校楚辭十卷，凡諸本異同，皆兩出之；後又得洪玉父而下本十四五家參校，遂爲定本。始補王逸章句之未備者；書成，又得姚廷輝本，作考異，附古本釋文之後；其末，又得歐陽永叔、孫莘老、蘇子容本於關子東、葉少協〔一〕，校正以補考異之遺。洪於是書用力亦以勤矣。　案：文獻通攷作補注楚辭十七卷、考異一卷。晁公武曰：凡王逸章句有未盡者，補之。自序云：有歐陽永叔、晁文元諸家參考之，爲定本；又得姚廷輝本，作考異。此所云亦二書，蓋因補注已見前條，故不復載，然標題終爲脱落也。

〔一〕盧校本「關」作「闕」。元抄本、盧校本「協」作「叶」。

## 重定楚辭十六卷、續楚辭二十卷、變離騷二十卷

禮部郎中濟北晁補之無咎撰。去九思一篇入續楚辭，定著十六卷，篇次亦頗改易，又不與陳説之本

同。續、變二篇〔一〕皆楚辭流派，其曰「變」者，又以其類離騷而少變也〔二〕。新序三篇述其意甚詳，然其去取之際，或有不可盡曉者。

〔一〕元抄本、盧校本「篇」作「編」。

〔二〕元抄本、盧校本「也」上有「之」字。

楚辭贅説四卷

右司郎宣城周紫芝少隱撰。嘗爲哀湘纍賦，以反賈誼、揚雄之説；又爲此書，頗有發明。

楚辭集註〔一〕八卷、辨證二卷

侍講建安朱熹元晦撰。以王氏、洪氏注或迂滯而遠於事情，或迫切而害於義理，遂别爲之注。其訓詁文義之外，有當考訂者，則見於辨證，所以祛前注之蔽陋而明〔二〕屈子微意於千載之下，忠魂義魄，頓有生氣。其於九歌、九章，尤爲明白痛快。至謂山海經、淮南子殆因天問而著書，説者反取二書以證天問，可謂高世絶識、毫髮無遺恨者矣。公爲此注在慶元退歸之時，序文所謂「放臣棄子、怨妻去婦」，蓋有感而託者也。其生平於六經皆有訓傳，而其殫見洽聞、發露不盡者，萃見於此書。嗚呼偉矣！其篇第視舊本益賈誼二賦而去諫、歎、懷、思。屈子所著二十五篇爲離騷，而宋玉以下則曰續離騷。其言「七諫以下辭意平緩、意不深切，如無所疾痛而强爲呻吟者」，尤名言也。

〔一〕元抄本、盧校本「註」作「説」。

〔二〕元抄本、盧校本「明」上有「發」字。

楚辭後語六卷

朱熹撰。凡五十二篇。以晁氏續、變二書刊定，而去取則嚴而有意矣。

龍岡楚辭説五卷

永嘉林應辰渭起撰。以離騷章分段釋爲二十段，九歌、九章諸篇亦隨長短分之。其推屈子不死於汨羅，比諸浮海居夷之意，其説甚新而有理。以爲離騷一篇辭雖哀痛而意則宏放，與夫直情徑行、勇於踣河者，不可同日語；且其興寄高遠，登昆侖、歷閬風、指西海、陟陞皇，皆寓言也，世儒不以爲實，顧獨信其從彭咸葬魚腹以爲實者，何哉？然沈湘之事，傳自司馬遷，賈誼、揚雄，皆未嘗有異説，漢去戰國未遠，決非虚語也。

校定楚辭〔一〕十卷、翼騷一卷、洛陽九詠一卷

祕書郎〔二〕昭武黄伯思長睿撰。其序言：屈宋諸騷，皆書楚語、作楚聲、紀楚地、名楚物，故可謂之「楚辭」。若「些」、「只」、「羌」、「誶」、「蹇」、「紛」、「侘」、「傺」者，楚語也；悲壯頓挫，或韻或否者，楚聲也；沅、湘、江、澧、修門、夏首者，楚地也；蘭、茝、荃、葯、蕙、若、芷〔三〕、蘅者，楚物也。既以諸家本校定，又以太史公屈原傳至陳説之序附以今序，别爲一卷，目以翼騷。洛陽九詠者，伯思所作也。

〔一〕元抄本、盧校本「校定」作「新校」。

〔二〕元抄本、盧校本無「祕書郎」三字。

〔三〕元抄本、盧校本「芷」作「蘋」。

## 總集類〔一〕

〔一〕盧校本作卷四十八總集類。校注曰：當依元本編詩集之後，此尚誤。

### 文選六十卷

梁昭明太子蕭統德施撰。唐崇賢館學士江都李善注。北海太守邕之父也。

### 六臣文選六十卷

唐工部侍郎呂延祚開元六年表上，號「五臣集注」。五臣者：常山尉呂延濟、都水使者劉承祖男良、處士張銑、呂向、李周翰也。以李善注惟引事，不説意義，故復爲此注，後人併與李善原注合爲一書，名「六臣注」〔一〕。東坡謂五臣乃俚儒之荒陋者，反不及善，如謝瞻詩「苛慝暴三殤」，引「苛政猛於虎」，以父與夫爲殤，非是。然此説乃實本於善也。

李善注此句，但云「苛猶虐也」，初不及三殤。不審直齋之説何所本。隨齋批注。

〔一〕盧校本無「名六臣注」四字。

### 玉臺新詠十卷

陳徐陵孝穆集。且爲作序。

古文苑九卷

不知何人集。皆漢以來遺文，史傳及文選所無者。世傳孫洙巨源於佛寺經龕中得之，唐人所藏也。韓無咎類次爲九卷，刻之婺州。中興書目有孔逭文苑，非此書。孔逭晋人。本書百卷，惟存十九卷爾〔一〕。又梁孝王忘憂館諸士之賦，據題尚欠文鹿、酒、几三賦，家有秦漢遺文，七賦皆在。常州有板本。案：忘憂館七賦，公孫詭爲文鹿賦，鄒陽作酒賦。文鹿、酒止兩賦耳。古文苑少文鹿、酒、几三賦，原本作「尚欠文鹿、酒三賦」，脱去「几」字，今改正。

〔一〕盧校本此條解題至「惟存十九卷爾」止。校注曰：館本此下共多三十六字，决非直齋語，若陳有秦漢遺文，此書内無緣不著。通攷亦無此一段。

古文章十六卷

會稽石公輔編。與前書相出入而稍多，亦有史傳中鈔出者。首卷爲武王丹書，其末蔡琰胡笳十八拍也。館閣書目又有漢魏文章二卷，集宋玉以下文八十八首，未見。

西漢文類四十卷

唐柳宗元之弟宗直嘗輯此書，宗元爲序，亦四十卷，唐藝文志有之，其書不傳。今書陶叔獻元之所編次。未詳何人。梅堯臣爲之序。

三國文類四十卷

不知何人所集。

三謝詩一卷

集謝靈運、惠連、玄暉〔一〕。不知何人集〔二〕。中興書目云唐庚子西。

〔一〕盧校本「暉」下有「詩」字。

〔二〕盧校本「集」上有「所」字。

謝氏蘭玉集十卷

吴興汪聞集謝安而下子孫十六人詩三百餘篇。聞熙寧六年進士。序稱新天子即位丙寅之歲，蓋元祐元年也。

梁詞人麗句一卷

唐李商隱集梁明帝蕭巋而下十五人詩并鬼詩、童謡。

玉臺後集十卷

唐李康成集。

篋中集一卷

唐元結次山録沈千運、趙微明、孟雲卿、張彪、元季川、于逖、王李〔一〕友七人詩二十四首，盡篋中所有次之。荆公詩選盡取不遺。唐中世詩高古如此，今人乃專尚季末，亦異矣。館閣書目以爲結自作，入别集類，何其不審也！

〔一〕今案：「李」當作「季」。

國秀集三卷

唐國子進士芮挺章撰。集李嶠至祖詠九十人詩二百二十首。天寶三載國子進士樓穎爲之序。

搜玉小集一卷

自崔湜至崔融三十七人詩六十一首。

竇氏聯珠集五卷

唐褚藏言所序竇氏兄弟五人詩。各有小序。曰國子祭酒常中行、國子司業牟貽周、容管經略羣丹列、婺州刺史庠胄卿、武昌節度使鞏友封。皆拾遺叔向之子也。五人者，惟羣以處士薦入諫省，庠以辟舉進，餘皆進士科。

唐御覽詩一卷

唐翰林學士令狐楚纂劉方平而下迄於梁鍠凡三十人詩二百八十九首。一名唐新詩，又名選進集，又名元和御覽。

河嶽英靈集二卷

唐進士殷璠集常建等詩二百三十四首。

## 極玄集一卷

唐姚合集王維至戴叔倫二十一人詩一百首。曰：「此詩家射鵰手也。」姚氏殘語云：「殷璠爲河嶽英靈集，不載杜甫詩；高仲武爲中興間氣集，不取李白詩；顧陶爲唐詩類選，如元、白、劉、柳、杜牧、李賀、張祜、趙嘏皆不收；姚合作極玄集，亦不收杜甫、李白，彼必各有意也。」隨齋批注。

## 中興間氣集二卷

唐渤海高仲武序。集至德以後終於大曆錢起等二十六人詩一百三十二首。各有小傳，敍其大略，且拈提其警句，而議論文辭皆凡鄙。

## 唐類表二十卷

不知集者。館閣書目有李吉甫所集五十卷，未之見也。

## 斷金集一卷

唐令狐楚、李逢吉自爲進士以至宦達所與唱酬之詩。開成初〔一〕裴夷直爲之序。案：晁公武讀書志作令狐楚、韓琪、李逢吉所與酬唱詩什，而唐志亦止載楚與逢吉，不著韓琪姓氏。

〔一〕盧校本無「開成初」三字。

唐詩類選二十卷

唐太子校書郎顧陶集。凡一千二百三十二首。自爲序，大中丙子歲也。陶，會昌四年進士。

漢上題襟集三卷

唐段成式、温庭筠、逢皓、案：文獻通攷作崔皎，無逢皓。余知古、韋蟾〔一〕、徐商等倡和詩什、往來簡牘。蓋在襄陽時也。

〔一〕盧校本作「韋瞻」。

松陵集十卷

唐皮日休、陸龜蒙吴淞倡和詩〔一〕也。

〔一〕盧校注：元本無「詩」字。

本事詩一卷 案：唐書藝文志作一卷。原本作十卷，誤。今改正。

唐司勳郎中孟啓集。

羣書麗藻六十五卷

按：三朝藝文志一千卷，崔遵度編。中興館閣書目但有目録五十卷，云南唐司門員外郎崔遵度撰。以六例總括古今之文，一曰「六籍瓊華」，二曰「信使瑶英」，三曰「玉海九流」，四曰「集苑金鑾」，五曰「絳闕蘂珠」，六曰「鳳首龍編」。爲二百六十七門，總一萬三千八百首。今無目録，合三本，共存此卷數。斷續訛缺，不復成書，當其傳寫時固已如此矣。其目止有四種，無「金鑾」、「蘂珠」二類，姑存之，以備闕文。按江南餘載：遵度，青州人，居金陵，高尚不仕。中興書目云「司門郎」，未知何據也。

才調集十卷

後蜀韋縠集唐人詩。

洞天集五卷

漢王貞範集道家、神仙、隱逸詩篇。漢乾祐中也。

煙花集五卷

蜀後主王衍集豔詩二百篇，且爲之序。

文苑英華一千卷

太平興國七年，命學士李昉、扈蒙、徐鉉、宋白等閱〔一〕前代文學，撮其精要，以類分之。續又命蘇易簡、王祐等。至雍熙三年，書成。

〔一〕盧校本「閱」作「集」。

唐文粹一百卷

兩浙轉運使合肥姚鉉寶臣撰。鉉，太平興國八年進士第三人，在杭州與知州薛映不協，映摭其罪狀數條，密以聞，當奪一官，特除名，貶連州文學。其自爲序稱吳興姚鉉者，蓋本郡望也。

集選目録二卷　案：文獻通攷「集選」作「文選」。

丞相元獻公晏殊集。中興館閣書目以爲不知名者，誤也。大略欲續文選，故亦及於庾信、何遜、陰鏗諸人。而云唐人文者，亦非也。莆田李氏有此書，凡一百卷。力不暇傳，姑存其目。

唐百家詩選二十卷

王安石以宋次道家所有唐人詩集選爲此編。世言李、杜、韓詩不與，爲有深意，其實不然。按此集非特不及此三家，而唐名人如王右丞、韋蘇州、元、白、劉、柳、孟東野、張文昌之倫，皆不在〔二〕選。意荆公所選，特世所罕見，其顯然共知者，固不待選耶？抑宋次道家獨有此一百五集，據而擇之，他不復及耶？未可以臆斷也。案：晁公武讀書志：宋敏求爲三司判官，嘗取其家所藏唐人一百八家詩，選擇其佳者凡一千二百四十六首爲一編。王介甫觀之，因再有所去取，且題曰：「欲觀唐詩者，觀此足矣。」世遂以爲介甫所纂也。

〔二〕盧校本無「在」字。

四家詩選十卷

王安石所選杜、韓、歐、李詩。其置李於末而歐反在其上，或亦謂有所抑揚云。

唐僧詩三卷

吴僧法欽集唐僧三十四人詩二百餘篇。案：文獻通攷作「詩四百餘篇」。楊傑次公爲之序。

名臣贄种隱君書啓一卷

祥符諸賢所與种放明逸書啓〔一〕也。首篇張司空齊賢書，自敍平生出處甚詳，可以見國初名臣氣象。

〔一〕盧校本「啓」作「牘」。

西崑酬唱集二卷

景德中館職楊億大年、錢惟演希聖、劉筠子儀唱和。凡二百四十七章。亦有賡屬者，共十五人。所謂「崑體」者，於此可見。億自爲序。

九僧詩一卷

九僧者：希晝、保暹、文兆、行肇、簡長、惟鳳、惠崇、宇昭、懷古。凡一百七首。景德元年，直昭文館陳克〔一〕案：文獻通攷作「陳充」。序，目之曰「琢玉工」，以對姚合「射鵰手」。九人惟惠崇有別集。歐公詩話乃云其集已亡，惟記惠崇一人。今不復知有九僧者，未知何也。

九僧者，劍南希晝、金華保暹、南越文兆、天台行肇、沃州簡長、青城惟鳳、淮南惠崇、江東宇昭、峨嵋懷古。隨齋批注。

〔一〕盧校本「陳克」作「陳充」。

寶刻叢章三十卷

宋敏求次道以四方碑刻詩文，集爲此編。多有別集中所逸者。

樂府集十卷、題解一卷

題劉次莊。中興書目直云次莊撰。取前代樂府，分類爲十九門，而各釋其命題之意。按：唐志樂類有樂府歌詩十卷者二，有吴兢樂府古題要解一卷。今此集所載，止於陳、隋人，則當是唐集之舊。而序文及其中頗及杜甫、韓愈、元、白諸人，意者次莊因舊而增廣之歟。然館閣書目又自有吴兢題解及别出古樂府十卷、解題一卷，未可考也。

## 樂府詩集一百卷

太原郭茂倩集。凡古今號稱樂府者皆在焉。其爲門十有二。首尾皆無序文，中興書目亦不言其人〔一〕。今按：茂倩，侍讀學士勸仲褒之孫，昭陵名臣也，本鄆州須城人，有子曰源中、源明。案：文獻通攷郭勸有子曰源中、源明，原本脱「明」字，今補正。茂倩，源中之子也。但未詳其官位所至。

〔一〕盧校本「其人」下有「本末」二字。

## 和陶集十卷

蘇氏兄弟追和。傅共注。

## 仕塗必用集十卷。案：文獻通攷作二十一卷。

吴郡祝熙載序云陳君材夫所編。皆未詳何人。録景德以來人表、牋、雜文，亦有熙載所撰者，題爲祝著作，當是未改官制前人也。

## 汝陰唱和集一卷

元祐中蘇軾子瞻守潁，與簽判趙令畤德麟、教授陳師道無己唱和。晁説之以道爲之序，李廌方叔後序。案：李方叔名廌，原本作「薦」，誤。今改正。二序皆爲〔一〕德麟作也。

〔一〕盧校本無「爲」字。

三家宫詞三卷

唐王建、蜀花蘂夫人、本朝丞相王珪三人所著。

五家宫詞五卷

石晋宰相和凝、本朝學士宋白、中大夫張公庠、直祕閣周彦質及王仲修，共五人。各百首。仲修當是王珪之子。

本朝百家詩選一百卷 案：文獻通攷作五十七卷。

太府卿曾慥端伯編。官至太府卿〔一〕。編此所以續荆公之詩選，而識鑒不高，去取無法，爲小傳略無義類，議論亦凡鄙。陸放翁以比中興間氣集，謂相甲乙，非虚語也。其言歐、王、蘇、黄不入選，以擬荆公不及李、杜、韓之意。荆公前選實不然，余固言之矣。

〔一〕盧校本無「官至太府卿」句。

皇朝文鑑一百五十卷

吕祖謙編。初，淳熙丁酉，孝廟因觀文海，下臨安府校正刊行，翰苑周必大夜直，宣引偶及之，因奏：

「此書江佃〔一〕類編，案：宋史作江鈿。殊無倫理，書坊板行可耳，恐難傳後，莫若委館閣別加詮次。」遂以命祖謙。既成，賜名文鑑，詔必大爲之序。時祖謙已得末疾，遂除直中祕，且賚銀絹各三百。中書舍人陳騤駁之，論〔二〕皆不行。繼有近臣密啓，云〔三〕其所取之詩，多言田里疾苦，乃借舊作以刺今；又所載章疏，皆指祖宗過舉，尤非所宜。於是鋟板之議亦寢。周益公序既成，封以遺呂一讀，命藏之。蓋亦未當乎呂之意也。張南軒以爲無補治道，何益後學？而朱晦庵晚歲嘗語學者曰：「此書編次，篇篇有意〔四〕，每卷首必取一大文字作壓卷，如賦取五鳳樓之類；其所載奏議，亦繫一時政治大節，祖宗二百年規模與後來中變之意，盡在其中，非選、粹比也。」案：「每卷首必取一大文字」以下，原本脱去，今據文獻通攷補入。

〔一〕盧校本「江佃」作「江鈿」。

〔二〕盧校本「駁之論」作「檄論」。

〔三〕盧校本「近臣密啓云」作「肪者言」。

〔四〕盧校本「篇篇有意」下爲「呂從子喬年之説云爾」。校注曰：館本據通攷補入一段，却無此末句。

## 歷代確論一百一卷〔一〕

不知何人集。自三皇、五帝以及五代，凡有論述者，隨世代編次。

〔一〕盧校本作一百卷。

江西詩派一百三十七卷、續派十三卷 案：宋史藝文志作吕本中江西宗派詩集一百十五卷，曾紘江西續宗派詩集二卷。

自黄山谷而下三十五家，又曾紘、曾思父子詩。詳見詩集類。詩派之説本出於吕居仁，前輩多有異論，觀者當自得之。

輶軒集一卷

鄱陽洪皓、歷陽張邵、新安朱弁使金得歸，道間唱酬。邵爲之序。

古今絶句二卷〔一〕

吴説傳朋〔二〕所書杜子美、王介甫詩。師禮之子，王令逢原之外孫也。

〔一〕盧校本作三卷。

〔二〕盧校本「傳朋」作「傅朋」。

玄真子漁歌碑傳集録一卷

玄真子漁歌，世止傳誦其「西塞山前」一章而已。嘗得其一時倡和諸賢之辭各五章，及南卓、柳宗元所賦，通爲〔一〕若干章。因以顔魯公碑述、唐書本傳以至近世用其詞入樂府者，集爲一編，以備吴興故事。

〔一〕盧校本「爲」字下空三格，無「若干」二字。

艇齋師友尺牘二卷

南豐曾季貍裘父之師友往復書簡。其子灘輯而刻之。自吕居仁、徐師川以降，下至淳熙、乾道諸賢咸在焉。裘父蕭然布衣，而名流敬愛之若此，足以知其人之賢，而亦以見當時風俗之美也。

膾炙集一卷

朝請郎嚴焕刻於江陰。韓吏部而下雜文二十餘篇。

唐人絶句詩集一百卷

洪邁景盧編。七言七十五卷，五言、六言二十五卷。各百首〔一〕，凡萬〔二〕，上之重華宫，可謂博矣。而多有本朝人詩在其中，如李九齡、郭震、滕白、王喦、王初之屬。其尤不深考者，梁何仲言也。

〔一〕盧校本「各百首」作「卷各百首」。

〔二〕盧校本「萬」下有「首」字。校注曰：元本無「首」字。

唐絶句選五卷

莆田柯夢得東海編。所選僅一百六十六首，去取甚嚴。然人之好惡，亦各隨所見耳。

唐絶句選四卷

倉部郎中福清林清之直父以洪氏絶句鈔取其佳者。七言一千二百八十，五言百五十六，六言十五首。

玫德集三卷

强至所集韓魏公琦薨後時賢祭文、挽詩。

四家胡笳詞一卷

蔡琰、劉商、王安石、李元白也。

選詩七卷

文選中録出别行。以人之時代爲次。

宏辭總類四十一卷、後集三十五卷、第三集十卷、第四集九卷

起紹聖乙亥，迄嘉定戊辰。皆刻於建昌軍學。相傳紹興中太守陸時雍所刻前集也，餘皆後人續之。戊辰以後，時相不喜此科，主司務以艱僻之題困試者，縱有記憶不遺、文采可觀，輒復推求小疵，以故久無中選者。初，紹聖設科，但曰宏辭，不試制、誥，止於表、檄、露布、誡諭、箴、銘、頌、記、序九種，亦不用古題。及大觀，改曰詞學兼茂。案：宋史：「大觀改曰詞學兼茂。」原本脱「兼茂」二字，今補正。去誡諭及檄，而益以制、誥，亦爲九種四題，而二題以歷代故事。及紹興，始名博學宏辭，復益以誥、贊、檄，爲十一種，三日試六題，各一今一古，遂爲定制。

古文關鍵二卷

吴祖謙所取韓、柳、歐、蘇、曾諸家文標抹注釋，以教初學。

迂齋古文標注五卷

宗正寺簿四明樓昉暘叔撰。大略如吕氏關鍵，而所取自史、漢而下至於本朝，篇目增多，發明尤精當，學者便之。

歷代奏議十卷

吕祖謙集。

國朝名臣奏議十卷

吕祖謙集。凡二百篇。

皇朝名臣奏議一百五十卷

丞相沂國忠定公趙汝愚編進。時爲蜀帥。

續百家詩選二十卷

三衢鄭景龍伯允集，以續曾慥前選。凡慥所遺及在慥後者皆取之。然其率略尤甚。

江湖集九卷

臨安書坊所刻本。取中興以來江湖之士以詩馳譽者。而方惟深子通承平人物，晁公武子止嘗爲從官，乃亦在其中。其餘亦未免玉石蘭艾，混淆雜遝。然而士之不能自暴白於世者，或賴此以有傳。書坊巧爲射利，未可以責備也。

回文類聚三卷

桑世昌澤卿集。以璇璣圖爲本初，而併及近世詩詞，且以至道御製冠於篇首。

滁陽慶曆集十卷、後集十卷

朝散郎滁人徐徽仲元集。斷自慶曆以來。曾肇子開紹聖中謫守，爲之序。其後集則吴珏、案：宋史藝文志作「班」。張康朝、王言恭案：文獻通攷作「王彥恭」。所續，宣和四年，唐恪欽叟序之。末及紹興，蓋又後人續入之爾。

吴興詩一卷

熙寧中知湖州孫氏集，而不著名。以其時考之，孫覺莘老也。

吴興分類詩集三十卷

霅川倪祖義子由編。大抵以孫氏所集大略而增廣之，且併及近時諸公之作。然亦病於太詳。祖義，齊齋〔一〕之子，少聰俊〔二〕，仕未達，得年五十以死。

〔一〕盧校本「齋」後加「思」字。

〔二〕盧校本「少聰俊」作「少俊該洽」。

會稽掇英集二十卷、續集四十五卷

熙寧中郡守孔延之、程師孟相繼纂集。其續集則嘉定中汪綱俾郡人丁燧爲之。

潤州類集十卷

監潤州倉曹曾旼彦和纂。始東漢，終南唐。

京口詩集十卷、續二卷

鎮江教授熊克集開寶以來詩文。本二十卷，止刻其詩。續又得二卷，自南唐而上曾所遺者，補八十餘篇。

嘉禾詩集一卷

不知集者。

永嘉集三卷

亦不知何人集。

天台集二卷、別編一卷、續集三卷

初，李庚子長集本朝人詩爲二卷，未行，太守李兼孟達得之；又得郡士林師箴所輯前代之作，爲賦二、詩二百，乃以本朝人詩爲續集而併刻焉。別編則師箴之子表民所補也。

括蒼集三卷、後集五卷、別集四卷、續一卷

郡人吴飛英、陳百朋相繼纂輯。

釣臺新集六卷、續集十卷

郡人王専集。續者郡守謝德輿子上也。

長樂集十四卷

福建提刑吴興俞向集。案：文獻通攷作「俞尚」〔一〕。宣和三年序。

〔一〕盧校注：通攷誤。

清漳集三十卷

通判漳州趙不敵編。

揚州詩集二卷

教授馬希孟編。元豐四年秦觀作序。

宣城集三卷

知宣州安平劉涇。元符三年序。

南州集十卷

太平州教授林桷子長集。

南紀集五卷、後集三卷

知漢陽軍于霆、教授施士衡編。其後集則教授鞏豐也。

相江集三卷〔二〕案：文獻通攷作「湘江」。

不知何人集。「相江」者，韶州曲江别名。

〔三〕盧校本「相」作「楨」，下同。校注曰：館本「湘江」是。

艮嶽集一卷

不知集者。其首則御製記文也。

桃花源集二卷、又二卷

紹聖丙子四明田䇓序。淳熙庚子縣令趙彦琇重編，合爲一卷。下卷則淳熙以後所續。

庾樓紀述三卷、琵琶亭詩一卷〔一〕

不知集者。

〔一〕盧校本無「一卷」二字。

東陽記詠四卷

亦不知集者。

盤洲編二卷

洪丞相适兄弟子姪所賦園池詩也。

瓊野録一卷

學士洪邁園池記述題詠。其曰「瓊野」者，從維揚得瓊花，植之而生，遂以名圃。

清暉閣詩一卷

史正志創閣於金陵，僚屬皆賦詩。

會稽紀詠六卷

汪綱仲舉帥越，多所修創。嚴陵洪璞每事爲一絶，賡者四人，曰張浸〔一〕、王梂、程震龍、馮大章。又有諸葛興爲古詩二十篇。

〔一〕盧校本「張浸」改「張淏」。校注曰：張淏清源居越，故作會稽續志，此殆即其人也。

蕭秋詩集一卷

玉山徐文卿斯遠作蕭秋詩，四言九章、章四句，趙蕃昌甫而下，和者十三人，紹熙辛亥也，趙汝談履常亦與焉。後三十三年，嘉定癸未，乃序而刻之。文卿晚第進士，未授〔二〕官而死，有詩見江湖集。

〔二〕盧校本「授」作「注」。

唐山集一卷、後集三卷

卞圜宋欽編。「唐山」者，臨安昌化縣也。

後典麗賦四十卷

金華唐仲友與政編。仲友以辭賦稱於時。此集自唐末以及本朝盛時，名公所作皆在焉，止於紹興間。先有王戊集典麗賦九十三卷，故此名後典麗賦。王氏集未見。

指南賦箋五十五卷、指南賦經八卷

皆書坊編集時文。止於紹熙以前。

指南論十六卷。又本前後二集，四十六卷

淳熙以前時文。

擢犀策一百九十六卷、擢象策一百六十八卷

擢犀者，元祐、宣、政以及建、紹初年時文也，擢象則紹興末。大抵科舉場屋之文，每降愈下，後生亦不復識前輩之舊作，姑存之以觀世變。

文章正宗二十卷

參知政事〔一〕真德秀希元撰。自序：「正宗」云者，以後世文詞之多變，欲學者識其源流之正也。自昔集録文章，若杜預、摯虞諸家，往往湮没不傳。今行於世者，惟梁昭明文選、姚鉉文粹而已。繇今視之，二書所録，果得源流之正乎？故今所集〔二〕，以明義理、切世用爲主〔三〕，其體本乎古而旨近乎經者，然後取焉；否則，辭雖工亦不録〔四〕。其目凡四，曰「辭命」、曰「議論」、曰「敘事」、曰「詩賦」。去取甚嚴。案：此條原本脱漏，今據文獻通攷補入。

〔一〕盧校本無「參知政事」四字。

〔二〕盧校本無「自序」至「故今所集」段。校注曰：此係元本，通攷本乃馬氏增添，館本據之，非也。

〔三〕盧校本「爲主」作「爲要」。

〔四〕盧校本無「其體本乎古」至「亦不録」。校注曰：此係元本，通攷乃馬氏增添，館本據之，非也。

# 直齋書録解題卷十六

## 別集類上〔一〕

〔一〕盧校本作卷四十九別集類上。校注曰：有元本。

宋玉集一卷

楚大夫宋玉撰。史記屈原傳言：「楚人宋玉、唐勒、景差之徒，蓋皆原之弟子也，而玉之辭賦獨傳，至以屈、宋並稱於後世，餘人皆莫能及。」案：隋志集三卷、唐志二卷。今書乃文選及古文苑中録出者，未必當時本也。

枚叔集一卷

漢弘農都尉淮陰枚乘撰。叔其字也。隋志：「梁時有二卷，亡。」唐志復著録。今本乃於漢書及文選諸書鈔出者。

董仲舒集一卷

漢膠西相廣川董仲舒撰。案：隋唐志皆二卷，今惟録本傳中三策及古文苑所載士不遇賦、詣公孫弘記室書二篇而已。其敍篇略本傳語，亦載古文苑。仲舒平生著書，如玉杯、繁露、清明、竹林之類，其泯没不存〔一〕多矣。所傳繁露，亦非本真也。

〔一〕盧校本「存」下有「者」字。

劉中壘集五卷

漢中壘校尉劉向子政撰。前四卷，封事並見漢書，九歎見楚辭，末請雨華山賦見古文苑。

揚子雲集五卷

漢黄門郎成都揚雄子雲撰。大抵皆録漢書及古文苑所載。案：宋玉而下五家，皆見唐以前藝文志，而三朝志俱不著録，崇文總目僅有董集一卷而已，蓋古本多已不存，好事者於史傳、類書中鈔録，以備一家之作，充藏書之數而已。

二十四箴一卷

揚雄撰。今廣德軍所刊本，校集中無司空、尚書、博士、太常四箴。集中所有，皆據古文苑。而此四箴，或云崔駰，或云崔子玉，疑不能明也。

蔡中郎集十卷

後漢左中郎將陳留蔡邕伯喈撰。唐志二十卷，今本闕亡之外，纔六十四篇。其間有稱建安年號及爲魏宗廟頌述者，非邕文也。卷末有天聖癸亥歐陽静所書辨證甚詳，以爲好事者雜〔二〕編他人之文相混，非本書。

〔二〕元抄本無「雜」字。

## 陳思王集二十卷

魏陳王曹植子建撰。卷數與前志合。其間亦有采取御覽、書鈔、類聚諸書〔一〕中所有者，意皆後人附益，然則亦非當時全書矣。其間或引摯虞流別集。此書國初已亡，猶是唐人舊傳也。

〔一〕盧校本「諸書」後有「類」字。元抄本作「諸類書」。

## 陳孔璋集十卷

魏丞相軍謀掾廣陵陳琳孔璋撰。案魏志：文帝爲五官中郎將，及平原侯植，皆好文學，山陽王粲仲宣、北海徐幹偉長、廣陵陳琳孔璋、陳留阮瑀元瑜、汝南應瑒德璉、東平劉植〔一〕公幹，並見友善。自邯鄲淳、繁欽、路粹、丁廙、楊修、荀綽等，亦有文采，而不在此七人之列，世所謂「建安七子」者也。但自王粲而下纔六人，意子建亦在其間耶。而文帝典論則又以孔融居其首，并粲、琳等謂之七子，植不與焉。今諸家詩文散見於文選及諸類書。其以集傳者，仲宣、子建、孔璋三人而已。余家亦未有仲宣集。

〔一〕今案：「植」當作「楨」。

## 阮步兵集十卷

魏步兵校尉陳留阮籍嗣宗撰。籍，瑀之子也。

## 嵇中散集十卷

魏中散大夫譙嵇康叔夜撰。本姓奚，自會稽徙譙之銍縣嵇山，家其側，遂氏焉。取「稽」字之上，志其本也。案：晋書本傳：銍縣有嵇山，家於其側，因而命氏。此云「取稽字之上」，蓋以「嵇」與「稽」字體相近，爲不忘會稽之意。文獻通攷作「取嵇」，恐誤。所著文論六七萬言。今存于世者，僅如此。唐志猶有十五卷。

## 張司空集三卷

晋司空范陽張華茂先撰。前二卷爲四言、五言詩，後一卷爲祭〔一〕、祝、哀、誄等文。

〔一〕元抄本、盧校本「祭」作「策」。

## 陸士衡集十卷

晋平原内史吴郡陸機士衡撰。

## 陸士龍集十卷

晋清河内史陸雲士龍撰。太康平吴，二陸入洛，張茂先所謂「利獲二俊」者也。遜、抗之後，而有機、雲，可謂代不乏人矣。然皆不免其身。才者身之累也，況居亂世乎！機好遊權門，抑又有以取之耶？

## 劉司空集十卷

晋司空中山劉琨越石撰。前五卷差全可觀，後五卷闕誤，或一卷數行，或斷續不屬，殆類鈔節者，末卷劉府君誄尤多訛，未有别本可以是正。

陶靖節集十卷

晋彭澤令潯陽陶潛淵明撰。或云淵明字元亮，大司馬侃曾孫，自號五柳先生，世稱靖節徵士。

陶靖節年譜一卷〔一〕、年譜辨證一卷、雜記一卷

吴郡吴仁傑斗南爲年譜，蜀人張縯季長辨證之，又雜記前賢論靖節語。此蜀本也，卷末有陽休之、宋庠序録、私記，又有治平三年思悦〔二〕題，稱「永嘉示以宋丞相刊定之本」。思悦者，不知何人也。

〔一〕元抄本、盧校本「年譜」前有「集十卷」三字。盧校注：當從館本去此三字，通攷亦無之。

〔二〕盧校注：趙曮江云：「思悦，宋虎丘寺僧。」

鮑參軍集十卷

宋前軍行參軍東海鮑照明遠撰。世多云鮑昭，以避唐武后諱也。沈約宋書、李延壽南史皆作鮑照。而館閣書目直以爲鮑昭，且云上黨人，非也。

謝宣城集五卷

齊中書郎陳郡謝朓玄暉撰。集本十卷，樓炤知宣州，止以上五卷賦與詩刊之，下五卷皆當時應用之文，衰世之事。可采者已見本傳及文選。餘視詩劣焉，無傳可也。

孔德璋集十卷　案：文獻通攷作一卷。

齊太子詹事山陰孔稚圭德璋撰。北山移文，其所作也。

沈約集十五卷、别集一卷、又九卷

梁特進吴興沈約休文撰。約有文集百卷，今所存惟此而已。十五卷者，前二卷爲賦，餘皆詩也。别集雜録詩文，不分卷。九卷者，皆詔草也。館閣書目但有此九卷及詩一卷，凡四十八首。

昭明太子集五卷

梁太子蕭統德施撰。

何仲言集三卷〔一〕　案：文獻通攷作二卷。

梁水部郎何遜仲言撰。本傳集〔二〕八卷，館閣書目同。今所傳止此。

〔一〕元抄本、盧校本「三」作「二」。

〔二〕元抄本「集」作「文集」。

江文通集十卷

梁散騎常侍江淹文通撰。

庾開府集二十卷

周司憲中大夫南陽庾信子山撰。信，肩吾之子，仕梁及周。其在揚都，有集四十卷；及江陵，又有三卷，皆兵火不存。今集止自入魏以來所作，而哀江南賦寔爲首冠。

稽聖賦三卷

北齊黄門侍郎琅邪顔之推撰。其孫師古注。蓋擬天問而作。中興書目稱李淳風注。

唐太宗集三卷

唐太宗皇帝本集四十卷。館閣書目但有詩一卷六十九首而已。今此本第一卷賦四篇、詩六十五首，後二卷爲碑銘、書詔之屬，而訛謬頗多。世所傳太宗之文見於石刻者，如帝京篇、秋日效庾信體詩、三藏聖教序，皆不在。又晉書紀、傳論，稱「制曰」者四，皆太宗御製也。今獨載宣、武二紀論，而陸機、王羲之傳論不預焉。宣紀論復重出，其他亦多有非太宗文者雜廁其中，非善本也。

東皐子五卷

唐大樂〔一〕丞太原王績無功撰。績，文中子王通仲淹之弟也。仕隋，爲正字，嗜酒簡放，不樂仕進。晚以大樂吏焦革善釀，求爲其丞，不問流品，亦阮嗣宗步兵之意也。革死，乃歸於所居，立杜康祠，爲文祭之，以焦革配。自號東皐子。其友吕才鳩訪遺文，編成五卷，爲之序。有醉鄉記傳於世。其後陸淳又爲後序。

〔一〕元抄本、盧校本「大樂」作「太樂」。下同。

盧照鄰集十卷

唐新都尉范陽盧照鄰撰。以久病，自沈潁水。

## 駱賓王集十卷

唐臨海丞義烏駱賓王撰。賓王後爲徐敬業傳檄天下，罪狀武后，所謂「一抔之土未乾，六尺之孤安在」者也。其首卷有魯國郗雲卿序，言賓王光宅中廣陵亂伏誅，莫有收拾其文者，後有勅搜訪，雲卿撰焉。又有蜀本，卷數亦同，而次序先後皆異。序文視前本加詳，而云廣陵起義不捷，因致逋逃，文集散失，中宗朝詔令搜訪。案：本傳言賓王既敗，亡命，不知所之，與蜀本序合。

## 陳拾遺集十卷

唐右拾遺射洪陳子昂伯玉撰。黄門侍郎盧藏用爲之序。又有别傳系之卷末。子昂仕武后，既不遇，以父喪家居。縣令段簡貪暴，取貨弗厭，致之獄以死，年財四十二。子昂爲明堂議、神鳳頌，納忠貢諛於孽后之朝，大節不足言矣。然其詩文在唐初寔首起八代之衰者。韓退之薦士詩言「國朝盛文章，子昂始高蹈」，非虚語也。盧序亦簡古清壯，非唐初文人所及。

## 宋之問集十卷

唐越州長史河汾宋之問延清撰。

## 沈佺期集十卷　案：文獻通攷作五卷。

唐中書舍人内黄沈佺期雲卿撰。自沈約以來，始以音韻、對偶爲詩，至之問、佺期，益加靡麗。學者宗之，號爲沈宋。唐律蓋本於此。二人者皆以諂附二張進，景龍中俱爲修文館學士。佺期回波詞有所謂「齒録牙緋」者，其爲人可知。之問尤反覆無行，卒以罪死。

張燕公集三十卷

唐宰相范陽張説説之撰。一字道濟，與蘇頲號「燕許大手筆」。家未有蘇許公集。二人名相，而以文擅天下，盛矣哉。

曲江集二十卷

唐宰相曲江張九齡子壽撰。曲江本有元祐中郡人鄧開序，自言得其文於公十世孫蒼梧守唐輔而刊之，於〔一〕末附以中書舍人樊子彦所撰行狀、會稽公徐浩所撰神道碑及太常博士鄭宗珍議謚文獻狀。蜀本無之。

〔一〕元抄本、盧校本「於」作「卷」。

王右丞集十卷

唐尚書右丞河中王維摩詰撰，建昌本與蜀本次序皆不同，大抵蜀刻唐六十家集多異于他處本，而此集編次尤無倫。維詩清逸，追逼陶、謝。輞川別墅圖畫摹傳至今。嘗與裴迪同賦，各二十絶句。集中又有與迪書，略曰：「夜登華子岡，輞水淪漣，與月上下。寒山遠火，明滅林外。深巷寒犬，吠聲如豹。村墟夜舂，復與疎鐘相間。此時獨坐，僮僕静默。每思曩昔，攜手賦詩。當待春中，卉木蔓發。輕鯈出水，白鷗矯翼。露濕青皋，麥雉朝雊。儻能從我遊乎？」余每讀之，使人有飄然獨往之興。迪詩亦佳，然他無聞於世，蓋亦高人也。輞川在藍田縣西南二十里，本宋之問別圃，維後表爲清源寺，終墓其西。

龍筋鳳髓判十卷

唐司門員外郎陸澤張鷟文成撰。鷟，調露中進士，事跡見張薦傳。薦之祖也。唐以書判拔萃科選士，此集凡百題，自省臺、寺監、百司，下及州縣、類事、屬辭，蓋待選預備之具也。鷟自號浮休子。

李翰林集三十卷 案：解題中所云，應作三十卷。原本脱「十」字，今校補。

唐翰林供奉廣漢李白〔一〕撰。唐志有草堂集二十卷者，李陽冰所録也。今案：陽冰序文但言十喪其九，而無卷數。又樂史序文稱李翰林集十卷，别收歌詩十卷，因校勘爲二十卷，又於館中得賦、序、表、書、贊、頌等，亦爲十卷，號曰别集。然則三十卷者，樂史所定也。家所藏本，不知何處本，前二十卷爲詩，後十卷爲雜著，首載陽冰、史及魏顥、曾鞏四序，李華、劉全白、范傳正、裴敬碑誌，卷末又載新史本傳，而姑孰十詠笑矣、悲來、草書三歌行亦附焉，復著東坡辨證之語，其本最爲完善。别有蜀刻大小二本，卷數亦同，而首卷專載碑、序，餘二十三卷歌詩，而雜著止六卷。有宋敏求後序，言舊集歌詩七百七十六篇，又得王溥及唐魏萬集本，因裒唐類詩諸編洎石刻所傳，廣之無慮千篇。以别集、雜著附其後。曾鞏蓋因宋本而次第之者也，以校舊藏本篇數，如其言，然則蜀本即宋本也耶？末又有元豐中毛漸題，云「以宋公編類之勤，曾公攷次之詳，而晏公又能鏤板以傳於世」，乃晏知止刻於蘇州者。然則蜀本蓋傳蘇本，而蘇本不復有矣。

〔一七〕盧校本「李白」後有「太白」二字。元抄本「李白」作「李太白」。

## 杜工部集二十卷

唐左拾遺檢校工部員外郎劍南節度參謀襄陽杜甫子美撰。案：唐志六十卷，小集六卷。王洙原叔蒐裒中外書九十九卷，除其重複，定取千四百五篇，古詩三百九十九，近體千有六。起太平時，終湖南所作，視居行之次若歲時爲先後。别録雜著爲二卷，合二十卷，寶元二年記，遂爲定本。王琪君玉嘉祐中刻之姑蘇，且爲後記。元稹墓銘亦附第二十卷之末。又有遺文九篇，治平中太守裴集刊，附集外。蜀本大略同。而以遺文入正集中，則非其舊也。世言子美詩集大成，而無韻者幾不可讀。然開、天以前文體大略皆如此。若三大禮賦，辭氣壯偉，又非唐初餘子所能及也。

## 校定杜工部集二十二卷

祕書郎黄伯思長睿所校。既正其差誤，參攷歲月〔一〕出處異同，古、律相間，凡一千四百十七首〔二〕。雜著〔三〕二十九首，别爲二卷。李丞相伯紀爲序之。

案：文獻通攷作一千四百四十七首。

〔一〕原作「參歲攷月」，元抄本、盧校本作「參攷歲月」，據改。

〔二〕元抄本、盧校本「一千四百十七首」作「一千四百四十七首」。

〔三〕盧校本「雜著」作「雜筆」。校注曰：筆者文也。故謂杜詩韓筆。長睿好古，宜用此。今館本作「雜著」，通攷亦同，取人易知耳。

賈幼幾集十卷

唐起居舍人河南賈至幼幾撰。唐志二十卷，别十五卷。李淑書目云：至集有三本，又有十卷者，有序。今本無序，中興館閣本亦同。

元次山集十卷

唐容管經略使河南元結次山撰。蜀本但載自序，江州本以李商隱所作序冠其首。蜀本拾遺一卷，中興頌、五規、二惡之屬皆在焉。江本分置十卷。結自號漫叟。

顔魯公集十五卷、補遺一卷、附録一卷

唐太子太師京兆顔真卿清臣撰。之推五世孫，師古曾侄孫。案館閣書目：嘉祐中宋敏求惜其文不傳，乃集其刊〔一〕於金石者，爲十五卷。今本序文，劉敞所作，乃云吴興沈侯編輯，而不著沈之名。劉元剛〔二〕刻於永嘉，爲後序，則云「劉原父所序，即宋次道集其刻於金石者也」，又不知何據？元剛復爲之年譜，益以拾遺一卷，多世所傳帖語，且以行狀、碑傳爲附録。魯公之裔孫裕，自五代時官温州，與其弟倫祥〔三〕案：文獻通攷「倫」作「綸」。皆徙居永嘉樂清。本朝世復其家，且時褒録，其子孫亦有登科者。

〔一〕元抄本、盧校本「刊」作「刻」。

〔二〕元抄本、盧校本「劉」作「留」。

〔三〕元抄本、盧校本「倫」作「綸」。

蕭功曹集十卷

唐揚州功曹參軍蕭穎士茂挺撰。門人柳并爲序。穎士，梁鄱陽王之裔，敏悟夙成，負才尚氣，見惡於李林甫，其後卒不遇以死，壽亦不逮中年。

毛欽一集二卷

唐荆州長林毛欽一撰。長林〔一〕，荆門軍屬縣。欽一上諸公書自稱毛欽一，字傑。或時〔二〕又以傑爲名。唐人以字行者多矣。自號雲夢子。開元中人。

〔一〕元抄本、盧校本「長林」下有「今」字。

〔二〕元抄本、盧校本「或時」作「而或」。

吴筠集十卷

唐嵩陽觀道士華陰吴筠貞節撰。筠舉進士不中第，天寶初召至京師，爲道士，待詔翰林，爲高力士所惡而斥，後入剡中天台卒，弟子謚爲宗元先生。事見隱逸傳。傳稱筠所善孔巢父、李白，歌詩相甲乙。巢父詩未之見也。筠詩固不碌碌，豈〔一〕能與太白相甲乙哉！

〔一〕盧校本「豈」上有「然」字。

獨孤常州集二十卷

唐常州刺史洛陽獨孤及至之撰。其門人梁肅編集，爲後序。而李舟爲序於篇首。且刻崔祐甫所爲墓志。其子曰郁字古風者，亦有名，韓退之志其墓。

### 高常侍集十卷

唐左散騎常侍渤海高適達夫撰。適年五十始爲詩，即工部〔一〕子美所善也。豪傑之士，亦何所往而不能哉！

〔一〕元抄本、盧校本「部」作「杜」。如依元抄、盧本，則句當作：「適年五十，始爲詩即工，杜子美所善也。」

### 劉隨州集十卷

唐隨州刺史宣城劉長卿文房撰。詩九卷，末一卷雜著數篇而已。建昌本十卷，别一卷爲雜著。長卿，開元二十一年進士。

### 劉虞部集十卷

唐虞部郎中劉商子夏撰。武元衡爲之序。集中有送弟歸懷州舊業序言：「高祖當武德經綸，勳在王府。」案：武德功臣，有劉文静、宏基、政會，史皆有傳。文静之後誅絶，宏基、政會傳，後無所攷，未詳何人之後也。胡笳十八拍行於世。

### 戎昱集五卷 案：文獻通攷作三卷。

唐虔州刺史扶風戎昱撰。其姪孫爲序言：「弱冠謁杜甫於渚宫，一見禮遇。」集中有哭甫詩，世所傳

「在家貧亦好」之句，昱詩也。

梁補闕集二十卷

唐右補闕翰林學士安定梁肅敬之撰。崔恭爲之序，首稱其從釋氏，爲天台大師元浩之弟子。今案獨孤及集後序，稱「門下生」，頗述師承之意。韓愈亦言其佐助陸〔一〕相貢士，所與及第者〔二〕，皆赫然有聞。然則梁固名儒善士也，而獨以爲師從釋氏者，何哉？

〔一〕盧校本「陸」作「宰」。

〔二〕元抄本、盧校本無「者」字。

陸宣公集二十二卷

唐宰相嘉興陸贄敬輿撰。權德輿爲序，稱制誥集十三卷、奏草七卷、中書奏議七卷。今所存者，翰苑集十卷、牓子集十二卷。序又稱别集文、賦、表、狀十五卷，今不傳。

權丞相集五十卷

唐宰相略陽權德輿載之撰。楊嗣復爲序。德輿父皐，以不汙禄山見卓行傳。其子璩，爲中書舍人，劾李訓傾覆，亦能世其家。性〔一〕寬和，有大體，文亦純雅宏贍。三世名迹，可謂德門矣！墓碑韓昌黎所爲也。序又言九年掌誥，自纂録爲五十卷，不在此集内，今未之見。

〔一〕元抄本「性」作「權」。

## 裴晉公集二卷

唐宰相河東裴度中立撰。

## 昌黎集四十卷、外集十卷

唐吏部侍郎南陽韓愈退之撰。李漢序。漢，文公婿也。其言「辱知最厚且親，收拾遺文，無所失墜」者，性〔一〕後之人僞妄，輒附益其中也。外有註論語十卷傳學者〔二〕，順宗實録五卷列於史官，不在集中。今實録在外集。然則世所謂外集者，自實録外皆僞妄，或韓公及其婿所删去也。「南陽」者，唐東都之河陽，春秋傳「晉於是始啓南陽」者也。新書以爲鄧州，非是。方崧卿年譜辨之詳矣。

〔一〕元抄本、盧校本「性」作「懼」。盧校注：館本及通攷皆作「性」。

〔二〕盧校本「學」下無「者」字。

## 韓文公志五卷

金堂樊汝霖澤之撰。汝霖嘗爲韓集譜注四十五卷，又集其碑誌、祭文、序譜之屬爲一編，此是也。譜注未之見。汝霖，宣和六年進士，仕至瀘帥以卒，玉山汪端明志其墓。

## 昌黎集四十卷、外集一卷、附録五卷、年譜一卷、舉正十卷、外鈔八卷

年譜，洪興祖撰，莆田方崧卿增攷，且撰舉正以校其同異，而刻之南安軍。外集但據嘉祐蜀本劉煜〔一〕所録二十五篇，而附以石刻聯句、詩文之遺見於他集者。及葛嶠刻柳文，則又以大庾丞韓郁

所編注諸本號外集者，案：文獻通攷作「韓都」。并攷校〔二〕疑誤，輯遺事，共爲外鈔刻之。

〔一〕元抄本、盧校本「劉煜」作「劉燁」。

〔二〕元抄本、盧校本「攷」下無「校」字。

## 校定韓昌黎集四十卷、外集十卷

晦庵朱侍講熹以方氏本校定〔一〕。凡異同定歸于一，多所發明，有益後學。外集皆如舊本，獨用方本益大顛三書。愚案：方氏用力於此集勤矣，外集删削甚嚴，而存此書以見其邀速常語，初無崇信之説，但欲明世間問答之僞，而不悟此書爲僞之尤也，蓋由歐陽公跋語之故。不知歐陽公自以易大傳之名與己意合，從而實之，此自通人之一蔽，東坡固嘗深辨之，然其謬妄，三尺童子所共識，不待坡公也。今朱公決以爲韓筆無疑，方氏未足責，晦翁識高一世，而其所定者迺爾，殆不可解。今案外鈔第七卷曰「疑誤」者，韓郁注云，潮州靈山寺所刻，末云吏部侍郎潮州刺史者，非也。退之自刑部侍郎貶潮，晚乃由兵部爲吏部，流俗但稱韓吏部爾。其書蓋國初所刻，故其謬如此。又潮本韓集不見有此書，使靈山舊有此刻，集時何不編入？可見此書妄也。然其妄甚白，亦不待此而明。

〔一〕盧校注：趙敬夫云：「考異出朱子者不過數條，餘皆紕繆不堪，非朱子書也。」

## 柳柳州集四十五卷、外集二卷

唐禮部員外郎柳州刺史河東柳宗元子厚撰。劉禹錫作序，言〔一〕編次其文爲三十二通，退之之誌若祭文，附第一通之末。今世所行本皆四十五卷，又不附誌文，非當時本也，或云沈元用所傳穆伯長本。

〔一〕元抄本、盧校本「言」作「序言」。

柳先生集四十五卷、外集二卷、别録一卷、案：文獻通攷作二卷。摭異一卷、音釋一卷、附録二卷、事迹本末一卷

方崧卿既刻韓集於南安軍，其後，江陰葛嶠爲守，復刊柳集以配之。别録而下，皆嶠所裒集也。别録者，龍城録及法言注五則。龍城近世人僞作〔一〕。

〔一〕盧校注：龍城乃王性之僞撰。

重校添注柳文四十五卷、外集二卷

姑蘇鄭定刊於嘉興。以諸家所注輯爲一編，曰集注，曰補注，曰章，曰孫，曰韓，曰張，曰董氏，而皆不著其名。其曰「重校」，曰「添注」，則其所附益也。

韓柳音辨二卷

南劍州教授新安張敦頤撰。紹興八年進士也。

李元賓集五卷

唐太子校書江東李觀元賓撰。觀與韓退之貞元八年同年進士。明年試博學宏詞，觀中其科，而愈不在選，顔子不貳過論，其年所試文〔一〕也。又一年，觀年二十九，卒，愈爲之誌銘。使觀不死，可量也

哉！陸希聲得其文二十九篇，爲之序。慶曆中，章習又得十四首於楚人趙昂，通爲五卷。

〔一〕元抄本無「文」字。

## 歐陽行周集五卷

唐國子四門助教莆田歐陽詹行周撰。詹亦韓愈〔一〕同年進士，故其集中各有明水賦。詹亦早死，愈爲之哀詞，尤拳拳焉。李翱作傳，而李集不載。其序，福建〔二〕廉使李貽孫所爲也。詹之爲人，有哀辭可信矣，黄璞何人斯，乃有太原函髻之謗。好事者喜傳之，不信愈而信璞，異哉！「高城已不見」〔三〕之句，樂府此類多矣，不得以爲實也〔四〕。然「高城已不見」之詩，題云途中寄太原所思，蓋亦有以召其疑也。昔人以曖昧受謗，傳之千古，尚未能明，孰謂今人之行己而可不謹哉？

〔一〕盧校本無「愈」字。

〔二〕盧校注：「福建」通攷作「福唐」。

〔三〕元抄本、盧校本「高城已不見」作「高城不可見」。

〔四〕元抄本、盧校本此條解題至「不得以爲實也」止。盧校注：館本此下不似陳氏語，通攷亦無此段。

## 元氏長慶集六十卷

唐宰相河南元稹微之撰。中興書目止四十八卷，又有逸詩二卷。稹嘗自彙其詩爲十體，其末爲豔詩，暈眉約鬢，匹配色澤，劇婦人之怪豔者。今世所傳李娃、鶯鶯、夢遊春、古決絶句、贈雙文、示楊瓊諸詩，皆不見於六十卷中。意館中所謂「逸詩」者，即其豔體者耶。稹初與白樂天齊名，文章相上下，出處亦不相悖。晚而欲速化，依奄宧得相，卒爲小人之歸，而居易終始全節。嗚呼！爲士者可以鑒矣！

白氏長慶集七十一卷、年譜一卷、又新譜一卷

唐太子少傅太原白居易樂天撰。案：集後記稱前著長慶集五十卷，元微之爲序；後集二十卷，自爲序；今又續後集五卷，自爲記；前後七十五卷。時會昌五年也。墓志乃云「集前後七十卷」。當時預爲誌，時未有續後集。今本七十一卷，蘇本、蜀本編次亦不同，蜀本又有外集一卷，往往皆非樂天自記之舊矣。年譜，維揚李璜德劭所作，樓大防參政得之，以遺吴郡守李伯珍諫議刻之。余嘗病其疎略牴牾，且號爲年譜而不繫年，乃別爲新譜，刊附集首。

白集年譜一卷

知忠州漢嘉何友諒以居易舊治既刊〔一〕其文集，又作年譜，刊之集首。始余爲譜既成，妹夫王栐叔永守忠録寄之，則忠已有此譜，視余譜詳略互見，亦各有發明。其辨李崖州三絶非樂天作，及載晁子止之語，謂與楊虞卿爲姻家，與牛僧孺爲師生，而不陷牛李黨中，與余暗合，因並存之。詳見新譜末章。

〔一〕盧校本「刊」作「列」。

劉賓客集三十卷、外集十卷

唐檢校禮部尚書兼太子賓客中山劉禹錫夢得撰。集本四十卷，逸其十卷。常山宋次道裒輯其遺文，

得詩四百七篇、雜文二十二篇，爲外集。然未必皆十卷所逸也。

李文公集十卷 案：文獻通攷作十八卷。

唐山南東道節度使李翺習之撰。蜀本分二十卷。集中無詩，獨有戲贈一篇，拙甚，決非其作也。然韓集遠遊聯句有習之一聯，云「前之詎灼灼，此去信悠悠」，亦殊不工。他無一語，意者於詩非所長而不作耶。習之爲文，源委於退之，可謂得其傳矣，但其才氣不能及耳。

樊宗師集一卷、絳守園池記注一卷

唐諫議大夫南陽樊宗師紹述撰。韓文公爲墓誌，稱魁紀公三十卷，樊子三十卷，詩文千餘篇，今所存纔數篇耳，讀之殆不可句〔一〕。有王晟者，天聖中爲絳倅，取其園池記章解而句釋之，猶有不盡通者。孔子曰「辭達而已矣」，爲文而晦澁若此，其湮没弗傳也宜哉。

書以「魁紀公」名，異甚，文之不可句，當亦類是。隨齋批注。

〔一〕盧校本「句」作「注」。

皇甫持正集六卷

唐工部郎中新定皇甫湜持正撰。東都修福先寺碑三千字，一〔一〕字索三縑。案：原本無「一字」二字，今據文獻通攷補正。其輕傲不羈，非裴晉公鉅德，殆不能容之也。今集纔數十篇〔二〕，碑不復存，意其多所亡逸。然湜之矜負如此，固不苟爲人作，人亦未必敢求之也。

〔一〕元抄本無「一」字。

〔二〕元抄本、盧校本「數十篇」作「三數十篇」。

林藻集一卷

唐嶺南節度副使莆田林藻緯乾撰。藻，貞元七年進士，試珠還合浦賦，敍珠去來之意，人謂有神助焉。

林藴集一卷

唐邵州刺史林藴復夢撰。藻之弟也，見儒學傳。藴父披，蘇州别駕，有子九人，世號「九牧林氏」。其族至今衣冠詩禮，以藴所爲父墓碑攷之，其八子爲刺史、司馬，其一號處士。而披之父爲饒陽郡守，祖爲瀛州刺史，蓋亦盛矣。

沈下賢集十二卷　案：文獻通攷作十卷。

唐福建團練副使吴興沈亞之下賢撰。元和十年進士，仕不出藩府。長慶中爲櫟陽尉，案：唐詩紀事及文獻通攷俱作樂陽。太和中謫掾郢州，皆集中可見者也。吴興者著郡望，其實長安人。

孟東野集十卷

唐溧陽尉武康孟郊東野撰。惟末卷有書二篇、贊一篇，餘皆詩也。郊，貞元十二年進士。

呂衡州集十卷

唐衡州刺史河中吕温和叔撰。一字化光。劉禹錫爲序。温本善韋執誼、王叔文，偶使絶域，得免在八司馬之數，而終以好利敗。與竇羣、羊士諤昵比，傾誣宰相李吉甫，謫死。屨校不懲，至於滅耳，此其所以爲小人歟。

## 會昌一品集二十卷、别集十卷、外集四卷

唐宰相趙郡李德裕文饒撰。一品集者，皆會昌在相位制誥、詔册、表疏之類也；别集詩賦、雜著；外集則窮愁志也。德裕自穆宗時已掌内外制，累踐方鎮，遂相文宗，平生著述詎止此，此外有姑臧集五〔一〕卷而已，其不傳於世者亦多矣。窮愁志晚年遷謫後所作，凡四十九篇，其論精深，其詞峻潔，可見其英偉之氣。周秦行紀一篇，奇章怨家所爲，而文饒遂信之爾。

〔一〕盧校本「五」作「四」，改「五」。校注曰：「『四』館本『五』，此下亦作『五』。通攷四卷同，而下作五卷。

## 李衛公備全集五十卷、年譜一卷、摭遺一卷

比永嘉〔一〕及蜀本三十四卷之外，有姑臧集五卷，獻替記、辨謗略等諸書共十一卷。知鎮江府江陰耿秉直之所輯；并攷次爲年譜、摭遺。姑臧集者，兵部員外郎段令緯所集，前四卷皆西掖、北門制草，末卷惟黠戛斯朝貢圖及歌詩數篇。其曰「姑臧」，未詳〔二〕。衛公三爲浙西，出入十年，皆治京口，故秉直〔三〕刻其集。若永嘉，則其事頗異。郡故有海神廟，本城北隅叢祠。元祐中太守范峋夢其神自言李姓，唐武宗時宰相，南遷以没。寤而意其爲德裕，訪得其祠，遂作新廟，且列上其事。自

是日盛，賜廟額，封王爵。然衛公平生於温，蓋邈乎不相及也，殊有不可曉者。

〔一〕盧校本「比」作「此」，「嘉」下有「集」字。校注曰：通攷有「集」字。

〔二〕張跋云：案十六國之呂光據姑臧，其地爲今涼州，德裕爲劍州西川節度使，當是取其地之相近者以名集也。

〔三〕元抄本無「直」字，是。

## 平泉雜文一卷

即别集第九、第十卷。平原山居所作詩、賦、記也。

## 樊川集二十卷、外集一卷

唐中書舍人京兆杜牧牧之撰。牧，佑之孫。其甥裴延翰編而序之。外集皆詩也。又在天台録得集外詩一卷，别見詩集類，未知是否？牧才高，俊邁不羈，其詩豪而艷，有氣概，非晚唐人所能及也。

## 李義山集八卷、樊南甲乙集四十卷

唐太學博士河内李商隱義山撰。商隱，令狐楚客，開成二年進士，書〔一〕判入等。從王茂元、鄭亞辟，二人皆李德裕所善，坐此爲令狐綯所憾，竟坎壈以終。甲乙集者，皆表章、啓牒四六之文。既不得志於時，歷佐藩府，自茂元、亞之外，又依盧弘正、柳仲郢，故其所作應用若此之多。商隱本爲古文，令狐楚長於章奏，遂以授商隱。然以近世四六觀之，當時以爲工，今未見其工也。

〔一〕元抄本、盧校本「書」作「平」。

玉溪生集三卷 案：文獻通攷作二卷。
李商隱自號。此集即前卷中賦及雜著也。
孫樵集十卷 案：文獻通攷作三卷。
唐職方郎中孫樵可之撰。自爲序。凡三十五篇，蓋其删擇之餘也。樵，大中九年進士。東坡嘗曰：「學韓愈而不至者爲皇甫湜，學湜而不至者爲孫樵。」
李甘文集一卷
唐侍御史李甘和鼎撰。甘欲壞鄭注麻，坐貶死。杜牧所爲賦詩者也。
薛逢四六集一卷
唐祕書監河東薛逢陶臣撰。
勅語堂判集一卷
唐宰相滎陽鄭畋台文撰。
文泉子十卷
唐中書舍人長沙劉蜕復愚撰。自爲序云：「覃以九流之旨，配以不竭之義，曰泉。」有文塜銘，甚奇。蜕，大中四年進士。其爲西掖，在咸通時。
一鳴集一卷〔一〕 案：文獻通攷作三十卷。

唐兵部侍郎虞鄉司空圖表聖撰。案：虞鄉即今解州，原本作「虞卿」，誤。今改正。圖見卓行傳，唐末高人勝士也。蜀本但有雜著，無詩。自有詩十卷，別行。詩格尤非晚唐諸子所可望也。其論詩以「梅〔二〕止於酸，鹽止於鹹〔三〕；鹹酸之外，醇美乏焉」，東坡嘗以爲名言。自號知非子，又曰耐辱居士。

〔一〕元抄本、盧校本作「十卷」。

〔二〕元抄本、盧校本「梅」作「醯」。

〔三〕元抄本、盧校本「鹹」作「醝」。

文藪十卷

唐太常博士襄陽皮日休襲美撰。日休，咸通八年進士。黄巢之難，陷賊中，爲「果頭三屈律」之讖，賊疑譏己髮拳，遂見害。陸游筆記以皮光業碑辨其不然。

笠澤叢書四卷、補遺一卷

唐處士吳郡陸龜蒙魯望撰。爲甲、乙、丙、丁，詩文、雜編。政和中朱袞刊之吴江。末有四賦，用蜀本增入。

笠澤叢書蜀本十七卷〔一〕案：文獻通攷作七卷。

元符中郫人樊開所序。龜蒙自號天隨子、甫里先生、江湖散人。與皮日休善，有松陵倡和集，皆不在文藪、叢書中。

〔一〕元抄本、盧校本作七卷。

羅江東甲乙集十卷、後集五卷、湘南集三卷

唐鄉貢進士新城羅隱昭諫撰。隱舉進士不第，更辟諸鎮幕府，羅紹威待以從叔。晚依吳越，奏授給事中。甲乙集皆詩；後集有律賦數首；湘南集者，長沙幕中應用之文也。隱又有淮海寓言、讒書等，求之未獲。

讒書刊于新城縣。隨齋批注。

投知小録三卷

唐神策判官郃陽秦韜玉中明撰。田令孜客。中和二年牧賜及第。

鳳策聯華三卷

唐虞部郎中淮南從事秋浦顧雲垂象撰。多以擬古爲題，蓋行卷之文也。雲，咸通十五年進士。

聱書十卷

唐天復進士沈顏可鑄撰。傳師之孫，仕僞吳，順義中爲翰苑。名「聱」者，以元結聱叟自況也。其文骫骳，而自序之語，極其矜負。

李後主集十卷

江南國主李煜重光撰。

田霖四六集一卷

南唐田霖撰。

扈載集十卷

後周翰林學士范陽扈載仲熙撰。少俊，早達，年三十六以死。其子蒙，顯於國初。

# 直齋書録解題卷十七

## 別集類中〔一〕

〔一〕盧校本作卷五十別集類中。

趙韓王遺稿十卷

丞相韓忠獻王范陽趙普則平撰。普開國元臣，不以文著，而彗星、班師二疏，天下至今傳誦。末有劉昌言所撰行狀。案：館閣書目惟有奏議一卷，今麻沙書坊刊本，奏議止數篇，餘皆表狀之屬也。

徐常侍集三十卷

左散騎常侍廣陵徐鉉鼎臣撰。其二十卷，仕江南所作；餘十卷，歸朝後所作也。所撰李煜墓銘，婉孅有體，文鑑取之。

咸平集五十一卷

右諫議大夫漢嘉田錫表聖撰。太平興國三年進士第二人。范文正公誌其墓。東坡序其奏議十篇，所謂憂治世而危明主者也。今首卷有奏議十二篇，即東坡所序〔一〕。案：此句原本脱去，今據文獻通攷增入。錫之子孫亡顯者。端平初，南充游似景仁爲成都漕，案：原本作「爲成憲」，今據文獻通攷改正。奏言朝廷方用端拱、咸平之舊紀元，而臣之部内乃有端拱、咸平之直臣，宜褒表之以示勸，願下有司議謚。博士徐清叟直翁、考功黄朴誠甫議謚曰「獻翼」云。今漢嘉田氏子孫，不知存亡，而文集板之在州者，亦燬於兵燼矣，可爲永慨！

〔一〕元抄本、盧校本無「即東坡所序」五字。

## 廣平公集一百卷

翰林學士文安公大名宋白太素撰。

## 柳仲塗集十五卷

如京使大名柳開仲塗撰。開，開寶六年進士，歷知常、潤州，以殿中侍御史换崇儀使，又歷八郡以卒。門人張景爲行狀及集序。本朝爲古文自開始，然其體艱澁。爲人忼慨，喜功名，急義。史亦稱其傲狠强愎云。

## 穆參軍集三卷

泰州司法參軍東平穆脩伯長撰。脩，祥符二年經明行脩進士。仕不遇，困窮以死。師事陳摶，傳其易學，以授李之才，之才傳邵雍。而尹洙兄弟亦從之學古文，且傳其春秋學。或曰太極圖亦脩所傳於陳摶、种放者。今其遺文傳世者僅如此。門人祖無擇爲之序。

## 江南小集二卷

工部侍郎終南种放明逸撰。淳化中有李介者，序之於九江，故以爲名。館閣書目別有正集十卷〔一〕，大略與此同。原註：正集名豹林。

〔一〕元抄本、盧校本「卷」下有「云」字。盧校注：「云」通攷有。

## 小畜集三十卷、外集二十卷

知制誥濟陽王禹偁元之撰。自爲之序，略曰：閱平生所爲文，類而第之，得三十卷。將名其集，以易筮之，遇乾之小畜，象曰「君子以懿文德」，未能行其施，但可懿文而已。外集者，其曾孫汾裒輯遺文，得三百四十首。又有承明集十卷、奏議集三卷、後集詩三卷，未見。案：宋史藝文志無奏議集、後集詩，而有別集十六卷。

## 乖崖集十二卷、附録一卷

樞密直學士忠定公鄄城張詠復之撰。案：宋史詠字復之。原本作「詠之」，誤。今改正。乖崖其自號也。錢希白爲墓誌，韓魏公爲神道碑。近時郭森卿宰崇陽刻。此集舊本十卷，今增廣，并語録爲十二卷。

## 武夷新集二十卷、別集十二卷〔一〕

翰林學士文公浦城楊億大年撰。案本傳：所著括蒼、武夷、潁陰、韓城、退居、汝陽、蓬山、冠鼇等集，及內外制、刀筆，共一百九十四卷。館閣書目猶有一百四十六卷。今所有者，惟此而已。武夷新集者，億初入翰苑，當景德丙午，明年，條次十年詩筆而序之。別集者，祥符五年避讒，佯狂歸陽翟時所作也，君可思賦居其首，亦見本傳。餘書疏皆作其弟倚酬答。倚亦景德中進士。

〔一〕今案：原本作「武夷集二十卷、別集十二卷」，據此條解題和盧校本補「新」字。

中山刀筆集三卷

翰林學士大名劉筠子儀撰。皆四六應用之文。筠與楊大年同時，號「楊劉」，詩號「西崑體」。別有冊府應言集十卷、榮遇集十二卷、表奏六卷、淝川集〔一〕四卷，見館閣書目。

〔一〕元抄本、盧校本「淝」作「肥」。

滑稽集四卷

翰林學士吳越錢易希白撰。多譎諷之詞。淳化癸巳自序。

擁旄集五卷、伊川集五卷　案：文獻通攷作三卷。

樞密使思公吳越錢惟演希聖撰。易，倧之子；惟演，俶之子也。惟演文集甚多，此特其二集爾，出鎮河陽、河南時所作也。全集未見。

臨川集三十卷、二府集二十五卷、年譜一卷

丞相臨淄元獻公臨川晏殊同叔撰。其五世孫大正爲年譜，言：先元獻嘗自差次起儒館至學士，爲臨川集；起樞廷至宰席，爲二府集。今案本傳，有文集二百四十卷，中興書目亦九十四卷，今所刊止此爾。臨川集有自序。

夏文莊集一百卷

樞密使鄭國文莊公九江夏竦子喬撰。竦父死王事，身中賢科，工爲文辭，復多材術，而不自愛重，甘心姦邪。聲伎之盛，冠於承平。夫婦反目，陰慝彰播。皆可爲世戒也。

吕文靖試卷一卷

丞相許國文靖公壽春吕夷簡坦夫撰。咸平二年，壽州應舉，此其程文也。真本藏范太史氏，前有家狀，大略與今同。其所習曰春秋何論大義。「何論」者，當是何晏論語也。其所問各十條，皆非深義，逐條所答，纔數句，或止一言，或直稱未審。考官二人，花書其上，并批通不。又禮行於郊賦、建侯置守孰優論。其所習又稱雜文時務策，則不復存。此可以見國初場屋事體，文法簡寬，士習淳茂，得人之盛，後世反不能及。文盛則實衰，世變蓋可覩矣。

范文正集二十卷、别集四卷

參政文正公吴郡范仲淹希文撰。祥符八年進士曰朱説者，即公也。幼孤，從其母適朱氏。其爲兖州推官，始復姓更名。

范文正尺牘五卷

其家所傳。在正集之外。

安陽集五十卷

丞相魏國忠獻公安陽韓琦稚圭撰。

文潞公集四十卷、補遺一卷

丞相介休文彦博寬夫撰。

富文忠集二十七卷

丞相韓國文忠公河南富弼彦國撰。奉使録亦在其末。

武溪集二十卷

集賢院學士襄公曲江余靖安道撰。

徂徠集二十卷

國子監直講魯國石介守道撰。集中有南京夏尚書啓及夫子廟上梁文，皆爲夏竦作。此介所謂「大姦之去如距斯脱」者也。豈當是時，竦之姦猶未著耶？陸子遹刻於新定〔一〕，述其父放翁之言，曰「老蘇之文不能及」，然世自有公論也。歐公所以重介者，非緣其文也。

〔一〕盧校本「定」改「安」。

滄浪集十五卷

集賢校理蘇舜欽子美撰。舜欽，易簡〔一〕之孫，杜祁公衍之壻。坐進奏院用公錢會客，爲王拱辰輩所擠，坐以深文，廢逐而死。置園蘇州，爲滄浪亭，水竹之勝，冠於吴下，至今猶存。嘗答韓持國書，具見其意趣，本傳載之。歐陽公序其文，言：子美之齒少於予，而予學古文反在其後。同時得罪者，未幾復顯用，舜欽獨先没，可哀也。

〔一〕今案：「易簡」原誤作「簡易」，據宋史、元抄本、盧校本改正。

宛陵集六十卷、外集十卷

都官員外郎國子監直講宣城梅堯臣聖俞撰。凡五十九卷爲詩，他文賦纔一卷而已。謝景初所集，歐公爲之序。外集者，吴郡宋績臣所序，謂皆前集所不載。今考之首卷諸賦，已載前集，不可曉也。聖俞爲詩，古澹深遠，有盛名於一時。近世少有喜者，或加毁訾，惟陸務觀重之，此可爲知者道也。自世競宗江西，已看不入眼，況晚唐卑格方錮之時乎？杜少陵猶有竊議妄論者，其於宛陵何有？

尹子漸集六卷

太常博士知懷州河南尹源子漸撰。待制焞彦明，其孫也。

尹師魯集二十二卷 案：文獻通攷作二十卷。

直龍圖閣尹洙師魯撰。源之弟也。其父仲宣，明經入仕。父子皆歐陽公誌其墓。洙與穆伯長同爲古文，范文正公爲作集序。歐公亦稱其文簡而有法。以剛直數忤時，卒以貶死。死時精明不亂，有過人者。

書判一卷

尹洙撰。洙，天聖二年進士。後以安德軍節推試書判拔萃科，中之。前十道是程文，餘當爲擬卷。本朝惟余安道亦中是科。集中有判詞二卷，文鑑亦載一二。又有王回判二道，而回不以此科進。餘未有聞。

宋元憲集四十四卷

丞相鄭國元憲公安陵〔一〕宋庠公序撰。本名郊，字伯庠。天聖二年進士第一。後有忌者讒之，以姓符國號，名應郊天，仁宗命改焉。忌者之力止此，後卒大用，爲名臣。

〔一〕元抄本、盧校本「陵」作「陸」。

宋景文集一百卷

翰林學士景文公宋祁子京撰。庠弟也。自布衣名動場屋，號二宋。天聖二年同登第，祁本首唱，章獻謂弟不可以先兄，以爲第十人，而庠遂魁天下。兄弟後皆貴顯。景文清約莊重不逮其兄，以此不至公輔。所撰唐書列傳，不稱良史。景文筆記：「余於爲文似蘧瑗，年五十，知四十九年非；余年六十，始知五十九年非，其庶幾至於道乎！」每見舊所作文章，憎之必欲燒棄。梅堯臣喜曰：「公之文進矣。」景文未第時，爲學於永陽僧舍，或問曰：「君好讀何書？」答曰：「余最好大誥。」故景文爲文謹嚴，至修唐書，其言艱，其思苦，蓋亦有所自歟〔一〕。案：「景文筆記」以下原本俱脱去，今據文獻通攷增入。

〔一〕盧校本無「景文筆記」至「蓋亦有所自歟」。

六一居士集一百五十二卷、附録四卷、年譜一卷

參政文忠公廬陵歐陽修永叔撰。本朝初爲古文者，柳開、穆修，其後有二尹、二蘇兄弟。歐公本以辭賦擅名場屋，既得韓文，刻意爲之。雖皆在諸公後，而獨出其上，遂爲一代文宗。其集徧行海内，而無善本，周益公解相印歸，用諸本編校，定爲此本，且爲之年譜。自〔一〕居士集、外集而下，至於書簡集，凡十，各刊之家塾。其子綸又以所得歐陽氏傳家本，乃公之子棐叔弼所編次者，屬益公舊客曾三異校正，益完善無遺恨矣。居士集，歐公手所定也。

〔一〕元抄本、盧校本「自」作「曰」。

李泰伯退居類藁十二卷、續藁八卷、常語三卷、周禮致太平論十卷、後集六卷

太學説書南城李覯泰伯撰。其自序曰：天將壽我歟，所爲固未足也，不然，斯亦足以藉手見古人矣。類藁，慶曆所録。續藁，皇祐所録。後集則門人傅野編。泰伯不喜孟子，常語專辨之。嘗舉茂材，不中。世傳閣試論題，有全不記所出者，曰：此必孟子注也。擲筆而出。

少微集三十卷

職方員外郎會稽齊唐祖之撰。齊澣之後。天聖八年進士。兩應制科，皆爲首選，以切直報罷。居鑑湖東北，去城五里。名其山曰少微。其集，顧臨爲之序。

樂全先生集四十卷、玉堂集二十卷

參政文定公南都張方平安道撰。初舉茂材異等，再舉賢良方正，皆中其科。識略過人，知蘇洵父子於布衣，惡王安石於攷試進士之日，皆人所不能及也。壽至八十五，薨於元祐中。於當時最爲耆德，然頗爲司馬温公所不喜。

胡文恭集七十卷〔一〕

樞密副使文恭公晉陵胡宿武平撰。晉陵之胡，自文恭始大，其猶子宗愈仍執政，子孫爲侍從、九卿者以十數。紹興初，世將承公，亦其後也。至今猶名族。

〔一〕盧校注：「聚珍版。」

臨川集一百卷 案：文獻通攷作一百三十卷。

丞相荆國文公臨川王安石介甫撰。後改封舒王。方嘉祐以前，名重一世，迹其文學、論議、操守，使不至大位，則光明俊偉，不可瑕玼矣。老蘇曰：「使斯人而不用也，則吾言爲過，而斯人有不遇之歎。孰知其禍之至此哉！」何其知之明也。

王魏公集二十卷 案：宋史本傳不言安禮封魏國，此稱魏公，未詳。

尚書左丞王安禮和甫撰。近時厚之順伯，其曾孫也。

王校理集六十卷

祕閣校理王安國平甫撰。安國雖安石親弟，而意向頗不合，尤惡吕惠卿，卒爲所陷。坐鄭俠事，奪官歸田里，亦會惠卿方叛安石故也。尋復之，命下而卒。

華陽集一百卷

丞相岐國文恭公龍舒王珪禹玉撰。本成都人，故稱華陽。典内、外制十八年。集中多大典册、詔令。其詩號「至寶丹」，以其好爲富貴語也。在相位無所建明，人目爲「三旨」：於上前曰取聖旨，曰領聖旨，退謂吏則曰已得旨。元豐末命，珪本無異論，亦緣其備首相，不能早發大議，依違遷延，以召讒賊，卒爲本朝大禍。需，事之賊也，豈不然哉！珪一身追貶，不足道也。

傳家集一百卷

丞相温國文正公涑水司馬光君實撰。生〔一〕於光州，故名。今光州有集本。

〔一〕元抄本「生」字上有「公」字。

丹淵集四十卷

集賢校理潼川文同與可撰。東坡與之厚善，墨君堂記、篔簹竹記皆爲同作也。司馬温公稱其襟韻瀟灑，如晴雲秋月，塵埃不到，則其爲人可知矣。其爲湖州，蓋未至而卒。

蔡忠惠集三十六卷　案：文獻通攷作十七卷。

端明殿學士忠惠莆田蔡襄君謨撰。近世始刻於泉州。王十朋龜齡爲之序。余嘗官〔一〕莆，至其居，去城三里。荔子號「玉堂紅」者，正在其處。矮屋欲壓頭，猶是當時舊物。歐公所選墓誌，石立堂下。真蹟及諸公書帖多有存者。京、卞同郡晚出，欲自附於名閥，自稱族弟，本傳云爾。襄孫佃，唱名第一，京時當國，以族孫引嫌，降第二，佃終身恨之。

〔一〕元抄本、盧校本「官」作「宦」。

元章簡玉堂集二十卷

參政章簡公錢塘元絳厚之撰。絳之祖德昭，相吴越。本姓危氏，臨川人〔一〕。唐末危全諷，其伯父也。德昭〔二〕父曰仔倡，聚衆保鄉里，兵敗〔三〕，自臨川奔杭州，易姓元。至今建昌撫州邵武多危姓。絳能文辭，晚歲以王介甫薦入翰林，甚稱職，遂柄用。

〔一〕盧校本無「臨川人」三字。

〔二〕盧校本無「德昭」二字。

〔三〕元抄本、盧校本無「聚衆保鄉里」五字。盧校注：「兵敗」館本作「聚衆保鄉里，（兵敗）」，與新通攷同。舊通攷亦是「兵敗」。

呂正獻集二十卷

丞相東萊呂公著晦叔撰。

劉狀元東歸集十卷

大理評事鉛山劉煇之道撰。煇，嘉祐四年進士第一人，堯舜性仁賦，至今人所傳誦。始在場屋有聲，文體奇澁，歐公〔一〕惡之，下第。及是在殿廬得其賦，大喜，既唱名，乃煇也，公爲之愕然。蓋與前所試文如出二人手，可謂速化矣。仕止於郡幕，年三十六以卒。世傳煇既黜於歐陽公，怨憤造謗，爲猥褻之詞。今觀楊傑志煇墓，稱其祖母死，雖有諸叔，援古誼以適孫解官承重服，又嘗買田數百畝，以聚其族而餉給之。蓋篤厚之士也。肯以一試之淹，而爲此憸薄之事哉？

〔一〕元抄本、盧校本歐公作歐陽公。

古靈集二十五卷

樞密直學士長樂陳襄述古撰。襄在經筵，薦司馬光而下三十三人，皆顯於時。紹興詔旨，布之天下。集序，李忠定綱作也。年譜載其世系，出陳夷行之弟夷實。自光州固始從王緒入閩，家于福州。攷之唐世系表，有不合者。嘗怪閩之士族推本家世，輒言出自固始。光在唐爲下州，固始又其一縣，當時不聞顯人，安得衣冠望族如許？就令有之，王緒以壽春屠者爲盜，王潮從之爲部曲，轉鬬萬里，而後入閩，士大夫何緣隨逐不置？蓋嘗思之，王氏初建，國人不自保，謾言鄉人，幸其不殺，後世子孫承襲其說，世禩緜邈，并與其初而忘之爾，若陳氏尤不應云然。當永嘉之亂，林、黃、陳、鄭四姓先入閩，林諝爲閩中記，明著之矣，尚得以一時脱死賊手之説，守之而不變乎？

鄖溪集五十卷

翰林學士安陸鄭獬毅夫撰。皇祐五年進士首選。坐知開封府不肯用案問新法，爲王安石所惡而出。廷試圜丘象天賦，時獬與滕甫俱有場屋聲，甫賦首曰「大禮必簡，圜丘自然」，自謂人莫能及。獬但倒一字，曰「禮大必簡，丘圜自然」，甫聞之大服，果居其次云。

廣陵集二十卷

揚州布衣王令逢原撰。令少年有盛名，王介甫尤重之。年二十八而卒。其妻吴氏，安石夫人之女弟也，守志不嫁。一女遺孕，嫁吴師禮，其子曰説，所謂吴傳朋〔一〕也。令之墓，安石銘之。案：原本作「令之墓誌安石名之」，據文獻通攷，無「誌」字，「名」作「銘」，今改正。後有劉發者爲之傳。吴氏之墓，其姪王雲銘之，奉使死磁州者也。

〔一〕盧校本「傳」作「傅」。

公是集七十五卷

侍讀學士新喻劉敞仲邍父撰。號公是先生。

彭城集六十卷

中書舍人劉攽叔贛父撰。號公非先生。敞兄弟俊敏博洽，同登慶曆六年進士第。敞本首冠，以内兄王堯臣爲編排官引嫌，遂得第二人。仕早貴而不永年，年財五十。攽歷州縣二十年，晚乃游館學，元祐中始掌外制。敞子奉世仲馮亦有名，官至執政，世稱三劉。

老蘇嘉祐集十五卷

文安主簿編修禮書眉山蘇洵明允撰。洵初入京師，益帥張文定薦之歐陽公，世皆知之，而有雷簡夫者，爲雅守，以書薦之張、歐及韓魏公尤力。張之知洵由簡夫，世罕知之。雷之書文，亦慷慨偉麗可觀。

東坡集四十卷、後集二十卷、内制集十卷、外制集三卷、奏議十五卷、和陶集四卷、應詔集十卷

端明殿學士文忠公蘇軾子瞻撰。一字和仲。自謫黄州，始號東坡居士。杭、蜀本同，但杭無應詔集。

欒城集五十卷、後集二十四卷、第三集十卷、應詔集十二卷 案：應詔集文獻通攷作二十卷。

門下侍郎文定公蘇轍子由撰。一字同叔。欒城，真定府縣也，蘇氏望趙郡，欒城元魏時屬趙郡，故云。晚居潁濱，自號潁濱遺老，故集或名。

三蘇年表三卷

右奉議郎孫汝聽撰。汝聽當是蜀人，敍述甚詳。

東坡別集四十六卷

坡之曾孫給事嶠季真刊家集於建安，大略與杭本同。蓋杭本當坡公無恙時已行於世矣。麻沙書坊

又有大全集，兼載志林、雜説之類，亦雜以潁濱及小坡之文，且間有訛僞勦入者。有張某〔一〕爲吉州，取建安本所遺盡刊之，而不加攷訂，中載應詔、策論，蓋建安本亦無應詔集也。

〔一〕元抄本、盧校本「某」作「集」。盧校注：館本作「某」，通攷同。

陳都官集三十卷

都官員外郎嘉禾陳舜俞令舉撰。舜俞，慶曆六年進士，嘉祐四年制科。以言新法，謫官南康，與劉凝之騎牛游廬山，詩畫皆傳於世。舜俞居湖秀境上，初從安定胡先生學。熙寧中六客，其一也。其墓在城南之蘇灣。子孫猶宅於烏鎮。

濂溪集七卷

廣東提刑營道周敦頤茂叔撰。遺文纔數篇，爲一卷，餘皆附録也。本名敦實，避英宗舊名改焉。其仕以舅鄭向任。晚年以疾求知南康軍，因家廬山，前有溪，取營道故居濂溪名之。二程所從學也。又本并太極圖爲一卷，遺事、行狀附焉。

明道集四卷、遺文一卷

監察御史河南程顥伯淳撰。三司使羽之後也。其父曰珦。顥之没，文潞公題其墓曰明道先生。

伊川集九卷 案：文獻通攷作二十卷。

崇政殿説書程頤正叔撰。

河南程氏文集十二卷

二程共爲一集。建寧所刻本。

元豐類藁五十卷、續四十卷、年譜一卷

中書舍人南豐曾鞏子固撰。王震爲之序。年譜，朱熹所輯也。案：韓持國爲鞏神道碑，稱類藁五十卷，續四十卷，外集十卷，本傳同之。及朱公爲譜時，類藁之外，但有別集六卷。以爲散逸者五十卷，而別集所存其什一也。開禧乙丑建昌守趙汝礪、丞陳東得於其族孫濰者，校而刊之，因碑傳之舊，定著爲四十卷。然所謂外集者，又不知何當，則四十卷亦未必合其舊也。

曲阜集四十卷、奏議十二卷、西垣集十二卷、外制集三卷、內制集五卷〔一〕 案：文獻通攷西垣集作西掖集，外制集三卷作三十卷，內制集五卷作五十卷。

翰林學士文昭公曾肇子開撰。肇，元祐中爲西掖，元符末再入，故別名庚辰外制集。肇制誥溫潤典雅，其草兄布拜相制，汪玉山稱之，以爲得命次相之體。

〔一〕盧校注：晁志外制三十卷、內制五十卷，與宋志不合。

王直講集十五卷

天台縣令南城王无咎補之撰。无咎，嘉祐二年進士，曾鞏之妹夫。從王安石游最久，將用爲國子學官，未及而卒，爲之誌墓。曾肇序其集云二十卷，今惟十五卷。

南陽集二十卷

門下侍郎潁昌韓維持國撰。封南陽郡公，故以名集。沈晦元用，其外孫也。卷首載鮮于綽所述行狀，而晦跋其後。南澗元吉无咎，其四世孫。

無爲集十五卷、别集十卷

禮部郎濡須楊傑次公撰。嘉祐四年進士。元祐中爲郎。傑善談禪，别集皆爲釋、老，而釋又居十之九。

清江三孔集四十卷

中書舍人新淦孔文仲經父、禮部侍郎武仲常父、户部郎中平仲毅父撰。寔先聖四十八世孫。嘉祐六年、八年、治平二年，連三科兄弟以次登第。文仲舉賢良，對策切直忤時，罷，舉官范鎮景仁因求致仕，而制科亦自此廢。武仲爲禮部第一人，中甲科。平仲亦嘗舉制科。其著述各數十篇，多散逸弗傳。今其存者，文仲纔二卷、武仲十七卷、平仲二十一卷而已。慶元中濡須王遴少愚守臨江，裒輯刊行，而周益公必大爲之序。序略曰：「遺文雖存一二於千百，然讀之者知其爲有德之言，非雕篆之習也。昔黄太史頌當時人才，有曰『二蘇聯璧，三孔分鼎。』張丞相天覺，在元符中詆元祐詞臣，極其荒唐，謂兩蘇爲狂率，則剛直也，謂公兄弟配之，文行如何哉〔一〕！」案：「序略曰」以下原本脱去，今據文獻通攷增入。

西溪集十卷

〔一〕元抄本、盧校本無「序略曰」以下文字。

翰林學士錢塘沈遘文通撰。初以郊社齋郎舉進士第一，執政謂已宦者不應先多士，遂居其次。實皇祐元年，自是爲故事。文通吏事精明强敏，爲杭州、開封府，皆有能名。從容閒暇，夙興治事，及午而畢。卒時年四十餘。其孫晦元用，宣和中亦魁天下。

長興集四十一卷

翰林學士沈括存中撰。括於文通爲叔，而年少於文通，世傳文通常稱括叔。今四朝史本傳以爲從弟者，非也。文通之父扶，扶之父同〔一〕，括之父曰周，皆以進士起家，官皆至太常少卿。王荆公志周與文通墓，及文通弟〔二〕遘誌其伯父振之墓可攷。括坐永樂事貶。晚居京口，自號夢溪翁，自敍甚詳。

〔一〕元抄本、盧校本「同」上有「曰」字。

〔二〕元抄本無「文通弟」三字。

雲巢集十卷

審官西院主簿沈遼叡達撰。遘親弟也。以兄任爲京官，坐法流貶，事見揮麈録。自永徙池，築室齊山，號雲巢，竟不復起。以上三集刊於括蒼，號三沈集，其次序如此，蓋未之考也。

蘇魏公集七十二卷

丞相魏國公温陵蘇頌子容撰。紳之子也。紳在兩禁，人稱其險詖。而頌器局閎厚，未嘗與人較短長。其爲相在元祐末，大臣奏事，多稟宣仁，獨頌必再以白哲廟，其後免於遷謫，蓋上以爲識君臣之禮故也。年逾八十，薨於建中靖國之初。自草遺表，卻醫屏藥，死生之際了然。集前、後序，汪藻、周必大撰。

## 傳獻簡集七卷

中書侍郎獻簡公河陽傅堯俞欽之撰。

## 赤城集十卷

兩浙提刑寧海羅適正之撰。治平〔一〕二年進士。學於四明樓郁。爲吏健敏，頗爲蘇子瞻、劉貢父諸公所知。台士有聞於世，自適始。

〔一〕元抄本「治平」上有「適」字。

## 西塘集二十卷

監安上門三山鄭俠介夫撰。治平四年甲科。小臣劘上，言人所不敢言，上爲之感動，略施行其言，不惟不怒而已。既而竟墮深譴，良由吕惠卿欲傾王安石，而俠與安國游從厚善，遂起獄併陷之。俠既得罪，新法遂不罷，而本朝之禍本成矣。小人勿用之戒，可不畏哉？安石親惠卿而疎俠，豈惟誤國，亦以危身。後之君子可以鑒矣！

## 范忠宣集二十卷

丞相忠宣公吴郡范純仁堯夫撰。文正公之次子也。文正子四人，長純佑尤俊，有賢行，早年病廢以死，富文忠誌其墓，近時禮部尚書之柔者，其四世孫也。次純禮、純粹，皆顯用，至大官。

劉忠肅集四十卷
丞相忠肅公東光劉摯莘老撰。凡四舉於鄉，試禮部爲第一，登嘉祐四年甲科。劉元城爲集序，述其出處大概。

畫墁集一百卷
吏部侍郎邠國張舜民芸叟撰。舜民初用於元祐。至元符末，爲諫議大夫。居職七日，所上事六十章。崇寧初，坐謝表言紹聖逐臣，有曰「脱禁錮者何止一千人，計水陵者不啻一萬里」，又曰「古先未之或聞，畢竟不知其罪」，以爲譏謗，坐貶。自號浮休居士。

淇水集八十卷
門下侍郎大名李清臣邦直撰。清臣，韓魏公姪壻。案：原本無「姪」字，攷宋史本傳，韓琦以兄女妻之，蓋姪壻也。今補正。治平二年中制科。歐陽公愛其文，以比蘇軾。其爲人亦寬博有度，而趨時嗜權利，首主紹述之論，意規宰相，亦卒不如其志。

范太史集五十五卷
翰林學士成都范祖禹淳甫撰。

灌園集三十卷
鄉貢進士吕南公次儒撰。熙寧初，試禮部不利，會以新經取士，遂罷舉。欲脩三國志，題其齋曰衮斧，書將成而死，其書亦不傳。元祐初，諸公欲薦進之，不及。

伐檀集二卷　案：文獻通攷作一卷。

知康州豫章黄庶亞夫撰。自爲序。庭堅，其子也。世所傳「山魈〔一〕水怪著薜荔」之詩，集中多此體。庭堅詩律，蓋有自來也。庶，慶曆二年進士。

〔一〕盧校本「魈」作「鬼」。

豫章集五十卷、案：文獻通攷作三十卷〔一〕。外集十四卷

著作郎黄庭堅魯直撰。自號山谷道人。

〔一〕盧校注：宋志亦是三十卷。

豫章别集二十卷　案：文獻通攷作一卷。

皆集中所遺者，如承天塔記、黄給事行狀、毁璧，其〔一〕顯顯者也。諸孫嵤子耕集而傳之。

〔一〕元抄本「其」上有「蓋」字。

宛丘集七十卷、年譜一卷

起居舍人譙國張耒文潛撰。宛丘，陳州其所居也。蜀本七十五卷。

后山集十四卷、外集六卷、談叢六卷、理究一卷、詩話一卷、長短句二卷

祕書省正字彭城陳師道無己撰。一字履常。蜀本但有詩文，合二十卷。案：魏衍作集序〔一〕，云離

詩爲六卷，類文爲十四卷，今蜀本正如此。又言受其所遺甲、乙、丙藁，詩曰五七，文曰千百，今四明本如此。此本劉孝韙刊於臨川，云未見魏全本，仍其舊十四卷爲正集，蓋不知其所謂十四卷者，止於文，而詩不與也。外集詩二百餘篇、文三篇，皆正集所無。談叢、詩話或謂非后山作。「后山」者，其自號也。

〔一〕元抄本、盧校本「序」作「記」。

淮海集四十卷、後集六卷、長短句三卷

祕書省正字高郵秦觀少游撰。一字太虛。觀才極俊，嘗應制舉，不得召。終以疎蕩不檢，見薄於世。後亦不免貶死。

雞肋集七十卷

吏部員外郎鉅野晁補之无咎撰。

濟南集二十卷

鄉貢進士華山李廌方叔撰。又號月巖集。東坡知貢舉，得試卷，以爲廌也，置之首選，已而不然，賦詩自咎，有「平生漫説古戰場，過眼方迷日五色」之句。後竟不第。

豫章集四十四卷、宛丘集七十五卷、后山集二十卷、淮海集四十六卷、濟北集七十卷、濟南集二十卷

蜀〔一〕刊本，號蘇門六君子集。

〔一〕元抄本「蜀」下有「中」字。

## 何博士備論四卷

武學博士浦城何去非正通撰。去非以累舉對策稱旨，授左班殿直，教授武學，後以東坡薦，授〔一〕承奉郎、司農寺丞，通判盧州。別有文集二十卷，未見。

〔一〕元抄本、盧校本「授」作「换」。

## 呻吟集一卷

原武邢居實敦夫撰。恕之長子。幼有俊才，名聲藉甚，一時前輩皆愛之。年十九而卒。宣仁之誣謗，恕爲之也。居實未死，或能當不義而争萬一，有補於世道，是以諸賢尤痛惜焉。晁以道追爲其墓表，尤反覆致意。

## 姑溪集五十卷、後集二十卷

朝請大夫趙郡李之儀端叔撰。嘗從東坡辟中山幕府，後代范忠宣作遺表，爲世傳誦。然坐是得罪，編置當塗，遂居焉。其弟之純，官至尚書。

## 大名集四十卷

簽書樞密魏郡王巖叟彦霖撰。韓魏公客也。

## 錢塘韋先生集十八卷

主客郎中錢塘韋驤子駿撰。驤，皇祐五年進士。元祐中，以近臣薦爲監司數路，知明州，以左朝議大夫致仕。崇寧中乃卒。少以辭賦有聲場屋，王荆公喜其借箸賦，頗稱道之。陳師錫誌其墓。

强祠部集四十卷

三司户部判官餘杭强至幾聖撰。亦韓魏公客也，在幕府，表章、書記多出其手。曾南豐作集序，稱其文備古今體，兼人所長云。

節孝集二十卷

楚州教授山陽徐積仲車撰。治平四年進士。以耳聵，不能仕。事其母極孝，行義純篤，古所謂卓行也。東坡謂其詩文怪而放，如玉川子〔一〕。案：東坡句原本節去，今據文獻通攷增入。政和中賜謚節孝處士。

〔一〕盧校本無「東坡謂其詩文怪而放，如玉川子」句。

樂静集三十卷

起居舍人鉅野李昭玘成季撰。案：成季原本作成孝，文獻通攷作季成，俱誤。今據宋史本傳改正。〔一〕元豐二年甲科。所居有樂静堂，故以名集。其姪邴漢老爲書其後。

〔一〕今案：元抄本作「成季」。

學易集二十卷

朝奉郎東平〔一〕劉跂斯立撰。忠肅公摯之長子也，與其弟蹈同登元豐二年進士第。元祐初，以其父在言路，政府不得用。紹聖以後復坐黨家，連蹇終其身，晁景迂誌其墓，比孫明復、石守道之徒。爲文無所不長，宣防宫賦、學易堂記，世傳誦之。

〔一〕元抄本、盧校本「平」作「光」。

## 田承君集三卷

大宗正丞陽翟田晝承君撰。案：晝原本作畫，誤。今據宋史本傳改正。晝，樞密況之姪也，與鄒道鄉善，鄒之貶，晝曰：願毋以此舉自滿，士所當爲者，未止此也。

## 道鄉集四十卷

吏部侍郎晉陵鄒浩志完撰。浩既諫立劉后坐貶，徽宗初，召還對，上首及之，獎歎再三，問：「諫草安在？」曰：「焚之矣。」分告陳瓘，瓘曰：「禍其始此乎？異時姦臣妄出一緘，則不可辨矣。」蔡京素忌之，使其黨作僞疏，言劉后殺卓氏而奪其子，遂得罪。其在昭州，作青詞告上帝，有「追省當時奏御之三章，初無殺母取子之一字」云〔一〕。

〔一〕「字云」原誤倒作「云字」，據道鄉集乙正。又元抄本、盧校本「一字云」作「一字之語云」。

## 婆娑集三十卷

右正言陽翟崔鶠德符撰。鶠坐元符上書邪等，廢於家，治圃號婆娑。靖康初召爲諫官，力論馮澥之罪。案：澥原本作獬，誤。今據宋史本傳改正。忽得攣疾，不能行而卒。無子，其壻衛昂哀輯其遺文。

滈水集四十卷

集英殿修撰長安李復履中撰。元豐二年〔一〕進士。案：文獻通攷作二年。博學有氣節。其爲熙河漕，有旨造戰艦、戰車，復奏斥議者之謬妄，以爲兒戲。遂罷其役〔二〕，時論韙之。

〔一〕元抄本、盧校本「二年」作「三年」。

〔二〕元抄本、盧校本「役」作「議」。

馬子才集八卷

鎮南節度推官鄱陽馬存子才撰。元祐三年進士第四人。

崇福集三十五卷、四六集十五卷

朝請郎晁詠之之道撰。景迂弟也，爲作集序。詠之初以蔭爲揚州法曹，未上，時東坡守揚，族兄无咎爲倅，以其文呈東坡。及至揚，案：此句原本云「坡方守揚」，今據文獻通攷改正。詠之具參軍禮趨謁，坡走下庭，攜手以上，謂坐客曰：「此奇才也。」紹聖元年登第，繼中詞科，坐元符邪等，罷廢。後奉崇福祠，故以名集。

陶山集二十卷

尚書左丞山陰陸佃農師撰。

東堂集六卷、詩四卷、書簡二卷、樂府二卷

祠部郎江山毛滂澤民撰。滂爲杭州法曹，以樂府詞有佳句，受知於東坡，遂有名。嘗知武康縣，縣有東堂，集所以名也。又嘗知秀州，修月波樓，爲之記。其詩文視樂府頗不逮。

溪堂集二十卷

臨川謝逸無逸撰。

竹友集十卷

臨川謝薖幼槃撰。逸從弟也。吕居仁題其後曰：「逸詩似康樂，薖詩似玄暉。」

了齋集四十二卷　案：文獻通攷作三十卷。

司諫延平陳瓘瑩中撰。江應辰〔一〕爲集序，以爲出死力攻權姦者，天下一人而已矣。非虚語也。

〔一〕元抄本、盧校本「江」作「汪」。

約論十七卷

陳瓘撰。起戰國，至後漢安帝。蓋讀通鑑，隨事有所發明者也。

浮沚先生集十六卷、後集三卷〔一〕

祕書省正字永嘉周行己恭叔撰。十七入太學，有盛名。師事程伊川。元祐六年進士。爲博士太學，以親老歸，教授其鄉，再入爲館職，復出作縣。永嘉學問所從出也。鄉人至今稱周博士。集序，林越〔二〕撰，言爲祕書郎，則不然。先祖妣，先生之第三女，先君子其自出也，故知其本末。所居謝池坊，有浮沚書院。

〔一〕盧校注：聚珍版。

〔二〕盧校本「越」作「鉞」。

斜川集十卷

通直郎蘇過叔黨撰。世號小坡。坐黨家不得仕進，終於通判中山府。晁以道誌墓，稱其純孝。給事中嶠，其孫也。

九峯集四十卷

太常少卿眉山蘇元老在廷撰。東坡從孫也。坡在海上，嘗有書往來。其罷奉常歸潁昌，正坐元祐邪説〔一〕。未幾遂卒，年四十七。

〔一〕盧校本「説」改「等」。

清真集二十四卷

徽猷閣待制錢塘周邦彦美成撰。元豐七年，進汴都賦，自諸生命爲太學正。邦彦博文多能，尤長於長短句，自度曲，其提舉大晟府亦由此。既盛行於世，而他文未傳。嘉泰中，四明樓鑰始爲之序，而太守陳杞刊之，蓋其子孫家居於明〔一〕故也。汴都賦已載文鑑。世傳賦初奏御，詔李清臣讀之，多古文奇字，清臣誦之如素所習熟者，乃以偏傍取之爾。鑰爲音釋，附之卷末。

〔一〕盧校本「於明」作「四明」。

清真雜著三卷

邦彦嘗爲溧水令，故邑有詞集。其後有好事者，取其在邑所作文記詩歌，併刻之。

寶晋集十四卷

禮部員外郎襄陽米芾元章撰。其母閻氏，與宣仁后在藩時有舊，故以后恩補試銜入仕。其上世皆武官，蓋國初勳臣米信之後也，視芾爲五世孫。酷嗜古法書，家藏二王真蹟，故號寶晋齋〔一〕，蓋由得謝東山、二王各一帖，遂刊置無爲，而名齋云。

〔一〕盧校本此條解題至「故號寶晋齋」止。

玉池集十二卷

考功郎湘陰鄧忠臣慎思撰。熙寧三年進士。坐元符黨，廢不用。言者論其議范忠宣謚過實，又坐罰銅。崇觀間卒。平生著述至多，嘗和杜詩全帙，又嘗獻郊祀慶成賦及原廟詩百韻，裕陵喜之，擢爲館職。今皆軼弗傳，所存一二而已。「玉池」，其所居山峯名。

橘林集十六卷、後集十五卷

密州教授石丞敏若撰。崇寧壬午以同進士出身中詞科。其文雕琢怪奇，殊乏藴藉。壓卷策問，言王金陵配饗先聖事，謂其「以百聖芻豢甘四海口，以六經河漢洗四海心，以九達〔二〕夷路破四海迷，以萬金良藥起四海病。」讀之不覺大笑。其人與文皆不足道也。集僅二册，而卷數如此，麻沙坊本往往皆然。

〔一〕元抄本「逵」作「逵」，是。

龍雲集三十二卷、附録一卷

著作佐郎廬陵劉弇偉明撰。元豐進士，紹聖詞科。曾慥詩選以比石敏若，非其倫也。「龍雲」，安福縣鄉名，弇所居也。

唐子西集二十卷　案：文獻通攷作十卷。

宗學博士眉山唐庚子西撰。張商英拜相，庚作内前行。後坐貶惠州，歸〔一〕蜀而卒。其文長於論議，所著名治、存舊、正友、議賞諸論，皆精確。

〔一〕今案：「歸」字館本無，據通攷和盧校本補。

東觀餘論二卷　案：文獻通攷作三卷。

祕書郎昭武黄伯思長睿撰。伯思，右丞黄履之孫，吴園張根之壻，於李忠定綱爲中外襟袂，故忠定誌其墓。伯思元符庚辰進士，年四十而卒。好古博雅，喜神仙家言，自號雲林子，别字霄賓。有集一百卷。此書止法帖刊誤及序跋古書畫器物，故名餘論。

北湖集十卷、長短句一卷

直祕閣知虢州富川吴則禮子副撰。其父中復，以孫抃薦爲御史，不求識面臺官者也。中復弟幾復、嗣復、子立禮及嗣復子審禮，皆登科，有名譽。則禮以父澤入仕，晚居豫章，自號北湖居士。

## 劉左史集四卷

起居郎永嘉劉安節元承撰。與從弟安上皆嘗事二程，同游太學，號二劉。安節元符三年進士，爲察官左史，晚知宣州以没。

## 箕潁集二十卷

潁昌曹組元寵撰。組本與兄緯有聲太學，亦能詩文，而以滑稽下俚之詞行於世得名，良可惜也。謝克家任伯爲集序，其子勛跋其後，略見其出處。蓋宣和三年始登第，郊禮進祥光賦，有旨换武階，兼閤職，詔中書召試，仍給事殿中，未幾而卒。然集中有謝及第啓，自序云：「蚤預諸生，竟叨右列。」則未第之前，已在西班，未知何以也。曾慥詩選云：六舉不第，宣和中詔赴廷試，賜第。啓中所謂「特舉孱微，許從俊造」，慥之言良是。序跋不著其實爾。

## 梅文安集十五卷

户部尚書浦江梅執禮和勝撰。執禮死於靖康之禍，人固哀其不幸，而不知吴革、趙子昉之謀，執禮實主之。事既泄，范瓊殺革，徐秉哲以子昉遺金，金知執禮預謀，以根括金銀爲罪，問誰爲長官，意在執禮也。安扶恐其坐之，進曰：「皆長官也。」遂俱死。「文安」者，所封開國縣也。

## 李忠愍集十二卷

吏部侍郎臨洺李若水清卿撰。後二卷爲附録。其死事時財三十五歲。本名若冰，以靖康出使，改今名。詩文雖不多，而詩有風度，文有氣概，足以知其所存矣。

夷白堂小集二十卷、别集三卷

考功員外郎括蒼鮑慎由欽止撰。元祐初以任子試吏部銓第一，復登六年進士乙科。甫脱選即爲郎，然自是數坐累，官竟不進。其父粹始居吴，故葬於吴興。

清溪集〔一〕十卷、附録一卷　案：文獻通攷「清」作「青」。

楚州教授臨川汪革信民撰。紹聖四年試禮部第一，遂登甲科。蔡京當國，召爲宗子博士，力辭不就。年財四十卒。吕原明誌其墓，晁以道爲辭以哀之。革嘗有言曰：「咬得菜根，則萬事可做。」誠名言也。

〔一〕元抄本、盧校本「清」作「青」。

玉溪集二十二卷

左司員外郎永嘉倪濤巨濟撰。其父始徙居廣德。濤，大觀三年進士。燕山之役，誦言其非，以沮軍罷，謫衡州茶陵以死，年三十九。吕居仁誌其墓，曾吉父爲作集序。

竹隱畸士集四十卷

右文殿修撰韋城趙鼎臣承之撰。元祐甲科，紹聖宏詞。又自號葦溪翁。其孫綱立刊於復州。本百二十卷，刊止四十卷而代去，遂止。

傅忠肅集三卷

待制濟源傅察公晦撰。堯俞從孫也。宣和七年，以吏部郎接伴金使。金人入寇，使人不來，爲敵驅去斡里布，脅使拜，不屈見殺。

丁永州集三卷

知永州吴興丁注葆光撰。元豐中余中榜進士。喜爲歌詞，世所傳催雪無悶及重午慶清朝，皆有承平閒雅氣象。有女適樂清令富春李素見素，實先妣之大父母也。

石門文字禪三十卷

僧高安喻德洪覺範撰。一作惠洪。其在釋門，得法於真淨克文，而於士大夫，則與黨人皆厚善，誦習其文，得罪不悔。爲張商英、陳瓘、鄒浩尤盡力。其文俊偉，不類浮屠語。韓駒子蒼爲塔銘云爾。

# 直齋書録解題卷十八

## 別集類下〔一〕

〔一〕盧校本作卷五十一別集類下。校注曰：有元本。

演山集六十卷

端明殿學士延平黄裳冕仲撰。元豐二年進士第一人，貴顯於崇、觀，死於建炎，年八十有七〔二〕。方三舍法初行，裳謂：「宜近不宜遠，宜少不宜老，宜富不宜貧，不如遵祖宗科舉之制。」世傳以爲口實。

〔二〕元抄本、盧校本「七」作「九」。

景迂集二十卷

徽猷閣待制晁説之以道撰。又本止刊前十卷。説之平生著述至多，兵火散逸。其孫子健裒其遺文，得十二卷，續廣之爲二十卷。别本刊前十卷而止者，不知何説也。劉跂斯立墓誌，景迂所撰，見學易集後，而此集無之，計其逸者多矣。説之，元豐五年進士。元祐初，蘇文忠、范太史、曾文昭皆薦之。坐元祐邪等，廢棄，靖康末始爲從官。卒於建炎三年。慕司馬温公爲人，自號景迂生。

## 龜山集二十八卷

工部侍郎延平楊時中立撰。時及從明道，死當建炎四年，年八十有七，於程門最爲壽考。

## 梁谿集一百二十卷

丞相忠定公昭武李綱伯紀撰。父夔，進士起家，至右文殿修撰，黄右丞履之甥也。綱娶吴園先生張根之女，亦右丞外孫。「梁谿」名集者，修撰葬錫山，忠定嘗廬墓云。

## 襄陵集二十四卷

尚書右丞襄陵許翰崧老撰。元祐三年進士，靖康初入西府，建炎爲丞轄，與黄潛善輩不合而去。

## 後湖集十卷

丹陽〔一〕蘇庠養直撰。其父堅伯固，亦有詩名。庠以遺澤畀其子，而自放江湖間。東坡見其清江曲，大愛之，由是得名。僧祖可正平號癩可者，其弟也。庠中子扶，亦工詩，有清苦之節。庠，紳之後，頌之族。

〔一〕盧校本「陽」作「楊」。

## 初寮集四十卷、後集十卷、内外制二十四卷

尚書左丞中山王安中履道撰。安中年十四薦於鄉，凡四舉乃登第。爲中司受旨，攻蔡京，京子攸入

禁中，日夕泣涕，告于上，安中亟改翰苑，事遂止。其自政府出守燕，京父子排之也。然安中之進，亦本由梁師成。始，東坡帥定武，安中未弱冠，猶及師事焉，未卒業而坡去。其後，晁以道爲無極令，安中既第，修邑子禮用長牋自言以新學竊一第爲親榮，非其志也。以道曰：「爲學當謹初，何患不遠到？」安中築室，榜曰「初寮」。其議論聞見，多得于以道，既貴顯，遂諱晁學，但稱成州使君四丈，無復先生之號矣。甚哉！籍、湜不畔之難也。

## 劉給事集五卷

給事中劉安上元禮撰。紹聖四年登第，歷臺諫、掖垣、瑣闥，以次對歷三郡而終。集中有彈蔡京疏。

## 橫塘集三十卷

尚書右丞瑞安許景衡少伊撰。亦嘗從程氏學。建炎初爲執政，與黄、汪不合罷。建議渡江幸建康，言者以爲非是，及下還京之詔，景衡以憂卒於瓜洲。未幾，敵騎奄至淮揚，倉卒南渡。

## 章貢集二十卷

祕書監章貢李朴先之撰。紹聖元年進士。坐言隆祐之賢，廢二十年〔一〕，蔡京欲强致之，不屈。靖康、建炎之間，半歲五遷，而病不能行以死。其教授西京國子監也，程伊川與之甚厚，然謂其太直，以洛中風波爲戒。朴笑曰：「不意此言發于先生之口。」伊川爲之改容愧謝，其風節可畏也。

〔一〕元抄本、盧校本作「三十年」。

歐陽修撰集六卷

崇仁布衣贈祕閣修撰歐陽澈德明撰。澈死時年三十一。環溪吴沆哀其詩爲飄然集三卷，而會稽胡衍晋遠取其所上三書，併刻之臨川倅廨。

空青遺文十卷

直寶文閣南豐曾紆公卷〔一〕撰。紆，布之子，有異材。建中靖國初，布在相位，奉詔爲景靈西宫碑，紆之筆也。建炎、紹興之際，將漕江浙，入爲司農少卿，知信、衢州以卒。汪彦章誌其墓，孫仲益序其文。王銍性之，其壻也。

〔一〕盧校注：宋史曾紆字公衮。「卷」「衮」同。

石林總集一百卷、年譜一卷

尚書左丞吴郡葉夢得少藴撰。紹聖四年進士。崇觀間驟貴顯，三十一歲掌外制，次年遂入翰林。中廢，至建炎乃執政，然財數日而罷。平生所歷州鎮，皆有能聲。胡文定安國嘗以其蔡、潁、南京之政薦于朝，謂不當以宿累廢。晚兩帥金陵，當烏珠〔一〕臨江，移三山平羣〔二〕寇，其功不可没也。秦檜秉政，欲令帥蜀，辭不行，忤檜意，以崇慶節度使致仕。其居在卞山，奇石森列，藏書數萬卷。既没，守者不謹，屋與書俱燼于火。「石林」二字，本出楚辭天問〔三〕。

〔一〕元抄本、盧校本「烏珠」作「兀朮」。

〔二〕元抄本、盧校本「羣」作「郡」。

〔三〕盧校注：「焉有石林？何獸能言？」得無謂其制號之不考耶？

石林建康集十卷

皆帥建康時詩文。其初，以所莅官各爲一集，後其家編次，總而合之，此集其一也。

石林審是集八卷

其門人盛光祖子紹所録。亦已入總集。

浮溪集六十卷

翰林學士婺源汪藻彦章撰。四六偶儷之文，起於齊、梁，歷隋、唐之世，表章、詔、誥多用之。然令狐楚、李商隱之流號爲能者，殊不工也〔一〕。本朝楊、劉諸名公猶未變唐體，至歐、蘇，始以博學富文，爲大篇長句，敍事達意，無艱難牽强之態，而王荆公尤深厚爾雅，儷語之工，昔所未有。紹聖後置詞科，習者益衆，格律精嚴，一字不苟措〔二〕，若浮溪尤其集大成者也。

〔一〕盧校注：玉溪四六何嘗不工，陳氏自囿於所習耳。

〔二〕元抄本、盧校本「措」作「錯」。

翟忠惠集三十卷

參政丹陽翟汝文公巽撰。汝文制誥古雅，多用全句，氣格渾厚，近世罕及。夫人邢氏，恕之女。居實，其弟也。長子耆年，寔邢出，好古博文，高尚不仕。忠惠者，私謚也。

鴻慶集四十二卷

户部尚書晉陵孫覿仲益撰。大觀三年進士，政和四年詞科。代高麗謝賜燕樂表，膾炙人口。生元豐辛酉，卒乾道己丑，蓋年八十有九，可謂耆宿矣。而其平生出處，至不足道也〔一〕。嘗提舉鴻慶宫，故以名集。

〔一〕盧校注：嘗臣張邦昌。

吕忠穆集十五卷

丞相濟南吕頤浩元直撰。後三卷爲燕魏録，雜記古今事。卷末言金人敗盟〔一〕始末甚詳。

〔一〕元抄本、盧校本「敗盟」作「亂華」。

忠正德文集十卷

丞相聞喜趙鼎元鎮撰。四字，高廟所賜宸翰中語也。

北山小集四十卷

中書舍人信安程俱致道撰。俱父祖世科，而俱乃以外祖鄧潤甫蔭入仕，宣和中賜上舍出身，爲南宫舍人，紹興初入西掖。徐俯爲諫議大夫，封還詞頭，罷去。後以次對修史，病不能赴而卒。

陵陽集五十卷

中書舍人仙井韓駒子蒼撰。自幼能詩，黄太史稱其超軼絶塵，蘇文定以比儲光羲。游太學不第，政和初獻書召試，賜出身，後入西掖。坐蘇氏鄉黨曲學罷。

丹陽集四十二卷、後集四十二卷

顯謨閣待制江陰葛勝仲魯卿撰。紹聖四年進士，元符三年詞科。洪慶善序其文，有所謂「絶郭天信、案：郭天信見宋史方技傳，原本作大信，誤。今改正。〔一〕拒朱勔、慙盛章而怒李彦」者，蓋其平生出處之略也。再知湖州，後遂家焉。

〔一〕今案：元抄本作「郭天信」。

尹和靖集一卷、附集一卷

徽猷閣待制河南尹焞彦明撰。子漸之孫。年十九舉進士，策問欲誅元祐黨籍，不對而出，遂罷舉。靖康賜號和靖處士。敵陷洛陽，闔門遇害，死而復蘇，門人潛載以逃。客涪州，改范元長薦入經筵，擢列侍從。葬會稽山。

綦北海集六十卷

翰林學士北海綦崈禮叔厚撰。工於四六。秦檜初罷相，崈禮當制，有御筆詞頭藏其家。檜再相，下台州追索，時崈禮已死，幸不及禍。

雲龕草堂後集二十六卷

參政鉅野李邴漢老撰。明受之變，以兵部侍郎直學士院叱責兇渠，朝廷賴焉。既復辟，首擢執政。周益公作神道碑，言前、後集一百卷，今惟後集，蓋皆南渡後所作也。朱文公爲之序。漢老，樂静右史之姪。五世祖濤，五代時宰相。石晉之亂，弟澣在翰林，陷于敵。及邴立節于建炎，而其弟鄴守會稽，亦隨金人北去，世以爲異。

### 龜谿集十二卷

知樞密院忠敏吴興沈與求必先撰。建炎、紹興之間，歷三院、翰苑以至執政，嘗奏言王安石之罪，大者在于取楊雄、馮道，當時學者惟知有安石，喪亂之際，甘心從僞，無仗節死義之風，實安石倡之。此論前未之及也。紹興七年終于位。

### 胡忠獻集六十卷 案：文獻通攷題胡承公集十卷、資古紹志集十卷。

端明殿學士晋陵胡世將承公撰。文恭公宿之曾孫。以兵部侍郎爲川陜〔一〕副宣，金人敗盟，繼吴玠之後，經畫守禦，以迄和議再成，分疆未定，死于河池。世將好古博雅，有資古紹志録，倣集古録，跋尾亦見集中。謚忠獻〔二〕。案：「謚忠獻」句原本脱去，今據文獻通攷增入。

〔一〕盧校注：「陜」即「峽」字，非陜西。

〔二〕元抄本、盧校本無「謚忠獻」三字。

### 胡文定公〔一〕武夷集十五卷

給事中崇安胡安國康侯撰。紹聖四年進士第三人。仕四十年，實歷不及三載。著春秋傳，行于世。本喜爲文，後篤志于學，乃不復作。其辭召試，曰：「少習藝文，不稱語妙。晚捐華藻，纔取理明。既覺昨非，更無餘習。」故其文集止此。

〔一〕元抄本無「公」字。

毗陵集五十卷

參政文靖毗陵張守全真撰。一字子固〔一〕。案：「子固」原本作「子同」，誤。今據宋史本傳改正。崇寧進士、詞科。紹興執政，張魏公在相位，薦秦檜再用，守有力焉。一日，與魏公言：「某誤公聽，今朝夕同班列，得款曲，其人似以曩者一跌爲戒，有患失心，宜自劾謝上。」魏公爲作墓志，著其語。

〔一〕盧校本「固」作「同」。

張章簡華陽集四十卷

參政金壇張綱彦正撰。大觀中舍法，三中首選，釋褐承事郎，辟雍正，蓋專于新學者。紹興初，在瑣闥忤張俊求去，復與秦隙，遂引年。秦亡乃召用。乾道初，年八十四而終。自號華陽老人，「華陽」者，茅山也。

非有齋類藁五十卷

給事中吴興劉一止行簡撰。宣和三年進士。居瑣闥僅百餘日，忤秦檜罷去。閒居十餘年，以次對致仕。檜死。被召，力辭，進雜學士而終，年八十二，實紹興庚辰。

竹西集十卷、西垣集五卷

兵部侍郎維揚王居正剛中撰。宣和三年進士。紹興初入詞掖。西垣集者，制草及繳章也。其篇目，凡繳章皆云「封還詞頭」，蓋其子孫編次者之失也，除授則有詞頭，政刑庶事，何詞頭之有？

張巨山集三十卷

中書舍人光化張嵲巨山撰。嵲爲司勳郎官，金人再取河南，秦相惶恐，上章引伊尹「善無常主」及周任「不能者止」之文以自解，嵲之筆也。秦德之，遂擢修注掌制，而其具藁倉卒，誤以伊尹告太甲爲告湯，及周任之言爲孔子自言，時祕書省寓傳法寺，有書其門曰：「周任爲孔聖，太甲作成湯」，秦疑諸館職爲之，多被逐。然嵲亦以答檜「三折肱」之語，謂其貳于己，無幾亦罷。

默成居士集十五卷

中書舍人潘良貴子賤撰。一字義榮。剛介之士也。朱侍講序其集，略見其出處大致。

默堂集二十二卷　案：文獻通攷作二十卷。

宗正少卿延平陳淵知默撰。一字幾叟。了翁之姪孫，楊龜山門人，紹興初嘗爲諫官。

筠谿集二十四卷

户部侍郎連江李彌遜似之撰。案：「遜」原本作「聖」，文獻通攷作「遠」，俱誤。今據宋史改正。〔一〕大觀三年上舍第一，知冀州，能抗金敵，攝江東帥，與李忠定平周德之亂。晚爲從官，沮和議，坐廢而終。

〔一〕今案：元抄本亦作「遜」。

鄱陽集十卷

徽猷閣直學士鄱陽洪皓光弼撰。皓奉使金國，守節不屈。既歸，爲秦所忌，謫英州。死之日與秦適相先後。三子登詞科，俱貴顯。

東窗集四十卷

中書舍人鄱陽張廣彦實撰。與吕居仁爲詩友，其在西掖，當紹興十一年。

雪谿集略八卷

汝陰王銍性之撰。國初周易博士昭素之後也。其父莘〔一〕樂道嘗從歐公學。銍爲曾紆壻，嘗撰七朝國史，紹興初，常〔二〕同子正薦之，詔視秩史官，給札奏御，會秦氏柄國中止，書竟不傳。其子明清，著揮麈録。

〔一〕「莘」原作「萃」，據元抄本、盧校本改。

〔二〕「常」原作「嘗」，據元抄本、盧校本改。

致堂斐然集三十卷

禮部侍郎胡寅明仲撰。文定公長子也。本其兄子，初生棄不舉，文定于水盆内收育之。既長，俾自絶于本生，不爲心喪，止服世父之服，寅遵行之。集中有與秦丞相書，言之甚詳。人倫之變，古今所未有也。寅，宣和初進士，紹興初已爲從官，不主和議，秦本與其父子有契分，竟謫新州。檜死北歸，没於岳州。

五峰集五卷

右承務郎胡宏仁仲撰。文定季子。不出仕，篤意理學。南軒張栻，其門人也。别本不分卷。

竹軒雜著十五卷

太常少卿永嘉林季仲懿成撰。以趙元鎮薦入朝，奏疏沮和議得罪。仲熊、叔豹、季貍，其弟也，皆知名。

北山集三十卷

端明殿學士金華鄭剛中亨仲撰。紹興二年進士亞魁。受知秦相，擢使川陝，後忤意，貶死封州。

澹庵集七十八卷

端明殿學士忠簡廬陵胡銓邦衡撰。建炎甲科第五人。既上書乞斬秦檜，謫嶺海，秦死得歸。孝宗即位，始復官召用，又以沮再和之議得罪去。乾道中入爲丞郎，亦不容于時，奉祠，至淳熙七年乃終，年七十有九。

相山集二十六卷

朝奉大夫濡須王之道彦猷撰。宣和六年，兄弟三人同登科。建炎寇亂，率衆保明〔一〕避山，從之者皆得免。以功改京宫，沮和議得罪。晚乃歷麾節。其子藺被遇阜陵，貴顯。

〔一〕元抄本「明」作「胡」。

韋齋小集十二卷

吏部員外郎新安朱松喬年撰。侍講文公之父也。文公嘗言，韋齋先生自爲兒童時，出語已驚人，及去場屋，始致意爲詩文。其詩初亦不事彫飾，而天然秀發，格律閒暇，超然有出塵寰之趣〔一〕。案：「文公嘗言」以下原本脱去，今據文獻通攷增入。

〔一〕元抄本、盧校本無「文公嘗言」以下文字。

關博士集二十卷

太學博士錢塘關注子東撰。紹興五年進士。嘗爲湖州教授。自號香巖居士。

石月老人集三十五卷

朝議大夫致仕鄱陽余安行勉仲撰。安行累舉不第。其子應求以童子登崇寧五年進士科，爲御史，歷麾節，所至迎養其父，至九十六乃終。著書號至言，蓋純篤之士也。

王著作集四卷

著作佐郎福清王蘋信伯撰。從程門學，以趙忠簡薦，召對，賜出身。秦檜惡之，會其族子坐法，牽連文致，奪官以死。

屏山集二十卷

通判興化軍崇安劉子翬彦沖撰。父韐，兄子羽。子翬以蔭入仕。年甫四十八而卒。朱文公，其門人也，嘗謂朱曰：「吾少聞佛老之説，歸讀吾書，然後知吾道之大，體用之全如此。於易得入德之門焉。作復齋銘、聖傳論，可以見吾志矣。」

東溪集十二卷　案：文獻通攷作二十卷。

迪功郎漳浦高登彦先撰。考試潮州，策問忤秦相，謫死。

繙經堂集八卷

知盱眙軍〔一〕東平畢良史少董撰。文簡公士安五世孫。嘗陷敵，有從之游者，因爲圖，名繙經，寫其訪問紬繹之狀。

〔一〕元抄本、盧校本「眙」作「台」。

藥寮叢藁二十卷

太常少卿上蔡謝伋景思撰。參政克家之子。

巖壑老人詩文一卷

左朝請大夫洛陽朱敦儒希真撰。初以遺逸召用，嘗爲館職。既挂冠，秦檜之孫壎欲學爲詩，起希真爲鴻臚少卿，將使教之，懼禍不敢辭。不久秦亡，物論少之。合有全集，未見。

鶴溪集十二卷

辟雍博士青田陳汝錫師予撰。紹聖四年進士，持節數路，帥越而卒。青田登科人自汝錫始。希點子與，其孫也。

## 岳武穆集十卷

樞密副使〔一〕鄴郡岳飛鵬舉撰。飛功業偉矣，不必以集著也。世所傳誦其賀和議成一表，當亦是幙客所爲，而意則出于岳也。

〔一〕元抄本、盧校本「樞密副使」作「樞副」。

## 漢濱集六十卷

參政襄陽王之望瞻叔撰。周益公爲集序。

## 玉山翰林詞草五卷

尚書玉山汪應辰聖錫撰。紹興五年進士首選。本名洋，御筆改賜。天材甚高，而不喜爲文，謂不宜弊精神於無用，然每作輒過人。以天官兼翰苑近二年，所撰制詔温雅典實，得王言體，朱晦翁稱爲近世第一。

## 太倉稊米集七十卷

樞密編修宣城周紫芝少隱撰。自號竹坡居士。

## 白蘋集四卷

右文林郎單父龐謙儒祐甫撰。莊敏公籍之曾孫。用季父恩仕,不遂而死,韓南澗〔一〕志其墓。嘗客居吴興,故集名「白蘋」。

〔一〕盧校注:元吉。

## 南澗甲乙藁七十卷

吏部尚書潁川韓元吉无咎撰。門下侍郎維之玄孫。與其從兄元龍子雲皆嘗試詞科不利。居廣信溪南,案:「廣信」原本作「廣德」,誤。今據文獻通攷改正。號南澗。

## 艇齋雜著一卷

南豐曾季貍裘父撰。鞏之弟曰湘潭主簿宰,宰之孫曰大理司直晦之,季貍其子也。少從吕居仁、徐師川〔一〕遊,嘗一試禮部不中,乾淳間名公多敬畏之,具見其子灉所集師友尺牘。此編蓋其議論〔二〕古今之文,辭質而義正,可以得其人之大略。

〔一〕盧校注:(吕民仁)名本中。(徐師川)名俯。

〔二〕元抄本、盧校本「議論」作「論議」。

## 溪園集十卷

蘄春吴億大年撰。其父擇仁爲尚書。億仕至静江倅,居餘干〔一〕,有溪園佳勝。世傳其「樓雪初銷」詞,爲建康帥晁謙之作。

〔二〕元抄本、盧校本「干」作「汗」。

于湖集四十卷

中書舍人歷陽張孝祥安國撰。甲戌冠多士，出思陵親擢，秦相孫壎遂居其下。秦忌惡之，以他事下其父子大理獄。明年秦亡，上既素眷，不五年登法從。阜陵尤眷之。不幸不得年，死時財四十餘。上嘗有「用不盡」之歎。其文翰皆超逸天才也。

南軒集三十卷

侍講廣漢張栻敬夫撰。魏忠獻公浚之長子。當孝宗朝，以任子不賜第入西掖者，韓元吉、劉孝韙，其入經筵則栻也。

王司業集二十卷　案：文獻通攷作三十卷。

國子司業宛丘王速致君撰。建炎初，其家避亂〔一〕，沿汴南下，速年十一，偶小泊登岸，敵適至，亟解維不暇顧，遂失之。在金十年，間關得歸。其父，工部尚書俣也。既歸，入太學，登癸未科，爲諫官、御史，歷麾節，終于少司成。

〔一〕元抄本、盧校本「亂」作「狄」。

浮山集十六卷

左朝請大夫江都仲并彌性撰。紹興壬子進士。晚丞光禄寺，得知蘄州。并嘗倅湖，籍中有所盼，爲作生朝青詞，好事者傳誦之，遂漏露，坐謫官，其訓詞略曰：「爾爲瀆侮之詞，曾弗知畏天，其知畏吾法乎？」吾鄉前輩能道其事如此。

小醜集十二卷、續集三卷

直祕閣眉山任盡言元受撰。元符諫官伯雨之孫，紹興從臣申先之子。乙卯甲科，仕爲太常寺主簿，終于閩憲。

拙齋集二十二卷

校書郎侯官林之奇少穎撰。之奇學于吕本中，而太史祖謙學于之奇。其登第當紹興辛未，年已四十，未幾即入館。方鄉用，而得末疾。

霜傑集三十卷

德興董穎仲達撰。紹興初人。從汪彦章、徐師川游。彦章爲作序。

妙筆〔一〕集四十卷　案：文獻通攷「妙筆」作「妙峯」。

中書舍人福清林遹述中撰。元符三年甲科。苗、劉之變，在西掖不失節，思陵嘉之。終龍圖直學士。

〔一〕元抄本「筆」作「峰」。

鄮峰真隱漫録五十卷

丞相文惠公四明史浩直翁撰。

詅癡符二十卷

御史臨海李庚子長撰。「詅」之義，衒鬻也。市人鬻物於市，誇號之，曰「詅」。原註：去聲。此三字本出顔氏家訓，以譏無才思而流布醜拙者，以名其集，示謙也。庚，乙丑進士，以湯鵬舉薦辟入臺，家藏書甚富。

梯雲集二十五卷

中書舍人資川趙逵莊叔撰。辛未大魁。有氣節。四十一歲卒。

海陵集三十二卷

同知樞密院〔一〕海陵周麟之茂振撰。乙丑進士，戊辰詞科。既執政，被命使金亮，辭行得罪，去。

〔一〕元抄本、盧校本無「樞」字。

胡獻簡詞垣草四卷

禮部尚書會稽胡沂周伯撰。

介庵集十卷

左司郎官趙彦端德莊撰。乾淳間名士也。嘗宰餘干，趙忠定其邑人，初冠多士，德莊在朝，往謁謝，德莊語之曰：「謹勿以一魁先置胸中。」可謂名言。

石湖集一百三十六卷

參政吴郡范成大致能撰。初以起居郎使金，附奏受書事，抗金主於其殿陛間，歸而益被上眷，以至柄用。石湖在太湖之濱，姑蘇臺之下，去城十餘里。面湖爲堂，號鏡天閣，又一堂扁「石湖」二字，阜陵宸翰也。今日就荒毀，更數年，恐無復遺跡矣。頃一再過之，爲之慨然。

### 周益公集二百卷、年譜一卷、附録一卷

丞相益文忠公廬陵周必大子充撰。一字洪道。其家既刊六一集，故此集編次一切視其凡目，其間有奉詔録、親征録、龍飛録、思陵録凡十一卷，以其多及時事，託言未刊，人莫之見。鄭子敬守吉，募工人印得之，余在莆田借録爲全書，然猶漫其數十處。益公自號平園叟。

### 渭南集三十卷、案：文獻通攷作二十卷。劍南詩藁、續藁八十七卷

華文閣待制山陰陸游務觀撰。左丞佃之孫。紹興末召對，賜出身。隆興初爲樞密院編修官，鄉用矣，坐漏泄省中語，阜陵以爲反復，斥遠之。後以夔倅入蜀，益自放肆，不護細行，自號放翁。在蜀九年乃歸。晚由嚴陵召爲南宮舍人。將内禪，益公薦直北門，上終不用。及韓氏用事，游既挂冠久矣，有幼子澤不逮，爲侂胄作南園記，起爲大蓬。以次對再致仕。嘉定庚午年八十六而終。游才甚高，幼爲曾吉父所賞識。詩爲中興之冠，他文亦佳，而詩最富，至萬餘篇，古今未有，故文與詩別行。「渭南」者，封渭南縣伯。

### 復齋制表二卷

刑部侍郎王秬嘉叟撰。初寮安中之孫，紹興、乾道間名士也，陸放翁與之厚善。

盤洲集八十卷

丞相文惠公鄱陽洪适景伯撰。忠宣之長子。方奉使時，文惠甫十三歲，後與其弟遵同中壬戌宏博科。本名造，後改焉。又三年乙丑，弟邁繼之，世號三洪。其自淮東總領入爲太常少卿，一年而入右府，又半年而拜相，然在位僅三閱月，爲林安宅所攻而去。嘗一帥越，閒居十六年而終。

小隱集七十卷

樞密文安公洪遵景嚴撰。其進用最先于兄弟，而得年不永，薨於淳熙元年。

野處類藁一卷〔一〕　案：文獻通攷作二卷。

翰林學士文敏公洪邁景盧撰。其全集未見。

〔一〕元抄本、盧校本作二卷。

誠齋集一百三十三卷

寶謨閣學士文節公廬陵楊萬里廷秀撰。當淳熙末爲大蓬，論思陵配饗不合，去。及韓侂胄用事，召之，卒不至。自次對遷至學士，聞開禧出師，不食而死。自作江湖集序曰：「予少作有詩千餘篇，至紹興壬午皆焚之。」大概江西體也。今所存曰江湖集者，蓋學后山及半山及唐人者也〔一〕。　案：「自作江湖集序」以下一段原本脱去，今據文獻通攷增入。

〔一〕元抄本、盧校本無「自作江湖集序」以下一段。

程文簡集二十卷

吏部尚書新安程大昌泰之撰。每卷分上下，其實四十卷也。博學，長於攷究，著述甚多，皆傳于世。

樵隱集十五卷

信安毛幵平仲撰。禮部尚書友之子。負才傲世，仕止州倅。與尤遂初厚善，臨終以書別之，囑以志墓。延之既爲銘，又序其集。

梁谿集五十卷

禮部尚書錫山尤袤延之撰。家有遂初堂，藏書爲近世冠。

鄭景望集三十卷

宗正少卿永嘉鄭伯熊景望撰。

歸愚翁集二十六卷

秀州判官鄭伯英景元撰。近世永嘉學者推二鄭。伯熊，紹興乙丑進士，自隆興初爲館職、王府、東宮，官至少司成、宗正，鄉用矣，每小不合，輒乞去，卒於建寧守。伯英癸未甲科第四人，以親養，三十年不調，竟不出。二人皆豪傑之士也。

晦庵集一百卷、紫陽年譜三卷

待制侍講文公新安朱熹元晦撰。年譜，昭武李方子公晦所述，其門人也。

習庵集十二卷

户部侍郎曾逮仲躬撰。文清公幾之子。

東萊吕太史集十五卷、别集十六卷、外集五卷、附録三卷

著作郎東萊吕祖謙伯恭撰，其弟祖儉編録。凡家範、尺牘之類，總之别集；策問、宏詞、程文之類，總之外集；年譜、遺事則見附録。太史，曾文清外孫，隆興癸未鎖廳甲科，宏詞亦入等。仕未達，得末疾，奉祠，年財四十五，卒于淳熙辛丑。平生著述皆略舉端緒，未有成書者，學者惜之。

大愚叟集十一卷

太府寺丞吕祖儉子約撰。祖謙弟也。慶元初上封事，論救祭酒李祥，謫高安以没。寓居大愚寺，故以名集。

千巖擇藁七卷、外編三卷、續編四卷

知峽州三山蕭德藻東夫撰。嘗宰烏程，後遂家焉。楊誠齋序某集曰：「近世詩人若范石湖之清新，尤梁谿之平淡，陸放翁之敷腴，蕭千巖之工緻，皆余所畏也。」

濟溪老人遺藁一卷

通判明州濟源李迎彦將撰。永嘉周浮沚先生之壻，與先大父爲襟袂。集中有送先君子赴戊子秋試詩，首句「籍甚人言易已東」，蓋先君治易故也。集序周益公作。

訢庵集〔一〕四十卷　案：文獻通攷「訢庵」作「沂庵」。

新津任淵子淵撰。紹興乙丑類試第一人，仕至潼川憲。嘗註山谷、后山詩，行於世。新津有天社山，故稱天社任淵。

〔一〕元抄本、盧校本「訢」作「泝」。

方舟集五十卷、後集二十卷

資陽李石知幾撰。石有盛名於蜀。少嘗客蘇符尚書家。紹興末爲學官，乾道中爲郎，歷麾節，皆以論罷。趙丞相雄，其鄉人也，素不善石，石以是晚益困，其自敍云「宋魋、魯倉今猶古」也。

歸愚集二十卷

吏部侍郎葛立方常之撰。勝仲之子，丞相邲之父也。以郎官攝西掖，忤秦相得罪。更化召用，言者又以爲附會沈該，罷去，遂不復起。

綺川集十五卷

太常寺主簿歸安倪偁文舉撰。紹興八年進士。齊齋之父。

象山集二十八卷、外集四卷

知荆門軍金谿陸九淵子靜撰。與其兄九齡子壽，乾淳間名士也。象山在貴溪，結茅其上，與士友講學，山形如象，故名。

施正憲集六十七卷、外集一卷〔一〕　案：外集，文獻通攷作三卷。

知樞密院廣信施師點聖與撰。其在政府六年，上眷未衰，慨然勇退引去不可回。識者壯其決。趙南塘汝談，其壻也，爲序其集而傳之。

〔一〕元抄本、盧校本作外集三卷。

適齋類藁八卷

奉新袁去華宣卿〔一〕撰。案：文獻通攷作「宣卿」。紹興乙丑進士，改官知石首縣而卒。善爲歌詞，嘗賦長沙定王臺，見稱於張安國，爲書之。

〔一〕元抄本、盧校本「定」作「宣」。

梅溪集三十二卷、續集五卷　案「梅溪集」下原本無卷數，今據文獻通攷補正。

詹事樂清王十朋龜齡撰。丁丑大魁，立朝剛正。劉珙作序〔一〕。案：末句原本脱去，今據文獻通攷增入。

〔一〕元抄本、盧校本「劉珙作序」作「正集未有」。盧校注：館校云「梅溪集下原本無卷數」，與此「正集未有」正合。通攷見其正集，故具著其卷數，又改此句云「劉珙作序」。

酒隱集三卷

宣州司理趙育去病撰。其父鼎臣承之，號竹隱畸士者也。

四六類藁三十卷

起居郎建安熊克子復撰。皆四六應用之文也，亦無過人者。克以王丞相季海薦驟用。王時在樞府，趙温叔當國，莫知其所從來，頗疑其由徑，沮之，而上意鄉之，不能回也。

拙庵雜著三十卷、外集四卷

工部侍郎東平趙磻老渭師撰。門下侍郎野之姪。以婦翁歐陽懋待制澤入仕，從范石湖使金。虞丞相并父亦薦之，遂擢用知臨安。坐殿司招兵事，謫饒州。

雙溪集二十卷

知郴州東陽曹冠宗臣撰。由舍選登甲科，坐爲秦壎假手，奪官，再赴廷試，得初品。

止齋集五十三卷〔一〕案：文獻通攷作五十二卷。

中書舍人永嘉陳傅良君舉撰。三山本五十卷。

〔一〕元抄本、盧校本作五十二卷。

水心集二十八卷、拾遺一卷、別集十六卷

吏部侍郎永嘉葉適正則撰。淮東本無拾遺，編次亦不同。外集者，前九卷爲制科進卷，後六卷號「外藁」，皆論時事，末卷號「後總」，專論買田贍兵。

丘文定集十卷、拾遺一卷

樞密江陰丘崈宗卿撰。隆興癸未進士第三人。其文慷慨有氣，而以吏能顯，故其文不彰〔一〕。

〔一〕元抄本、盧校本「彰」作「章」。

## 趙忠定集十五卷、奏議十五卷

丞相福公趙汝愚子直撰。别本總爲一集，亦三十卷。

## 龍川集四十卷、外集四卷

永康陳亮同父撰。少入太學，嘗三上孝廟書，召詣政事堂，宰相無宏度，迄報罷。後以免舉爲癸丑進士第一，未禄而卒。所上書論本朝治體本末源流，一時諸賢未之及也。亮才甚高而學駁，其與朱晦翁往返書，所謂「金銀銅鐵混爲一器」者可見矣。平生不能詩，外集皆長短句，極不工而自負，以爲經綸之意具在是，尤不可曉也。葉適〔一〕。未遇時，亮獨先識之，後爲集序及跋皆含譏誚，識者以爲議。

〔一〕元抄本、盧校本「適」作「正則」。

## 軒山集十卷

樞密使獻肅公濡須王藺謙仲撰。淳熙乙未，駕幸太學，藺爲武學諭，在班列中，人物偉然，上一見奇之，自是擢用，馴〔一〕至執政。其在經帷，論官僚攀附而登輔佐者，挾數用術，道諛濟私，陳義凛然。嘉定以來，其子孫不敢求仕，亦不敢請謚，至端平乃是謚。

〔一〕元抄本、盧校本「馴」上有「不由邑最，徑爲察官」八字。

## 合齋集十六卷

祕書少監永嘉王柟木叔撰。乾道丙戌進士。在永嘉諸老最爲先登。其容貌偉然，襟韻灑然，雖不以文自鳴，而諸老皆推敬之。

兼山集四十卷

端明殿學士劍門黄裳文叔撰。在嘉邸最久，備盡忠益，甲寅御極，未及大用，病不能朝，士論惜之。

攻媿集一百二十卷〔一〕

參政四明樓鑰大防撰。隆興癸未省試考作賦魁，以犯諱當黜，知舉洪文安遵奏收寘末甲首。案：原本「寘」字下闕，今據文獻通攷校補。

〔一〕盧校注：聚珍版百十二卷。

齊齋甲藁二十卷、乙藁十五卷、翰林前藁二十卷、後藁二卷、掖垣詞草二十卷、兼山論著三十卷、附益〔一〕五卷、年譜一卷

禮部尚書歸安倪思正父撰。丙戌進士，戊戌宏詞。受知阜陵，蚤登禁直。紹熙間遂位法從，立朝剛介不苟合。慶元、嘉定，屢召屢出，嘗言「與其爲有瑕執政，寧爲無瑕從官」，由是名重天下。端平初，詔以先朝遺直，得謚文節。

〔一〕元抄本「益」作「録」。

晦巖集十二卷

祕書丞鹽官沈清臣正卿撰。嘗爲國子録，有薦于朝，欲得召試，執政有發笑者曰：「安有張子蓋女壻，而可爲館職者乎？」遂罷。欲爲奇節以蓋之，會王希吕爲諫官，上書力言其不可，孝宗大怒，時相虞允文惡沈介，下清臣大理，風使引介，不從，謫封州。晚乃召用，勸孝宗力行三年喪，爲翊善嘉邸，以直諒稱。初從張無垢學，後居霅川。自嶺南歸，開門受〔一〕徒，動以聖賢自命，效禪門入室規式，與其徒問答，下語不契，輒使再參，頗爲人所譏。

〔一〕盧校注：「受」，新通攷改「授」。

靜安作具十四卷、別集十卷

清江徐得之思叔撰。與其子筠孟堅同甲辰進士，次子天麟仲祥亦乙丑甲科。其家長於史學。

定齋集四十卷

寶謨閣直學士蔡戡定夫撰。君謨四世孫，丙戌甲科。

東江集十卷

丞相臨海謝深甫子肅撰。

小山雜著八卷〔一〕

知樞密院龍泉何澹自然撰。

〔一〕元抄本此條在「東江集」條前。

慈谿甲藁二十卷

寶謨閣直學士慈谿楊簡敬仲撰。

鈍齋集六十卷

著作郎唐安楊濟濟道撰。淳熙五年進士。京鏜帥蜀，上巳出遨，濟爲樂語，首云：「三月三日，豈無水邊麗人；一詠一觴，亦有山陰禊事。」又云：「良辰美景，賞心樂事，四者難并；崇山峻嶺，脩竹茂林，羣賢畢至。」一時傳誦。京爲相，召入館權郎，出知果州而終。

周氏山房集二十卷、後集二十卷

祕書省正字吴郡周南南仲撰。南有聲學校，庚戌登甲科，而仕不偶，再入館，再罷，以殿廷所授文林郎終焉。

二松集十八卷〔一〕案：文獻通攷「二松」作「三松」，宋史藝文志不載。

盧陵王子俊才臣撰。周益公、楊誠齋客，以列薦補官入蜀，爲成都帥幕。

〔一〕盧校注：余僅見四六抄本。程史載其淳熙内禪頌，瞻蔚典麗，然不果進。誠齋謂其史論有遷、固之風，其古文有韓、柳之則，其詩句有蘇、黄、后山之味。至于四六，踵六一、東坡之步武，超然絶塵，崛奇層出，自汪彦章、孫仲益諸公而下不論也。成都帥幕歸後，即不出。

橫堂小集〔二〕十卷

右司郎中福清林栴子長撰。

〔一〕元抄本、盧校本「堂」作「塘」。

潔齋集二十六卷〔二〕、後集十三卷　案：後集，文獻通攷作十二卷。

禮部侍郎四明袁燮和叔撰。

〔二〕盧校注：聚珍版絜齋集二十四卷，從永樂大典中抄出。

北山集略十卷

直龍圖閣三山陳孔碩膚仲撰。全集未傳。

育德堂外制集八卷、内制集三卷

兵部尚書永嘉蔡幼學行之撰。成童穎異，從同郡陳傅良君舉學治春秋，年十七，試補上庠，首選，陳反出其下。明年，陳改用賦，冠監舉，而幼學爲經魁。又明年，省闈先多士，而傅良亦爲賦魁。一時師弟子雄視場屋，莫不歆艷。

止安齋集十八卷

太府寺丞三山陳振震亨撰。

西山集五十六卷

參政浦城真德秀希元撰。

平齋集三十二卷

翰林學士於潛洪咨夔舜俞撰。

退庵集十五卷

提轄文思院龍泉陳炳撰。

梅軒集十二卷

奉化丞山陰諸葛興仁叟撰。

遁思遺藁六卷、事監韻語三卷

永康吕皓子陽撰。「遁思」，其庵名，後溪劉光祖德修爲作記。當淳熙中投匭救父兄之難，朝奏上，夕報「可」，一時非幸，盡得清脱。其書辭甚偉，然非孝廟聖明，安能照覆盆之下哉？

劉汝一進卷十卷

諫議大夫吴興劉度汝一撰。度嘗應大科，此其所業也。策曰傳言、論曰鑑古，各二十五篇。

唯室兩漢論一卷

吴郡陳長方齊之撰。紹興八年進士。

鼎論三卷、時議一卷

三山何萬一之撰。隆興元年進士。仕爲都司，知漳州。

治述十卷

從政郎鄭湜紹熙元年撰進。按：丙戌榜有三山鄭湜溥之，是年已爲祕書郎，面對劄子，剴切通練，于今傳誦。此當別是一鄭湜耶。

廬山雜著一卷

知南康軍錢聞詩撰。

閑静治本論五卷、將論五卷

知樞密院廣陵張巖肖翁撰。

閨秀集二卷

建安徐氏撰。徐林穉山之從姑，祥符敕頭。案：唐時舉宏詞第一謂之敕頭，原本「敕」譌作「初」，又脱去「頭」字，今據文獻通攷改正。奭之姪孫女，嫁括蒼祝璣，璣爲部使者。有子曰永之，嘗知滁州。

# 直齋書録解題卷十九

## 詩集類上〔一〕

〔一〕盧校本作卷五十二詩集類上。校注曰：有元本，多脱漏。

凡無他文而獨有詩，及雖有他文而詩集復獨行者，別爲一類。

阮步兵集四卷

魏步兵校尉陳留阮籍嗣宗撰。其題皆曰詠懷。首卷四言十三篇，餘皆五言，八十篇，通爲九十三篇。文選所收十七篇而已。

宋武帝集一卷

孝武駿也。

梁簡文帝集五卷

簡文帝綱也。按：隋志八十五卷，唐已缺五卷，中興書目止存一卷，詩百篇又缺其三首。今五卷皆詩，總二百四十四篇。

梁元帝詩一卷

即湘東王繹。

謝惠連集一卷

宋司徒參軍謝惠連撰。本集五卷，今惟詩二十四首。惠連得名早，輕薄多尤累，故仕不顯，死時財三十七歲。

劉孝綽集一卷

梁秘書監彭城劉孝綽撰。宋僕射勔之孫。本傳稱文集數十萬言，今所存止此。又言兄弟及羣從子姪，當時有七十人，並能屬文，近古未有。其三妹亦並有才學，適徐悱者，文尤清拔，所謂劉三娘者也。今玉臺集中有悱妻詩。

柳吴興集一卷

梁吴興太守河東柳惲文暢撰。僅有十八首。

徐孝穆集一卷

陳太子太傅東海徐陵孝穆撰。本傳稱其文喪亂散失，存者二十卷。今惟詩五十餘篇。

江總集一卷

陳尚書令考城江總總持撰。總在陳爲太子詹事，以宮禁爲長夜之飲。及後主即位，當權任，日爲艷詩，君臣昏亂，以至亡國。入隋，爲上開府。唐志集三十卷〔一〕，中興書目七卷，今惟存詩近百首云。

〔一〕盧校本作二十卷。

陰鏗集一卷

陳散騎常侍南平陰鏗子堅撰。財三十餘篇。杜子美云「李侯有佳句，往往似陰鏗」，今考之，未見鏗之所以似太白者。太白固未易似也，子美云爾，殆必有説。

薛道衡集一卷

隋内史侍郎河東薛道衡玄卿撰，詩凡十九篇。本集三十卷，所存止此。大抵隋以前文集存全者亡幾，多好事者於類書中鈔出，以備家數也。

杜必簡集一卷

唐著作郎襄陽杜審言必簡撰。工部之祖也。唐初沈、宋以來，律詩始盛行，然未以平側失眼爲忌。審言詩雖不多，句律極嚴，無一失粘者，甫之家傳有自來矣。然遂欲衙官屈、宋，則不可也。

薛少保集一卷

唐太子少保河東薛稷嗣通撰。稷，道衡曾孫，魏徵外孫。

喬知之集一卷

唐右司郎喬知之撰。天授中爲酷吏所陷死。集中有緑珠怨，蓋其所由以致禍也。

孟襄陽集三卷

唐進士孟浩然撰。宜城王士源序之。凡二百十八首，分爲七類，太常卿韋縚爲之重序。

崔顥集一卷

唐司勳員外郎崔顥撰。開元十年進士。才俊無行，黄鶴樓詩盛傳於世。

祖詠集一卷

唐祖詠撰。開元十二年進士。

崔國輔集一卷

唐集賢直學士禮部員外郎崔國輔撰。開元十三年進士，應縣令舉，爲許昌令。天寶中加學士，後以王鉷近親坐貶。詩凡二十八首。臨海李氏本。後又得石林葉氏本，多六首。

綦毋潛集一卷

唐待制集賢院南康綦毋潛孝通撰。南康，今贛州。

儲光羲集五卷

唐監察御史魯國儲光羲撰。與崔國輔、綦毋潛皆同年進士，天寶末任僞官，貶死。顧況爲集序。

常建集一卷

唐盱眙尉常建撰。

王江寧集一卷

唐龍標尉江寧王昌齡少伯撰。與常建俱開元十四年進士。二十二年選宏辭，超絶羣類。爲汜水尉，不護細行，貶龍標。世亂還里，爲刺史閭丘曉所殺。爲詩緒密而思清。

李頎集一卷

唐李頎撰。開元二十三年進士。

崔曙集一卷

唐崔曙撰。開元二十六年進士狀頭。

杜工部詩集注三十六卷

蜀人郭知達所集九家注。世有稱東坡杜詩故事者，隨事造文，一一牽合，而皆不言其所自出。且其辭氣首末若出一口，蓋妄人依託以欺亂流俗者，書坊輒勦入集注中，殊敗人意，此本獨削去之。福清曾噩子肅刻板五羊漕司，最[一]爲善本。

〔一〕盧校本「最」上有「字大宜老」四字。

門類杜詩二十五卷

稱東萊徐宅居仁編次，未詳何人。

類集詩史三十卷

莆陽方醇道温叟編。

王季友集一卷

唐王季友撰。元結篋中集有季友詩二首，今此集有七篇，而篋中二首不在焉。杜詩所謂「酆城客子王季友」者，意即其人耶。

陶翰集一卷

唐禮部員外郎丹陽陶翰撰。開元十八年進士，次年鴻詞。

秦隱君集一卷

唐處士秦系公緒撰。系自天寶間有詩名。藩鎮奏辟，皆不就。嘗隱越之剡，泉之南安，至貞元中，年八十餘，不知所終。此本南安所刻，余又嘗於宋次道實刻叢章得其逸詩二首，書册〔一〕末。

〔一〕盧校本「册」作「策」。

岑嘉州集八卷

唐嘉州刺史南陽岑參撰。文本之曾孫。案唐書，岑參乃岑文本之曾孫。原本脱「文本」二字，今補正。天寶三載進士，爲補闕左史郎官，與杜甫唱和。

李嘉祐集一卷

唐台州刺史李嘉祐從一撰。天寶七載進士。亦號臺閣集。李肇稱其「水田飛白鷺，夏木囀黄鸝」之句，王維取之以爲七言，今按此集無之。

皇甫冉集一卷 案：唐書藝文志作三卷。

唐左補闕丹陽皇甫冉茂政撰。與其弟曾齊名。集有獨孤及序。

皇甫曾集一卷

唐侍御史皇甫曾孝常撰。天寶十二載進士。兄冉，後曾三載登第。

郎士元集一卷

唐郢州刺史中山郎士元君胄撰。天寶十五載進士。寶應中選畿縣官，肅宗詔〔一〕試中書，補渭南尉，歷拾遺、刺史。案唐書，士元於寶應元年選畿縣官，詔試中書，補渭南尉，歷拾遺、郢州刺史。原本脱誤，今改正。

〔一〕盧校本無「肅宗詔」三字。

包何集一卷

唐起居舍人延陵包何幼嗣撰。案唐書，包何字幼嗣。原本作幼正，今改正。何，融之子，與弟佶齊名。

包佶集一卷

唐秘書監包佶撰。天寶六載進士，兄何後一年。

錢考功集十卷

唐考功員外郎吳興錢起撰。天寶十載進士。世所傳湘靈鼓瑟詩斷句用鬼語者，即其試作也。蜀本作前、後集十三卷。

韓翃集五卷

唐中書舍人韓翃君平撰。天寶十三載進士。以「春城飛花」之句受知德宗。

顧況集五卷

唐著作郎吳郡顧況逋翁撰。至德二載進士。皇甫湜作序。湜嘗言吾自爲顧況作序，未嘗許他人。況在唐蓋爲人推重也。集本十五卷，案：唐書藝文志作二十卷。今止五卷，不全。

嚴維集一卷

唐秘書郎山陰嚴維正文撰。至德二載辭藻宏麗科。

韋蘇州集十卷

唐韋應物，京兆人，天寶時爲三衛，後作洛陽丞、京兆府功曹，知滁、江二州。召還，或媢其進媒孽之計，出爲蘇州刺史。詩律自沈、宋以後日益靡嫚，鎪章刻句，揣合浮切，雖音韻諧婉，屬對麗密，而閑雅平淡之氣不存矣。獨應物之詩，馳驟建安以還，得其風格云。

耿湋集二卷〔一〕

唐右拾遺河東耿湋撰。寶應二年進士。登科記一作「緯」。

〔一〕盧校注：通攷作一卷。

司空文明集二卷

唐虞部郎中京兆司空曙文明撰。別本一卷，財數篇。

李端集三卷

唐杭州司馬趙郡李端撰。大曆五年進士。

盧綸集十卷

唐户部郎中河東盧綸允言撰。綸與吉中孚、錢起、韓翃、司空曙、苗發、崔峒、耿湋、夏侯審、李端皆有詩名，號大曆十才子。

李益集二卷

唐集賢學士右散騎常侍李益君虞撰。益，宰相揆之族子。大曆四年進士。歌詩與宗人賀齊名，舊史本傳稱其少有癡病，防閑妻妾過於苛酷，有「散灰扃户」之説〔二〕聞於時，故時謂妒癡爲李益疾。按：世傳霍小玉傳，所謂李十郎詩「開簾風動竹，疑是故人來」者，即益也。舊史所載如此，豈小玉將死，訣絶之言果驗耶？抑好事者因其有此疾，遂爲此説以實之也？

〔二〕盧校本「説」作「談」。

孟東野集一卷

唐溧陽尉孟郊東野撰。

朱放集一卷

唐右拾遺吴郡朱放長通撰。按：藝文志云襄州人，隱居剡谿，貞元初召爲右拾遺不就。

朱灣集一卷　案：唐書藝文志作四卷。

唐永平從事朱灣撰。自號滄州，其爲從事，李勉辟之也。

麴信陵集一卷

唐望江令麴信陵撰。貞元元年進士。

長孫佐輔集一卷

唐長孫佐輔撰。按：百家詩選云德宗時人，其弟公輔爲吉州刺史，往依焉，當必有所據也。其詩號古調集。

柳宗元詩一卷

唐柳宗元撰。子厚詩在唐與王摩詰、韋應物相上下，頗有陶、謝風氣，古律、絶句總一百四十五篇，在全集中不便於觀覽，因鈔出别行。

張籍集三卷　案：唐書藝文志作七卷。

唐國子司業張籍文昌撰。川本作五卷。

木鐸集十二卷

張洎所編。錢公輔名木鐸集，與他本相出入，亦有他本所無者。

張司業集八卷、附録一卷

湯中季庸以諸本校定，且考訂其爲吴郡人。魏峻叔高刻之平江，續又得木鐸集，凡他本所無者，皆附其末。

王建集十卷

唐陝州司馬王建仲和撰。建長於樂府，與張籍相上下，大曆十年進士也〔一〕。歷官昭應縣丞，太和中爲陝州司馬。尤長宫詞。

〔一〕盧校注：「歷官昭應縣丞」以下元本無。

王建宫詞一卷

即集中第十卷録出别行。

李長吉集一卷　案：唐書藝文志作五卷，文獻通攷亦云集四卷、外集一卷。

唐奉禮郎李賀長吉撰。賀不壽，仕不顯，而世多喜言其人，此不復敍。〔一〕。

〔一〕盧校本「敍」作「序」。

盧仝集三卷

唐處士洛陽盧仝撰。自號玉川子。其詩古怪，而女兒集〔一〕、小婦吟、有所思諸篇，輒嫵媚豔冶。其第三卷號集外詩，凡十首。慶曆中有韓盈〔二〕者爲之序。川本止前二卷。

〔一〕盧校本「集」作「曲」。

〔二〕盧校本「盈」作「益」。校注曰：館本「盈」，通攷同。

劉叉集二卷

唐處士劉叉撰。案：唐書附見韓愈傳者，乃劉叉也。作冰柱、雪車二詩，出盧仝、孟郊右。有集二卷。原本作「劉義」，今改正。附見新史韓愈傳。不知何處人，但云「歸齊、魯，不知所終」而已。其冰柱、雪車二詩，狂怪誠出盧仝右，然豈風人之謂哉？

楊少尹集五卷　案：唐書藝文志、文獻通攷俱作一卷。

唐河南少尹楊巨源景山撰。按：韓退之有送楊少尹序，蓋自司業爲少尹。稱其都少尹者，乃其鄉里也。藝文志乃云太和河中少尹，誤。案唐詩紀事，楊巨源蒲州人，爲國子司業時，年滿七十，丐歸，時宰惜其去，署以爲其都少尹，不絶其禄。張籍有送楊少尹赴河中詩，云「官爲本府當身榮，因得還鄉任野情」，則爲河中少尹無疑。陳氏稱河南少尹，反以河中爲誤，非也。又攷韓愈送楊少尹序，乃在長慶中，唐詩紀事稱爲大中時固非，唐志稱爲太和中，亦疑誤也。第三卷末二十餘篇，有目無詩。

武元衡集一卷

唐宰相武元衡伯蒼撰。初用莆田李氏本傳録，後以石林葉氏本校，益以六首，及李吉甫唱酬六首。川本作二卷。

張碧歌詩集一卷 案：唐書藝文志作張碧歌行集二卷。

唐張碧太碧撰。藝文志云貞元時人。集中有覽貫休上人詩，或勸入之也。

陳羽集一卷

唐東宮衛佐陳羽撰。貞元八年陸贄下第二人。

羊士諤集一卷

唐侍御史羊士諤撰。貞元元年進士。竇羣引爲御史，共傾李吉甫者也。

鮑溶集五卷

唐鮑溶撰。元和四年進士。

竇拾遺集一卷

唐左拾遺扶風竇叔向撰。包何爲序。案：竇叔向集包何爲之序，原本作「包行」，誤，今改正。羣、常、牟、庠、鞏，皆其子也。

賈長江集十卷

唐長江尉范陽賈島閬仙撰。韓退之有送無本詩，即其人也。後返初服〔一〕，舉進士不第。文宗時作飛謗，貶長江。會昌初以普州參軍卒。案：唐書賈島會昌初以普州司倉參軍遷司户，未受命卒。原本作「晋州」，今改正。本傳所載如此。今遂寧刊本首載大中墨制云：「比者禮部奏卿風狂，且〔二〕養疾關外，今卻攜卷軸潛至京城，遇朕微行，聞卿諷詠，觀其志業，可謂屈人，是用顯我特恩，賜卿墨制，宜從短簿，别俟殊科。」與傳所稱誹謗不同。蓋宣宗好微行，小説載島應對忤旨，好事者撰此制以實之，安有微行而顯著訓詞者？首稱「奏卿風狂」，尤爲可笑，當以本傳爲正，本傳亦據墓志也。唐貴進士科，故誌言責授長江，如温飛卿亦謫方城尉，當時爲〔三〕鄉貢進士不博上州刺史則簿尉，固宜謂之責授。若使今世進士得罪而責授簿尉，則惟恐責之不早耳。

〔一〕盧校本「初」後無「服」字。

〔二〕盧校本「且」上有「遂」字。

〔三〕盧校本「爲」作「謂」。

姚少監集十卷

唐秘書少監姚合撰。崇之曾孫也。元和十一年進士。嘗爲杭州刺史，開成末終秘書監。川本卷數同、編次異。

莊南傑集一卷

唐進士莊南傑撰。與賈島同時。

李涉集一卷

唐國子太學博士李涉撰。渤之弟也。

殷堯藩集一卷

唐侍御史殷堯藩撰。元和元年進士。案：唐書作元和九年進士。

章孝標集一卷

唐秘書省正字章孝標撰。元和十四年進士。

熊儒登集〔一〕一卷

唐西川從事熊儒登撰。元和中人。執易，其從姪也。

〔一〕盧校本「儒」作「孺」，下同。

西川集一卷 案：唐書藝文志作十卷。

唐施肩吾撰。元和十五年進士。

雍裕之集一卷

唐雍裕之撰。未詳何時人。

張南史集一卷

唐試參軍范陽張南史季直撰。

王涯集一卷

唐宰相王涯廣津撰。

袁不約集一卷

唐袁不約還朴撰。長慶三年進士。其年試麗龜賦。

追昔遊編三卷

唐宰相李紳公垂撰。皆平生歷官及遷謫所至，述懷紀遊之作也。余嘗書其後云：「讀此編，見其飾智矜能，誇榮殉勢，益知子陵、元亮爲千古高人。」

朱景玄集一卷

唐太子諭德朱景玄撰。

朱慶餘集一卷

唐朱可久慶餘撰。以字行，受知於張籍，寶曆二年進士。

李義山集三卷

唐太學博士李商隱義山撰。

溫飛卿集七卷

唐方城尉溫庭筠飛卿撰。

張祜集十卷 案：唐書藝文志作一卷。

唐處士張祜承吉撰。

丁卯集二卷

唐郢州刺史丹陽許渾用晦撰。太和五年進士。案：晁公武讀書志作太和六年進士。「丁卯」者，其所居之地有丁卯橋。蜀本又有拾遺二卷。

李遠集一卷

唐建州刺史李遠求古撰。

于鵠集一卷

唐于鵠撰。與張籍同時，未詳其人。

薛瑩集一卷

唐薛瑩撰，號洞庭集。文宗時人，集中多蜀詩，其曰「壬寅歲」者，在前則爲長慶四年，後則爲中和二年，未知定何年也。

薛逢集一卷 案：唐書藝文志作十卷。

唐秘書監薛逢陶臣撰。會昌元年進士。

喻凫集一卷

唐烏程尉喻凫撰。開成五年進士。

潘咸集一卷

唐潘咸撰。不知何人，與喻凫同時，藝文志不載。

項斯集一卷

唐丹徒尉江東項斯子遷撰。初受知於張籍水部，而楊敬之祭酒亦知之，有「逢人説項斯」之句。會昌四年進士。

渭南集一卷 案：唐書藝文志作三卷。

唐渭南尉趙嘏承祐撰。壓卷有「長笛一聲人倚樓」之句，當時稱爲「趙倚樓」。

馬戴集一卷

唐馬戴虞臣撰。以上二人皆會昌五年進士。

薛許昌集十卷

唐許昌節度使薛能撰。會昌六年進士。

李羣玉集三卷

唐宏文校書澧陽李羣玉文山撰。裴休以處士薦。集後有乞假歸別業及朝士送行詩。

曹鄴集一卷

唐洋州刺史曹鄴撰。大中四年進士。

津陽門詩一卷

唐鄭嵎撰。大中五年進士。或作愚者，非也，愚嘗爲嶺南節度，好著錦半臂者，非此鄭嵎也。「津陽」者，華清宮門名。

劉駕集一卷

唐劉駕司南撰。大中六年進士。

李頻集一卷

唐建州刺史新定李頻德新撰。大中八年進士。姚合之壻也。

李端公集一卷

唐侍御史李郢楚望撰。大中十年進士。

儲嗣宗集一卷

唐儲嗣宗撰。大中十三年進士。案：儲嗣宗大中十三年進士，原本作「十年」，係脱誤，今改正。

司馬先輩集一卷

唐司馬札撰。與儲嗣宗同時。

李廓集一卷

唐武寧節度李廓撰。程之子也。案：唐書李程子名廓，原本作「廊」，誤，今改正。

于濆集一卷

唐于濆子漪撰。案：唐書藝文志作于濆集一卷。濆字子漪，原本作「于瀆」，誤，今改正。咸通二年進士。

李昌符集一卷

唐膳部員外郎李昌符撰。咸通四年進士。

司空表聖集十卷

唐兵部侍郎司空圖表聖撰。咸通十年進士。別有全集，此集皆詩也。其子永州刺史荷爲後記。

聶夷中集一卷

唐華陰尉聶夷中撰。咸通十二年進士。

許棠集一卷

唐宛陵許棠文化撰。亦咸通十二年進士。

林寬集一卷

唐林寬撰。與李頻、許棠皆同時，集有送二人詩。

周繇集一卷

唐周繇撰。咸通十三年進士。

無譏集〔一〕四卷

唐崔櫓撰。僖宗時人。

〔一〕盧校本「譏」作「機」。校注曰：唐志「譏」作「機」。

章碣集一卷

唐章碣撰。亦僖宗時人。

高蟾集一卷

唐御史中丞高蟾撰。乾符三年進士。

崔塗集一卷

唐崔塗禮山撰。光啓四年進士。

雲臺編三卷

唐都官郎中宜春鄭谷守愚撰。光啓三年進士。

香奩集二卷、入内廷後詩集一卷、别集三卷

唐翰林學士韓偓致光撰。

唐英集三卷

唐翰林學士吴融子華撰。融與偓皆龍紀元年進士。

張蠙集一卷

唐張蠙象文撰。乾寧二年進士。

靈溪集七卷

唐校書郎上饒王貞白有道撰。乾寧二年進士。其集有自序，永豐人有藏之者，洪景盧得而刻之。詩雖多，在一時儕輩未爲工也。

翁承贊集一卷

唐諫議大夫京兆翁承贊文堯撰。乾符二年進士。

褚載集一卷　案：唐書藝文志作三卷。

唐褚載厚之撰。

王轂集一卷

唐王轂虛中撰。二人皆乾寧五年進士。

浣花集一卷

蜀韋莊撰。唐乾寧元年進士也。

王駕集一卷　案：唐書藝文志作六卷。

唐彭城王駕大用撰。大順元年進士。自號守素先生。

喻坦之集一卷

唐喻坦之撰。

張喬集二卷〔一〕

唐進士九華張喬撰。喬與許棠、張蠙、鄭谷、喻坦之等同時，號「十哲」。喬試京兆，月中桂詩擅場，傳於今，而登科記無名，蓋不中第也。

〔一〕盧校本作一卷。校注曰：通攷卷數同。

高駢集一卷

唐淮南節度使高駢撰。

周賀集一卷

唐周賀撰。嘗爲僧，名清塞，後反初服〔一〕。别本又號清塞集。

〔一〕盧校本「服」作「故」。

李洞集一卷

唐李洞撰。與張喬同時，稱「餘杭明經」。潘熙載編。

曹唐集一卷

唐桂林曹唐堯賓撰。有大、小遊仙詩。

來鵬集一卷

唐豫章來鵬撰。咸通中舉進士不第。

任藩集一卷

唐任藩撰。或作翻。客居天台，有宿帢幘山絶句，爲人所稱。今城中巾子山也。

玄英集十卷

唐處士新定方干撰。

唐風集三卷案：晁公武讀書志作十卷。

唐九華山杜荀鶴撰。

詠史詩三卷

唐邵陽胡曾撰。凡一百五十首。曾，咸通末爲漢南從事。

羅江東集十卷

唐羅隱昭諫撰。

劉滄集一卷

唐進士劉滄蘊靈撰。

羅鄴集一卷

唐羅鄴撰。

曹松集一卷〔一〕 案：唐書藝文志作三卷。

唐曹松夢徵撰。天復元年進士。别本與印本互有詳略，但别本大遊仙十三首，乃曹唐詩也。

〔一〕盧校注：唐志有三卷者，晁志亦一卷。

比紅兒詩一卷

唐鄜州從事羅虬撰。紅兒者，雕陰官妓杜也。

唐彦謙集一卷 案：唐書藝文志作三卷。

唐河中節度副使襄陽唐彦謙茂業撰。號鹿門先生。

秦韜玉集一卷

唐秦韜玉撰。

東浮集九卷

唐荆南崔道融撰。自稱「東甌散人乾寧乙卯永嘉山齋編成」，蓋避地於此。今缺第十卷。

唐詩三卷

崔道融撰。皆四言詩，述唐中世以前事實，事爲一篇，篇各有小序，凡六十九篇。

裴説集一卷

唐裴説撰。天祐三年進士狀頭，唐蓋將亡矣。説後爲禮部員外郎，世傳其寄邊衣古詩甚麗，此集無之，僅有短律而已，非全集也。其詩有「避亂一身多」之句〔一〕。

〔一〕盧校本無「其詩有『避亂一身多』之句」十字。校注曰：元本無之，乃通攷以晁志語增成之耳。

劉得仁集一卷

唐進士劉得仁撰。公主之子，累舉不第而卒。

唐求集一卷

唐唐求撰。與顧非熊同時，藝文志不載。

李山甫集一卷

唐魏博從事李山甫撰。唐末進士不第。

邵謁集一卷

唐國子生曲江邵謁撰。集後有胡賓王者爲之序，言其没後，降巫賦詩，自稱「邵先輩」，殆若今世請大仙之類耶？

李推官披沙集六卷

唐李咸用撰。其八世孫兼孟達居宛陵，亦能詩，嘗爲台州，出其家集，求楊誠齋作序。

于武陵集一卷

周濆集一卷

陳光集一卷

劉威集一卷〔一〕

以上皆唐人。于武陵，大中進士。案：此句原本脱漏，今據文獻通攷補入。餘莫詳出處。濆集藝文志不載。

〔一〕盧校本此解題作「以上皆唐人，莫詳出處」。校注曰：館本從通攷。

殷文珪集一卷

唐殷文珪撰。乾寧五年進士。後仕南康。其子曰崇義，歸朝更姓名，即湯悦也。

盧士衡集一卷

後唐盧士衡撰。天成二年進士。

劉昭禹集一卷

湖南天策府學士桂陽劉昭禹撰。

熊皦屠龍集一卷

五代晋九華熊皦撰。後唐清泰二年進士。集中多下第詩，蓋老於場屋者。

符蒙集一卷

題符侍郎。同光三年進士也。同年四人，蒙初爲狀頭，覆試爲第四。

李建勳集一卷 案：高棅唐詩品彙作三卷。

南唐宰相李建勳撰。

孟賓于集一卷

五代進士孟賓于撰。仕湖南、江南。

廖匡圖集一卷

湖南從事廖匡圖撰。

江爲集一卷

五代建安江爲撰。爲王氏所誅，當漢乾祐中。

劉乙集一卷

似唐末五代人。藝文志不載。其詩怪而不律，亦不工。

文丙集一卷

稱布衣文丙〔一〕，未詳何人。

〔一〕盧校注：通攷「文丙」下有「所業」二字。

蔣吉集一卷

蘇拯集一卷　案：文獻通攷作「蘇拯」，原本作「極」，誤，今改正。

王周集一卷

皆未詳何人。

顧非熊集一卷〔一〕

唐盱眙主簿顧非熊撰。案：唐書顧非熊大中盱眙主簿，原本誤作「台州」，今改正。況之子，會昌五年進士。

〔一〕盧校本此條在馬戴集條後。

吴興集一卷〔一〕

唐僧吴興謝皎然清晝撰。康樂十世孫。顔魯公爲刺史，與之唱酬，其後刺史于頔爲作集序。所居龍興寺之西院，今天寧寺是也。又嘗居杼山寺〔二〕。

〔一〕盧校本作十卷。

〔二〕盧校本「杼山寺」下有「在妙喜」三字。

靈一集一卷

唐僧，與皇甫曾同時。

無可集一卷

唐僧賈無可撰。島弟也。

禪月集十卷 案：唐詩紀事作西嶽集十卷，文獻通攷作寶月詩一卷，此本作禪月集者，貫休號禪月上人，因名其集也。

唐僧蘭溪貫休撰。姓姜氏，後入蜀。

白蓮集十卷

唐僧齊已撰。長沙胡氏。

棲白集一卷

脩睦東林集一卷

尚顔供奉集一卷

皆唐僧。貫休而下，盡唐末人也〔一〕。

〔一〕盧校本此下有「脩睦死於維揚朱瑾之難」句。

薛濤集一卷

唐成都妓女薛濤撰。字洪度〔一〕，號薛校書，世傳奏授，恐無是理，殆一時州鎮褒借爲戲，如今世白帖借補之類耶。濤得年最長，至近八十。

〔一〕盧校本無「字洪度」三字。

李季蘭集一卷

唐女冠，與劉長卿同時，相譏調之語見中興間氣集。

魚玄機集一卷

唐女冠。坐妒殺女婢抵死。余嘗言婦女從釋入道，有司不禁，亂禮法、敗風俗之尤者。原註：事見補妒記。

# 直齋書録解題卷二十

## 詩集類下〔一〕

〔一〕盧校本作卷五十三詩集類下。校注曰：有元本。

伍喬集一卷

本江南進士，後歸朝。

李九齡集一卷

洛陽李九齡撰。乾德二年進士第三人。

巴東集三卷

丞相萊國忠愍公下邽寇準平仲撰。初，以將作監丞知巴東縣，自擇其詩百餘首，且爲之序，今刻於巴東。

忠愍公集〔一〕三卷

河陽守范雍得寇公詩二百首，爲三卷，今刻板道州。

〔一〕盧校本作寇忠愍公集。

草堂集二卷〔一〕

處士鉅鹿〔二〕魏野仲先撰。

〔一〕盧校本作三卷。校注曰：館本作二卷，與通攷合。

〔二〕盧校本「鉅鹿」作「鉅鹿郡」。

鉅鹿東觀集十卷

野之子閑集其父詩四百篇，薛田〔一〕爲之序。野〔二〕既没，贈著作郎，故以「東觀」名集。

〔一〕盧校本「薛」上有「密學」二字。

〔二〕盧校本「野」作「魏野」。

潘逍遥集一卷 案：文獻通攷作三卷。

四門助教廣陵潘閬逍遥撰。案：晁公武讀書志作大名人。嘗賜及第，後坐追〔一〕奪，或云坐盧多遜黨，追捕變姓名，僧服入中條山，卒於泗州。又有嚴陵刻本同，但少卷末三首。

〔一〕盧校本「追」作「名」。

東里楊聘君集一卷

處士鄭圃楊朴契元撰。太宗嘗召對，拜郎中不受，以其子爲長水尉。

滕工部集一卷

滕白撰。篇首寄陳摶，知爲國初人。又有右省懷山中及臺中寄朱從事詩，則其歛歷清要亦多矣。史傳亡所見，未有考也〔一〕，後見實録載，嘗以户部判官爲南面前轉運使，坐軍糧損折免官。

〔一〕盧校本「考也」後作「後記得嘗爲户部判官、南面軍前轉運使，坐軍事損折免官」。校注曰：此本是。

王喦集一卷

王喦撰。集中有春日感懷上滕白郎中，蓋亦國初人。又有「聖駕親征河東」及有「甲午避寇，全〔一〕家欲下荆南」之語，則是李順亂蜀之歲。喦蓋蜀人也耶？

〔一〕盧校本「全」作「令」。

漁舟集五卷　案：文獻通攷作一卷。

處士成都郭震希聲撰。自稱汾陽山人。李畋爲作集序。淳化四年忽作詩曰：「朝出東門遊，東門好春色。青青原上草，莫放征馬食。」詣闕獻書，言蜀利病，未幾順賊已作矣。

王初歌詩集一卷

王初撰。未詳何人。有延平天慶觀詩，當是祥符後人也。

書臺集三卷

處士南隆朱有大有撰。自稱雲臺山人。天禧中王晦叔守蜀，以古風六十言遺之。「書臺」者，其所居坊名也。

甘棠集一卷

知制誥上蔡孫僅鄰幾撰。咸平元年進士第一人，後其兄何一榜。嘗從何通判陝府，以所賦詩集而序之，首篇曰「甘棠思循吏」，故以名集。僅〔一〕兄弟皆不壽，故不大顯。

〔一〕盧校注：元本無「僅」字。

錢希白歌詩二卷

翰林學士吴越錢易希白撰。廢王倧之子。咸平二年進士第二人，景德二年制科。初，錢氏歸國，羣從皆補官，獨易與兄昆不見録，遂刻〔一〕志讀書，皆第進士，昆至諫議大夫，易子彦遠、明逸又皆以賢良方正入等。宋興，父子兄弟制舉登科者，惟錢氏一門。易有集百五十卷，未見，家止有此及滑稽集四卷而已。

〔一〕盧校本「刻」作「尅」。

和靖集三卷、西湖紀逸一卷　案：宋史藝文志和靖詩集七卷，又詩二卷。

處士錢唐林逋君復撰。梅聖俞爲之序。紀逸者，近時桑世昌澤卿所輯遺文逸事也。

清風集一卷

職方員外郎鮑當撰。

石曼卿歌詩集一卷〔一〕

祕閣校理宋城石延年曼卿撰。自爲序，石介復爲作序。其仕以三舉進士，爲三班奉職，出處詳見歐陽公所作墓志。

〔一〕盧校本作二卷。

吕文靖集五卷

丞相許國文靖公壽春吕夷簡坦夫撰。文靖不以文鳴，而其詩清潤和雅，未易及也。

藥名詩一卷

司封郎中〔一〕陳亞亞之撰。咸平五年進士。有集三卷，藥名詩〔二〕特其一體爾。如「馬嘶曾到寺，犬吠乍行村」，「吏辭如賀日，民送似迎時」皆佳句，不在此集也。

〔一〕盧校本「中」下有惟揚二字。

〔二〕盧校本「藥名詩」作「此」。

金陵覽古詩三卷

虞部員外郎楊備撰。億之弟也。

李問集一卷

國子博士廣陵李問舜俞撰。

晁君成集十卷、別集一卷

新城令晁端友君成撰。東坡爲作序。補之，其子也。

擊壤集二十卷

處士共城邵雍堯夫撰。自爲之序。始自共城徙河南，卒於熙寧十年，謚康節。

臨川詩選一卷

汪藻彦章得半山別集，皆罷相後山居時老筆。過江失之，遂於臨川集録出。又言有表、啓十餘篇，不存一字。

注荆公集五十卷〔一〕案：文獻通攷作十五卷。

參政眉山李壁〔二〕季章撰。謫居臨川時所爲也。助之者曾極景建。魏鶴山爲作序。

〔一〕盧校注：今不全，刻本係删本。

〔二〕盧校本「壁」作「璧」。

注東坡集四十二卷、年譜、目録各一卷

司諫吴興施元之德初與吴郡顧景蕃共爲之。元之子宿從而推廣，且爲年譜，以傳於世。陸放翁爲作序，頗言注之難，蓋其一時事實，既非親見，又無故老傳聞，有不能盡知者。噫，豈獨坡詩也哉！注杜詩者非不多，往往穿鑿傅會，皆臆決之過也。沈括先與坡同在館閣，後察訪兩浙，至杭，求坡近詩籤貼，以爲訕懟李定等，論詩置獄，實本於括云〔一〕。

〔一〕盧校本無「沈括先與坡」以下文字。校注曰：通攷無。疑後人所加。

山谷集三十卷〔一〕、外集十一卷、別集二卷　案：宋史藝文志外集作十四卷。

黄庭堅魯直撰。江西所刻詩派，即豫章前、後集中詩也。別集者，慶元中莆田黄汝嘉增刻。

〔一〕盧校本作十一卷。校注曰：元本與通攷同。館本作山谷集三十卷，非。

山谷編年詩集三十卷、年譜二卷

山谷詩文，其甥洪氏兄弟所編，斷自進德堂以後〔一〕。今外集所載數卷，有晚年删去者，故任子淵所注亦惟取前集而已。監丞黄䈒子耕者，其諸孫也，既會稡別集，復盡取其平生詩，以歲月次第編録，且爲之譜，今刊板括蒼。青城史容儀甫近注外集，「外集」者，謂山谷曾欲以「前」「後」倣莊子爲「内」、「外」也〔二〕。

〔一〕今案：山谷詩注内集「進德堂」作「退聽堂」。

〔二〕盧校本無「青城」以下文字。校注曰：通攷無，疑後人所加。

后山集六卷、外集五卷〔一〕

陳師道無己撰。亦於正集中録出入詩派。江西宗派之説，出於吕本中居仁。前輩固有議其不然者矣。后山雖曰見豫章之詩，盡棄其學而學焉，然其造詣平澹，真趣自然，寔豫章之所缺也。

〔一〕盧校本作外集三卷。

注黄山谷詩二十卷、注后山詩六卷　案：原本脱「注后山詩六卷」，與解題中「二集皆取前集」二語不符，今據文獻通攷補入。

新津任淵子淵注。鄱陽許尹爲序。大抵不獨注事而兼注意，用功爲深。二集皆取前集。陳詩以魏衍集記冠焉。

盧載雜歌詩一卷

盧載厚元撰。集中有與胡則、錢惟演往來詩。

琴軒集一卷

題南榮浪翁李有慶撰。與石昌言、任師中同時。卷末贈答十二絶，闕其六。其曰癸巳歲者，殆皇祐中耶？

元章簡玉堂集〔一〕二十卷

參政元絳厚之撰。

〔一〕盧校本作元章簡集。

劉景文集一卷

左藏庫使知隰州劉季孫景文撰。環慶死事將平之子也。東坡嘗薦之。坡在杭，季孫寄詩，有「四海共知霜鬢滿，重陽曾插菊花無」之句，其詩慷慨有氣，如其爲人。

廣諷味集五卷

吏部侍郎南京王欽臣仲至撰。

海門集八卷

渤海張重撰。有上蘇子瞻内翰詩，又有與張伯玉游鑑湖晚歸詩。伯玉知越州當嘉祐末，而東坡爲翰苑在元祐間，重皆與同時，特未詳其人。

王岐公宮詞一卷

王珪禹玉撰。

逸民鳴一卷

盱江〔一〕李樵撰。泰伯之姪孫。

〔一〕盧校本「盱」作「旴」。

湛推官集一卷

長樂湛鴻季潛撰。紹聖初韓昌國序。

青山集三十卷

朝奉郎當塗郭祥正功父撰。初見賞於梅聖俞，後見知於王介甫，仕不達而卒。李端叔晚寓其鄉，祥正與之争名，未嘗同堂語，至爲俚語以譏誚之，則其爲人不足道也。

## 方祕校集十卷

莆田方惟深子通撰。其父屯田龜年葬吴，遂爲吴人。與朱伯原厚善，以女嫁伯原之子。嘗舉進士冠其鄉，不第，晚得興化軍助教，年八十三以卒。王荆公最愛其詩精詣警絶。始余得其詩二卷，乃其姪孫蕭山宰翺所編，後乃知莆中嘗刊板，爲十卷，且載程俱致道所作墓誌於末。曾慥詩選〔一〕直以爲姑蘇人者，誤也。詩選又言荆公愛其「春江渺渺」一絶，手書之，遂載臨川集。曾紆南游記舊亦云，而其詩則「客帆收浦」者也。二詩皆不在今集中，豈以臨川集已收故耶？二本大略同，亦微有出入。

〔一〕今案：曾慥詩選原爲「曾詩慥選」，今改正。盧校本亦作曾慥詩選。

## 慶湖遺老集九卷、拾遺一卷

朝奉郎共城賀鑄方回撰。自序言外監知章之後，且推本其初，出王子慶忌，以慶爲姓，居越之湖澤，今所謂鏡湖者，本慶湖也，避漢安帝及〔一〕清河王諱，改爲賀氏，慶湖亦轉爲鏡，未知其説何所據也。其東山樂府，張文潛序之。鑄後居吴下，葉少藴爲作傳，詳其出處，且言與米芾齊名，然鑄生皇祐壬辰，視米芾猶爲前輩也。

〔一〕盧校本「及」作「父」。

操縵集五卷

周邦彦撰。亦有前集〔一〕中所無者。

〔一〕盧校本「前集」作「全集」。

得全居士集三卷

趙鼎元鎮撰。全集號忠正德文。其曾孫璧別刊其詩，附以樂府。陸游曰：忠簡謫朱崖，臨終自書銘旌曰：「身騎箕尾歸天上，氣作山河壯本朝。」嗚呼！可不謂偉人乎！

高隱集七卷

高隱處士蘄春林敏功子仁撰。案：宋史藝文志有林敏功集十卷，曾端伯作高隱小傳，稱林敏功兄弟皆隱君子也，原本脱姓氏，今補入。嘗以春秋預鄉薦不第。有詩文百卷，號蒙山集，兵火後不存。

無思集四卷

林敏修子來撰。敏功之弟。

柯山集二卷

齊安潘大臨邠老撰。所謂「滿城風雨近重陽」者也。

溪堂集五卷、補遺二卷

臨川謝逸無逸撰。

竹友集七卷

謝薖幼槃撰。逸之弟。

日涉園集十卷

廬山李彭商老撰。公擇之從孫。

清虚集一卷

豫章洪朋龜父撰。

老圃集一卷

諫議大夫洪芻駒父撰。

西渡集一卷　案：原本作西漢集，今據文獻通攷改正。

中書舍人洪炎玉父撰。洪氏兄弟四人，其母黄魯直之妹，不淑早世，所爲賦毁壁〔一〕者也。龜父舉進士不第，其季羽鴻父坐上書元符入籍終其身。芻、炎皆貴，而芻靖康失節貶廢，羽詩不傳。

〔一〕盧校本「壁」作「璧」。

陵陽集四卷　案：文獻通攷作三卷，宋史藝文志作十五卷。別集二卷

韓駒子蒼撰。

還還集二卷

直龍圖閣江陵高荷子勉撰。

東湖集三卷

樞密豫章徐俯師川撰。禧之子，亦魯直諸甥也，思陵以黄庭堅故召用之，丞相吕頤浩作書，具道上旨，而一時或言其由中人以進。其初除大坡也，程俱在西掖，繳奏不行，奉祠去，其然乎否耶？然俯在位，亦不聞有所建明也。

東萊集二十卷、外集二卷

中書舍人吕本中居仁撰。希哲之孫，好問之子，而祖謙之伯祖也，撰江西宗派者。後人亦以其詩入派中。

具茨集十卷 案：文獻通攷作三卷。

晁沖之叔用撰。沖之在羣從中亦有才華，而獨不第。紹聖以來，黨禍既作，超然獨往，侍郎公武子止，蓋其子也。

青溪集一卷

臨川汪革信民撰。吕居仁序之。

倚松集二卷

臨川饒節德操撰。後爲僧，號如璧。

遠遊堂集二卷

知江州蘄春夏倪均父撰。

歸叟集一卷

開封王直方立之撰。其高祖顯事晉邸，至樞密使。直方喜從蘇、黄諸名士〔一〕游，家有園池，娶宗女，爲假承奉郎，自號歸叟，年甫四十而死。

〔一〕盧校本「士」作「勝」。

李希聲集一卷

祕書丞李錞希聲撰〔一〕。與徐師川、潘邠老同時。案：「與徐師川」二句原本脱漏，今據文獻通攷補入。

〔一〕盧校注：下九字元本無。

楊信祖集一卷

楊符信祖撰。未詳出處。

陳留集一卷

開封江端本子之撰。案：江端本開封人，原本誤作「開州」，今改正。以上至林子仁〔一〕，皆入詩派。

〔一〕盧校本「林子仁」作「林敏功」。

七里先生自然集七卷

江端友子我撰。端本兄也，休復鄰幾之孫。其父懋相有遺澤，子我以遜端本。靖康初吴敏元中薦子我，召見賜出身，爲京官，後至太常少卿。

臨漢居士集七卷

南豐曾紘伯容撰。其父阜子山，於子固爲從兄弟。

懷峴居士集六卷

曾思顯道撰。紘之子也。阜嘗將漕湖南，後家襄陽。紘父子皆有官，而皆高亢不仕。楊誠齋序其詩，以附詩派之後。

見南山集二十卷

祕閣修撰吴興劉燾無言撰。案：劉燾字無言，原本作「劉壽言」，誤，今改正。

灊山集三卷

中書舍人龍舒朱翌新仲撰。

曾文清集〔二〕十五卷

禮部侍郎章貢曾幾吉父撰。案：曾幾字吉父，原本作「士父」，誤，今改正。本朝曾氏三望，最初温陵宣靖公公亮明仲；次南豐舍人鞏子固兄弟，然其祖致堯起家，又在温陵之先矣；其後則幾之族也，自贛徙河南，與其兄楙叔夏、開天游皆嘗貳春官。楙至尚書，開沮和議得罪，並有名於世。又有長兄弼爲湖北提舉學士〔二〕，渡江溺死。幾以其遺澤補官，銓試第一，賜上舍出身。清江三孔之甥也。紹興末，幾已老，始擢用。乾道中年八十三以死，號茶山先生，其子逢、逮皆顯於時。

〔一〕盧校注：聚珍版。

〔二〕盧校本「士」作「事」。

天台集十卷、外集四卷、長短句三卷附

臨海陳克子高撰。李庚子長跋其後云，删定，鄉人也，少時〔一〕侍運判公貽序，宦學四方，曾慥詩選敍爲金陵人，蓋失其實。今考集中首末多在建康，且嘗就試焉，當是僑寓也。詩選又言不事科舉，以吕安老薦入幕府得官。按集有聞榜二絶，則嘗應舉矣。又有甲午歲所作詩云三十四，則其生當在元豐辛酉，得官入幕蓋已老矣。詩多情致，詞尤工。

〔一〕盧校本「時」作「小」。

簡齋集十卷

參政洛陽陳與義去非撰。其先蓋蜀人，東坡所傳陳希亮公弼者，其曾祖也。崇、觀間尚王氏經學，風雅幾廢絶，而去非獨以詩鳴，中興後遂顯用。

西溪居士集五卷　案：姚寬集號西溪居士，原本作「西漢」，誤，今改正。

剡川姚寬令威撰。待制舜明廷輝之子。兄宏令聲爲删定官，得罪秦檜，死大理獄。寬爲六部監門，逆亮入寇，寬言木德所照，必無虞。言驗，將除郎，召對，得疾仆殿上卒。遂用其弟憲令則，後至執政。

集句詩三卷

江陰葛次仲亞卿撰。勝仲之兄。兄弟皆爲大司成。

盧溪集七卷

直敷文閣廬陵王庭珪民瞻撰。政和八年進士。仕不合棄去，隱居數十年，坐作詩送胡邦衡除名，徙辰州，年已七十矣。阜陵初政，召爲國子監主簿，九十餘乃終。寄禄纔承奉郎，澤竟不及後。周益公在位，欲委曲成就之，卒不可。

韋齋小集一卷

朱松喬年撰。

玉瀾集一卷

朱槹逢年撰。韋齋之弟，晦庵之叔父也。嘗夢爲玉瀾堂之游甚異，有詩紀之。

雲壑隱居集三卷

南城蔡柟堅老撰。宣和以前人，没於乾道庚寅。曾公卷、吕居仁輩皆與之倡和。

陳正獻集十卷

丞相福正獻公莆田陳俊卿應求撰。紹興八年進士第二人。乾淳間名相，與虞并父〔一〕異論去國。

〔一〕盧校注：宋史虞允文字彬甫。

## 静泰堂集十卷

參政莆田龔茂良實之撰。黄公度以莆人魁天下，陳正獻次之。故事：拜黄甲，推最老者一人，最少者一人。是歲茂良年最少，莆人以爲盛事。後參大政，相位久虚，實行相事，坐撻曾覿直省官忤阜陵意，用謝廓然賜出身入臺擊罷之，遂謫英州以没。其風節凛凛，爲世名臣。

## 寓山集三卷〔一〕

案：文獻通攷作三十卷。

吴興沈仲喆明遠撰。丞相該之姪。紹興五年進士，改官爲江西運管。嘗爲悲扇工詩，忤魏良臣，陷以深文，奪三官，不得志以卒。

〔一〕盧校本作三十卷。

## 劍南詩藁二十卷、續藁六十七卷

陸游務觀撰。初爲嚴州，刻前集〔一〕藁，止淳熙丁未。自戊申以及其終，當嘉定庚午，二十餘年爲詩益多，其幼子遹復守嚴州〔二〕，續刻之。篇什之富以萬計，古所無也。

〔一〕盧校本「前」後無「集」字。
〔二〕盧校本「嚴」下無「州」字。

雪巢小集二卷

東魯林憲景思撰。初寓吴興，從徐度敦立游，後爲參政賀允中子忱孫壻，寓臨海。其人高尚，詩清澹，五言四韻古句尤佳，殆逼陶、謝。梁谿尤延之、誠齋楊廷秀皆爲之序，且爲雪巢賦及記。余爲南城，其子遊謁至邑，以家集見示，愛而録之，及守天台，則板行久矣，視所録本稍多。然其暮年詩似不逮其初，往往以貧爲累，不能不衰索也。

王季夷北海集二卷〔一〕

北海王嵎季夷撰。紹淳間名士，寓居吴興，陸務觀與之厚善。三子甲、田、申皆登科。

〔一〕盧校本此條解題爲：「北海王嵎季夷撰。集賢院學士子融之後，沂公之弟，初名皡，著唐餘録者也。寓居吴興，紹淳間知名於時。三子甲、田、申皆登科。」校注曰：「『初』字衍，『寓』當作『嵎』。皡後因元昊爲寇，乃以字行。」館本同通攷本。

易足居士自鳴集十五卷

鄱陽章甫冠之撰。居吴下，自號轉庵，作易足堂，韓無咎爲之記。

屏山七者翁〔一〕十卷

從事郎崇安劉珵平父撰。子翚彦沖之子也。

〔一〕盧校本作屏山七者翁集。

玉雪小集六卷、外集七卷

太常博士龍泉何偁德揚撰。隆興初，在朝言和議，觸時相，去後遂不復召，歷麾節而卒。

雪山集三卷

富川王質景文撰。質游太學，治詩有聲，仕爲樞屬。嘗著詩解三十卷〔一〕，未之見也。

〔一〕盧校注：質所著詩總聞實止二十卷。張跋云：詩總聞即詩解。

景物類要詩十卷

東陽曹冠宗臣撰。隨物爲題，類事成詩，凡二百餘篇。冠爲秦檜客，與其孫壎同登甲科。未幾秦亡，奪前名恩數，再赴廷試，仕至知郴州。

同庵集一卷

吴興施士衡德求撰。嘗試中教官，爲宣州簽幕，坐廢，雖牽復，仕竟不進。

柟山老人集八卷

龍泉季相文成撰。

三逕老人磩砆集十三卷

福建提舉常平昭武杜圮受言撰。胡憲原仲爲之序。其上世龍圖閣直學士鎬本常州無錫人，其孫天章閣待制杞，於圮爲曾祖。

穀城集五卷

建安黄銖子厚撰。晦庵作序，極稱之。

松坡集七卷、樂府一卷

丞相豫章京鏜仲遠撰。鏜使金執節，驟用。其在相位，當韓侂胄用事，無所立。

白石道人集三卷

鄱陽姜夔堯章撰。千巖蕭東夫識之於年少客游，以其兄之子妻之。石湖范至能尤愛其詩，楊誠齋亦愛之，嘗稱其歲除舟行十絶，以爲有裁雲縫月之妙思，敲金戛玉之奇聲。夔頗解音律，進樂書免解。不第而卒。詞亦工。

轉庵集一卷

閤門舍人永嘉潘檉德久撰。

王祕監集四卷

永嘉王柟木叔撰。

平庵悔藁十五卷、後編六卷　案：宋史藝文志作丙辰悔藁四十七卷。

太府卿松陽項安世平父撰。「悔藁」者，以語言得罪，悔不復爲也。自序當慶元丙辰，後編自丁巳終壬戌。

醒庵遺珠集十卷

臨川俞國寶撰。淳熙前人。

東平集二十七卷〔一〕

鞏豐仲至撰。淳熙甲辰進士〔二〕。

〔一〕盧校注：通攷入别集。

〔二〕盧校本無「淳熙甲辰進士」句。校注曰：通攷有。陳氏無此例。

白石丁藁一卷

三山黄景説巖老撰。淳熙辛丑進士〔一〕。

〔一〕盧校本無此句。校注曰：通攷此下云「淳熙辛丑進士。」

復齋漫藁二卷

知台州黄畨子耕撰。

梅山詩藁六卷、續藁五卷〔一〕案：文獻通攷續藁作十五卷。

括蒼姜特立邦傑撰。以父死事得西班，累舉不第。晚爲閤職〔二〕，春坊攀附，己酉龍飛，恩至節度使，周益公、留衛公皆爲其所閒。特立詩亦矗佳，韓无咎、陸務觀皆愛之。本亦士人也，塗轍一異，儼然暬御之態，豈其居使之然耶？

〔一〕盧校本作續稿十五卷。

〔二〕盧校本「閣」作「閒」。校注曰：館本「閒」作「閣」，通攷作「閤」是。

泠然齋集十二卷

山陰蘇泂召叟撰。丞相子容四世孫，師德仁仲之孫。

曾紘父詩詞一卷

知台州曾惇紘父撰。紆之子也，皆在台時所作。

瓦全居士詩詞二卷

太常博士寧海王澡身甫撰。初名津，字子知。

疎寮集三卷

四明高似孫續古撰。少有俊聲，登甲辰科，不自愛重，爲館職，上韓侂胄生日詩九首，皆暗用「錫」字，爲時清議所不齒。晚知處州，貪酷尤甚。其讀書以隱僻爲博，其作文以怪澀爲奇，至有甚可笑者，就中詩猶可觀也。

徐照集三卷

永嘉徐照道暉撰。自號山民〔一〕。案：文獻通攷「山民」作「天民」。

道暉又字靈暉，致中又字靈淵〔二〕，紫芝又字靈秀，翁卷又字靈舒，是爲「四靈」。水心爲選詩。隨齋批注。

〔一〕盧校本「山」作「天」。

〔二〕張跋云：徐璣字文淵，一字致中，號靈淵。

徐璣集二卷

徐璣致中撰。

翁卷集一卷

翁卷靈舒撰。

趙師秀集二卷、别本天樂堂集一卷

趙師秀紫芝撰。四人者，號「永嘉四靈」，皆爲晚唐體者也。惟師秀嘗登科改官，亦不顯。

李孟達集一卷

宗正丞宣城李兼孟達撰。唐末李咸用披沙集者，即其遠祖也。嘗知台州，時稱善士。

柯東海集十五卷

莆田柯夢得東海撰。嘗試春官不第〔一〕。

〔一〕盧校本無此句。校注曰：通攷與館本同。

山中集一卷

莆田趙庚夫仲白撰。兩上春官不第，以取應得右選，不得志而没。劉潛夫志其墓，擇其詩百篇，屬趙南塘序而傳之。

磬沼集一卷

崇仁羅鑑正仲撰。樞密春伯之從弟。「磬沼」者爲池，因地曲折如磬然。

茅齋集一卷

南城鄧繼祖撰。

梔林集十卷

吴郡沈繼祖撰。慶元初有爲察官者，家富川，豈即其人耶？人固不足道，詩亦無可觀者〔一〕。

〔一〕盧校本無「人固不足道，詩亦無可觀者」句。

花翁集一卷

開封孫惟信季蕃撰。在江湖中頗有標致，多見前輩，多聞舊事，善雅談，長短句尤工。嘗有官，棄去不仕。

惠崇集十卷

淮南僧惠崇撰。與潘閬同時，在九僧之數，亦善畫。

天竺靈苑集三卷、採遺一卷

錢塘僧遵式撰。所謂「式懺主」者也〔一〕。

〔一〕盧校本無「所謂『式懺主』者也」句。校注曰：通攷同館本。

渚宫集三卷

錢塘僧文瑩道温撰。及識蘇子美，嘗題其詩後，欲挽致於歐陽永叔，而瑩辭不往，老於荆州之金鑾。鄭毅爲作序。

揀金集一卷

螺江僧可尚撰。有送徐鉉詩，蓋國初人。

螺江集一卷

僧有朋撰。號困山禪師〔一〕，族陳氏，閩帥巖六世孫。

〔一〕盧校本此解題至「困山禪師」止。校注曰：通攷此下云「族陳氏，閩帥巖六世孫」。

參寥集十二卷

僧道潛撰。唐人舊有號參寥子者，用莊子語也。

物外集三卷

僧德洪覺範撰。

瀑泉集十二卷

僧祖可正平撰。蘇養直之弟，有惡疾，號癩可。

真隱集三卷

僧善權巽中撰。靖安人。落魄嗜酒。

化庵湖海集二卷

僧法具圖復撰。吴興人。

浯溪集二十一卷

僧顯萬撰。洪景盧作序〔一〕。前二卷爲賦，餘皆詩也。

〔一〕盧校本此解題至「作序」止。校注曰：通攷此下與館本同。

女郎謝希孟集二卷

閩人謝景山之妹，嫁陳安國，年三十三而死。其詩甚可觀，歐公爲之序，言有古淑女幽閒之風雅，非特婦人之言也。景山者，按歐陽詩話，言「謝伯初字景山，當天聖景祐間，以詩知名。余謫夷陵，景山方爲許州法曹，以長韻見寄，頗多佳句。仕不偶，困窮以卒，詩亦不見於世。」此序又言景山少以進士一舉甲科。攷登科記，天聖二年甲科但有謝伯景，而謝伯初者乃在寶元元年。公謫夷陵，當景祐三年，景山已爲法曹，則非寶元登第者。名字差齵如此，未可攷也。

處士女王安之集〔一〕一卷

簡池王亢子倉之女尚恭，字安之，年二十，未嫁而死，乾道戊子也。亢自志其墓。有任公鼐者，爲作集序，援歐公所序謝希孟爲比，而稱其詩不傳。今余家有之，任蓋未之見也。

〔一〕盧校本作處女王安之集。校注曰：舊通攷無「女」字，新通攷與此同。

英華集三卷

李季蕚死後爲鬼仙事，見夷堅志縉雲人傳。其集亦怪矣。

# 直齋書録解題卷二十一

## 歌詞類〔一〕

〔一〕盧校本作卷五十五歌詞類。校注曰：有元本。

### 花間集十卷

蜀歐陽炯作序，稱衛尉少卿字宏基者所集，未詳何人〔一〕。其詞自温飛卿而下十八人，凡五百首，此近世倚聲填詞之祖也。詩至晚唐、五季，氣格卑陋，千人一律，而長短句獨精巧高麗，後世莫及，此事之不可曉者，放翁陸務觀之言云爾。

〔一〕張跋云：趙崇祚字宏基，蜀人。

### 南唐二主詞一卷

中主李璟、後主李煜撰。卷首四闋，應天長望遠行各一、浣溪沙二，中主所作，重光嘗書之，墨迹在盱江晁氏，題云：先皇御製歌詞。余嘗見之，於麥光紙上作撥鐙書，有晁景迂題字，今不知何在矣。餘詞皆重光作。

陽春録一卷

南唐馮延巳撰。高郵崔公度伯易題其後，稱其家所藏最爲詳確，而尊前、花間諸集，往往謬其姓氏，近傳歐陽永叔詞亦多有之，皆失其真也。世言「風乍起」爲延巳所作，或云成幼文也。今此集無有，當是幼文作，長沙本以寘此集中，殆非也。

家宴集五卷

序稱子起，失其姓氏。雍熙丙戌歲也。所集皆唐末五代人樂府，視花間不及也。末有清和樂十八章，爲其可以侑觴，故名「家宴」也。

珠玉集一卷

晏元獻公殊撰。其子幾道嘗言，先公爲詞，未嘗作婦人語，以今攷之，信然。

張子野詞一卷

都官郎中吴興張先子野撰。李常公擇爲六客堂，子野與焉。所賦詞卒章云「也應傍有老人星」，蓋以自謂，是時年八十餘矣。東坡倅杭，數與唱酬，聞其買妾，爲之賦詩，首末皆用張姓事。吴興志稱其晚年漁釣自適，至今號張釣魚灣，死葬弁山下，在今多寶寺。案：歐陽集有張子野墓誌，死於寶元中者，乃博州人，名姓字偶皆同，非吳中之子野也〔一〕。

〔一〕盧校本此下有「别又有詩集」五字。校注曰：末五字通攷無。

杜壽域詞一卷

京兆杜安世壽域撰。未詳其人。詞亦不工。

六一詞一卷

歐陽文忠公修撰。其間多有與花間、陽春相混者，亦有鄙褻之語一二廁其中，當是仇人無名子所爲也。

樂章集九卷

柳三變耆卿撰。景祐元年進士，官至屯田員外郎，世號柳屯田。初磨勘及格，昭陵以其浮薄罷之，後乃更名永。其詞格固不高，而音律諧婉，語意妥帖，承平氣象形容曲盡，尤工於羈旅行役。若其人則不足道也。

東坡詞二卷

蘇文忠公軾撰。集中戚氏，敍穆天子、西王母事，世不知所謂，李端叔跋詳之。蓋在中山燕席間有歌此闋者，坐客言調美而詞不典，以請於公，公方觀山海經，即敍其事爲題，使妓再歌之，隨其聲填寫，歌竟篇就，纔點定五六字而已。端叔時在幕府目擊，必不誣，或言非坡作，豈不見此跋耶〔二〕？今坡詞多有刊去此篇者。

〔一〕盧校本此解題至「豈不見此跋耶」止。校注曰：館本此下有「今坡詞多有刊去此篇者」一句。元本及通攷皆無之。

山谷詞一卷

黄太史庭堅撰。

淮海集〔一〕一卷

秦觀撰。

〔一〕盧校本作淮海詞集。校注曰：「集」疑衍。通攷作淮海集，非是。

晁无咎詞一卷

晁補之撰。晁嘗云今代詞手惟秦七、黄九，他人不能及也。然二公之詞，亦自有不同者，若晁无咎佳者，固未多遜也。

后山詞一卷

陳師道撰。

閒適集一卷

晁端禮次膺撰。熙寧六年進士。兩爲縣令，忤上官，坐保甲事，中以危法廢徙，晚乃以承事郎爲大晟府協律，三閲月而卒。其從姪説之志其墓。

晁叔用詞一卷

晁沖之撰。壓卷漢宫春梅詞行於世，或云李漢老作，非也。

小山集一卷

晏幾道叔原撰。其詞在諸名勝中，獨可追逼花間，高處或過之。其爲人雖縱弛不羈，而不苟求進，尚氣磊落，未可貶也。

清真詞二卷、後集一卷

周邦彦美成撰。多用唐人詩語隱括入律，渾然天成。長調尤善鋪敍，富豔精工，詞人之甲乙也。

東山寓聲樂府三卷

賀鑄方回撰。以舊譜填新詞而别爲名以易之，故曰「寓聲」。

東堂詞一卷

毛滂澤民撰。本以「斷魂分付潮回去」見賞東坡得名，而他詞雖工，未有能及此者。

溪堂詞一卷

謝逸無逸撰。

竹友詞一卷

謝薖幼槃撰。

冠柳集一卷

王觀通叟撰。號王逐客。世傳「霜瓦鴛鴦」，其作也。詞格不高，以「冠柳」自名，則可見矣。

姑溪集一卷

李之儀端叔撰。

聊復集一卷

安定郡王趙令時德麟撰。

後湖詞一卷

蘇庠養直撰。

大聲集五卷

万俟雅言撰。嘗遊上庠不第，後爲大晟府製撰。周美成、田不伐皆爲作序。

石林詞一卷

葉夢得少藴撰。

蘆川詞一卷

三山張元幹仲宗撰。坐送胡邦衡詞得罪秦相者也。

赤城詞一卷

陳克子高撰。詞格頗高麗，晏、周之流亞也。

簡齋詞一卷

陳與義撰。

劉行簡詞一卷

劉一止撰。嘗爲曉行詞盛傳於京師，號劉曉行。

順庵樂府五卷

康與之伯可撰。與之父倬惟章詭誕不檢，事見揮麈録。與之又甚焉，嘗挾吴下妓趙芷以遁。與蘇師德仁仲有隙，遂與蘇玭訓直之獄。玭，仁仲之子，而常同子正之壻也。與之受知於子正，一朝背之，士論不齒。周南仲嘗爲作傳，道其實如此。世所傳康伯可詞鄙褻之甚，此集頗多佳語，陶定安世爲之序，王性之、蘇養直皆稱之，而其人不自愛如此，不足道也。

樵歌一卷

朱敦儒希真撰。

初寮詞一卷

王安中撰。

丹陽詞一卷

葛勝仲撰。

酒邊集一卷

户部侍郎向子諲伯恭撰。自號薌林。

漱玉集一卷

易安居士李氏清照撰。元祐名士格非文叔之女，嫁東武趙明誠德甫。晚歲頗失節〔一〕。别本分五卷。

〔一〕盧校注：此亦誤信流傳之訛。

得全詞一卷

趙忠簡鼎元鎮撰。

焦尾集一卷

韓元吉撰。

放翁詞一卷

陸游撰。

石湖詞一卷

范成大撰。

友古詞一卷

左中大夫莆田蔡伸伸道撰。自號友古居士。君謨之孫。

相山詞一卷

王之道彦猷撰。

浩歌集一卷

蔡柟堅老撰。

于湖詞一卷

張孝祥安國撰。

稼軒詞一卷

寶謨閣待制濟南辛棄疾幼安撰。信州本十二卷，卷視長沙爲多〔一〕。金亮之殞，朝廷乘勝取四十郡，未幾班師，復棄數郡。京東義士耿京據東平府，遣掌書記辛棄疾赴行在，京後爲裨將張安國所殺，棄疾擒安國以歸，斬之，詳見朝野雜記。

〔一〕盧校本此解題至「爲多」止。校注曰：館本此下載棄疾歸朝事，出朝野雜記。元本及通攷皆無之。與詞曲無涉，不當摻入。

可軒曲林一卷

盱江〔一〕黄人傑叔萬撰。

〔一〕盧校本「盱」改「旴」。

王武子詞一卷

未詳其名字。

樂齋詞一卷

向滈豐之撰。

鳳城詞一卷

三山黄定泰之撰。乾道壬辰牓首。

竹坡詞一卷

周紫芝撰。

介庵詞一卷

趙彦端撰。

竹齋詞一卷

吴興沈瀛子壽撰。

書丹詞一卷〔一〕
眉山程垓正伯撰。王稱季平爲作序。
〔一〕張跋云：垓與東坡爲中表，而其詞乃編入南宋諸家中，時代舛矣。垓家有擬坊名「書舟」，故以名集，此作「書丹」亦誤。

燕喜集一卷
曹冠宗臣撰。

退圃詞一卷
鎮洮馬寧祖奉先撰。

省齋詩餘一卷
衡陽廖行之天民撰。

克齋詞一卷
苕溪沈端節約之撰。

敬齋詞一卷
臨川吴鎰仲權撰。

逃禪集一卷

清江楊无咎補之撰。世所傳「江西墨楊」〔一〕，即其人也。

〔一〕盧校本「楊」作「梅」。

袁去華詞一卷

豫章袁去華宣卿撰。

樵隱詞一卷

毛幵平仲撰。

盧溪詞一卷

王庭珪民瞻撰。

知稼翁集一卷

考功郎官莆田黄公度師憲撰。紹興戊午大魁。坐與趙忠簡往來，得罪秦檜，流落嶺表。更化召對爲郎，未幾死，年財四十八。

吕聖求詞一卷

檇李吕渭老聖求撰。宣和末人，嘗爲朝士。

退齋詞一卷

長沙侯延慶季長撰。壓卷爲天寧節萬年歡，又有庚寅京師作水調，則大觀元年也。

金石遺音〔一〕一卷

石孝文〔二〕次仲撰。

〔一〕盧校本「石」作「谷」。

〔二〕盧校本「文」作「友」。

歸愚詞一卷

葛立方常之撰。

信齋詞一卷

葛郯謙問撰。

澗壑詞一卷

雙井黄談子默撰。

嬾窟詞一卷

東武侯寘彦周撰。其曰母舅晁留守者，謙之也。紹興中以直學士知建康。

王周士詞一卷

長沙王以寧周士撰。

哄堂集一卷 案：文獻通攷作「哄堂」，原本作「烘」，今改正。

盧炳叔易撰。

定齋詩餘一卷

三山林淳太沖撰。

漫堂集一卷

豐城鄧元南秀撰。

養拙堂詞集一卷

董鑑明仲撰。

坦庵長短句一卷

趙師俠介之撰。

晦庵詞一卷

李處全粹伯撰。淳熙中侍御史。

近情集一卷

鄱陽王大受仲可撰。

野逸堂詞一卷

歷陽張孝忠正臣撰。

松坡詞一卷

京鏜仲遠撰。

默軒詞一卷

豫章劉德秀仲洪撰。案：劉德秀字仲洪，原本作「沖洪」，誤，今改正。慶元中爲簽樞。

岫雲詞一卷

長沙鍾將之仲山撰。嘗爲編修官。

西樵語業一卷

廬陵楊炎止〔二〕濟翁撰。

〔二〕今案：「止」當作「正」，宋詩紀事有考。

雲谿樂府四卷

魏子敬撰。未詳何處人。

西園鼓吹二卷

徐得之思叔撰。

李東老詞一卷

李叔獻東老撰。

東浦詞一卷
韓玉温甫撰。

李氏花萼集五卷
廬陵李氏兄弟五人：洪子大、漳子清、泳子永、淦子召、淛子秀，皆有官閥。

好庵遊戲一卷
莆田方信孺孚若撰。開禧中使入金國，後至廣西漕。

鶴林詞一卷
簡池劉光祖德脩撰。紹熙名臣，爲御史、起居郎，晚以雜學士終。蜀之耆德。有文集，未見。

笑笑詞集一卷
臨江郭應祥承禧撰。嘉定間人。自南唐二主詞而下，皆長沙書坊所刻，號「百家詞」。其前數十家皆名公之作，其末亦多有濫吹者。市人射利，欲富其部帙，不暇擇也。

蕭閒集六卷
蔡伯堅撰。靖之子陷金者。

吴彦高詞一卷
吴激彦高撰。米元章之壻，亦陷金，二人皆貴顯。

白石詞五卷

姜夔堯章撰。

西溪樂府一卷

姚寬令威撰。

洮湖詞一卷

金壇陳從古晞顏撰。

審齋詞一卷

東平王千秋錫老撰。

海野詞一卷

曾覿撰。孝宗潛邸人，怙寵依勢，世號「曾龍」者也。龍名大淵。

蓮社詞一卷　案：張掄詞名「蓮社」，原本作「蓮杜」，誤，今改正。

張掄才甫撰。

梅溪詞一卷

汴人史達祖邦卿撰。張約齋磁爲作序。不詳何人〔一〕。

〔一〕張跋云：案葉紹翁四朝聞見録，「蘇師旦既逐，韓侂胄爲平章，專倚堂吏史邦卿奉行文字，擬帖擬旨，俱出其手，權炙縉紳，侍從柬札，至用申呈」，即其人也。而磁亦鎡之誤。

竹屋詞一卷

高觀國賓王撰。亦不詳何人〔一〕。高郵陳造併與史二家序之〔二〕。

〔一〕張跋云：案朱彝尊詞綜云：高觀國，山陰人。

〔二〕張跋云：當云「高郵陳造與史邦卿二家序之」。

劉改之詞一卷

襄陽劉過改之撰。

泠然齋詩餘一卷

蘇泂召叟撰。

蒲江集一卷

永嘉盧祖皐申之撰。

欸乃集八卷

昭武嚴次山〔一〕撰。「欸」音「曖」，「乃」如字〔二〕，余嘗辨之甚詳。

〔一〕張跋云：次山名仁，嚴羽之弟。

〔二〕張跋云：「欸乃」終當以讀若「襖靄」爲允，今江湖渡口梢公張帆時，猶羣然作此音，予嘗親聞之。

花翁詞一卷
孫惟信季蕃撰。

蕭閒詞一卷
韓曜子耕撰。

注坡詞二卷
僊谿傅幹撰。

注琴趣外篇三卷
江陰曹鴻注葉石林詞。

注清真詞二卷
曹杓季中注。自稱一壺居士。

樂府雅詞三卷、拾遺二卷　案：文獻通攷樂府雅詞作十二卷。
曾慥編。

復雅歌詞五十卷
題鮦陽居士序，不著姓名。末卷言宮詞音律頗詳，然多有調而無曲。

草堂詩餘二卷

類分樂章二十卷

羣公詩餘前後編二十二卷

五十大曲十六卷

萬曲類編十卷

皆書坊編集者。

陽春白雪五卷。

趙粹夫編。取草堂詩餘所遺以及近人之詞〔一〕。案：此條原本脱漏，今據文獻通攷補入。

〔一〕盧校本「之詞」作「所作」。

# 直齋書録解題卷二十二

## 章奏類〔一〕

凡無他文而獨有章奏，及雖有他文而章奏復獨行者，亦别爲一類。

〔一〕盧校本作卷五十四章奏類。校注曰：有元本。

### 漢名臣奏一卷

案：隋志刑法類有漢名臣奏事三十卷，唐志已亡其一，中興書目僅存其二，一爲孔光、一爲唐林，今惟唐林而已。所言皆莽朝事，無足論者，姑以存古云爾。

### 陸宣公奏議二十卷

唐宰相嘉興陸贄敬輿撰。又名牓子集。

### 令狐公表奏十卷

唐宰相華原令狐楚慤士撰。楚長于應用，嘗以授李商隱。

范文正公奏議二卷

范仲淹撰。

諫垣存藁三卷

韓琦撰。

富文忠劄子十六卷

富弼撰。平生歷官、辭免、陳情之文也。

從諫集八卷

歐陽修撰。

南臺諫垣集二卷

參政信安趙抃閱道〔一〕撰。

〔一〕盧校本「閱道」作「説道」。

范蜀公奏議二卷

學士蜀忠文公成都范鎮景仁撰。

包孝肅奏議十卷

樞密副使合肥包拯希仁撰。

呂獻可章奏十六卷　案：文獻通攷作二十卷。

御史中丞呂晦獻可撰〔一〕。

〔一〕盧校注：通攷改陳氏，有「丞相正惠公之孫也」一句。

經緯集十四卷〔一〕

樞密副使會稽孫抃元規撰。

〔一〕盧校本作十六卷。

傅獻簡奏議四卷

傅堯俞撰。

范忠宣彈事五卷、國論五卷

范純仁撰。

范德孺奏議二十五卷

龍圖閣直學士范純粹德孺撰。文正公三子，中子純禮彝叟至尚書右丞，純粹守邊有將才。文正嘗謂仁得其忠、禮得其静、粹得其略。其長子純祐天成尤英悟，不幸病廢蚤世，富文忠深惜之，爲作墓誌。

盡言集十三卷

諫議大夫元城劉安世器之撰。

王明叟奏議二卷

翰林學士海陵王覿明叟撰。坐黨籍謫臨江而卒。其在朝專論蘇、程朋黨之弊，以爲深患。

丁騭奏議一卷

右正言毗陵丁騭撰。元祐中在諫垣。嘉祐二年進士也。

諫垣集二卷

陳瓘撰。

閑樂奏議一卷

殿中侍御史建陽陳師錫伯修撰。熙寧九年第進士，裕陵素知其文行，擢爲第三人。蘇軾知湖州，師錫掌書記，軾下御史獄〔一〕，師錫篤賓友之義，安輯其家。軾入西掖，薦自代，明著其事。師錫在元豐已爲察官，坐論進士習律罷去，建中靖國再入，未幾又罷。

〔一〕盧校本「獄」作「獨」，則屬下讀。

得得居士戇草一卷

正言眉山任伯雨德翁撰。其論蔡卞、章惇欲廢宣仁尤切，故卞深恨之，故獨貶嶺外〔一〕。

〔一〕盧校本「嶺」作「海」。校注曰：通攷「嶺外」。

龔彦和奏議〔一〕一卷

殿中侍御史河間龔夬彦和撰。案：宋史龔彦和名夬，此本作「龔美」，誤，今改正。以上四人皆建中靖國言事官，極論蔡京者也。

〔一〕盧校本作龔彦和奏疏。

石林奏議十五卷

葉夢得撰。

連寶學奏議二卷

寶文閣學士安陸連南夫鵬舉撰。紹興初知饒州，扞禦有功。及和議成，南夫知泉州，上表略曰「不信亦信，其然豈然」，又曰「雖虞舜之十二州〔一〕，昔皆吾有；然商於之六百里，當念爾欺」，由是得罪。

〔一〕盧校本作「十三州」。

若溪奏議一卷

資政長城劉班〔一〕希范撰。案：文獻通攷作劉珏。嘗以同知三省樞密院扈從隆祐南幸。

〔一〕盧校本「班」作「珏」。

毗陵公奏議〔一〕二十五卷

張守撰。

〔一〕盧校本作毗陵奏議。校注曰：通攷有「公」字。

陳國佐奏議十二卷

禮部侍郎赤城陳公輔國佐撰。政和三年上舍釋褐首選，紹興初爲諫官。

胡忠簡奏議四卷

胡銓撰。

玉山表奏一卷

汪應辰撰。

陳正獻奏議二十卷、表劄二十卷

陳俊卿撰。

龔實之奏藁六卷

龔茂良撰。

南軒奏議十卷

張栻撰。

胡獻簡奏議八卷、臺評二卷

禮部尚書會稽胡沂撰。

梅溪奏議三卷

太子詹事樂清王十朋龜齡撰。

省齋歷官表奏十二卷

周必大撰。

軒山奏議二卷

王藺撰。

北山囈議一卷

户部侍郎濡須王藺少愚撰。藺之兄，開禧中諫用兵。

李祭酒奏議一卷

國子祭酒錫山李祥元德撰。慶元初論救趙忠定得罪者。

齊齋奏議三十卷、掖垣繳論四卷、銀臺章奏〔一〕五卷、臺諫論二卷、昆命元龜説一卷

倪思撰。

〔一〕盧校本作銀臺奏章。

## 文史類〔一〕

〔一〕盧校本作卷五十六文史類。校注曰：有元本，中脱二十行。

文心雕龍十卷

梁通事舍人東莞劉勰彦和撰。勰後爲沙門，名慧地。

文章緣起一卷

梁太常卿樂安任昉彦昇撰。但取秦、漢以來，不及六經。

詩品三卷　案：隋書經籍志有詩評三卷，注云鍾嶸撰，或曰詩品。唐宋藝文志俱作詩評，宋志訛一卷。

梁記室參軍潁川鍾嶸仲偉撰。以古今作者爲三品而評之，上品十一人，中品三十九人、下品六十九人。

史通二十卷

唐崇文館學士劉知幾子玄撰。新史以爲工訶古人，拙于用己，然爲書亦博矣。「史通」者，漢封司馬遷後爲史通子，而亦兼白虎通之義也。

史通析微十卷

唐柳璨撰。譏評劉氏之失。

史例三卷

唐右補闕劉餗鼎卿撰。知幾次子也。

賦門魚鑰十五卷

進士馬稱撰。編集唐蔣防而下至本朝宋祁諸家律賦格訣。

詩格一卷

題魏文帝，而所述詩或〔一〕在沈約後，其爲假託明矣。

〔一〕盧校本「或」作「式」。校注曰：「式」字疑是。館本作「或」，通攷同。

詩格一卷、詩中密旨一卷

唐王昌齡撰。

評詩格一卷

唐李嶠撰。嶠在昌齡之前，而引昌齡詩格八病，亦未然也。

二南密旨一卷 案：唐書藝文志有賈島詩格一卷，宋史藝文志作賈島詩格密旨一卷。

唐賈島撰。凡十五門，恐亦依託。

文苑詩格一卷

稱白氏，尤非也。案：自史通析微以下七條原本錯簡入歌詞類萬曲類編下，今移正。

詩式五卷、詩議一卷

唐僧皎然撰。以十九字括詩之體。

風騷指格〔一〕一卷

唐僧齊己撰。

〔一〕盧校本「指」作「旨」。

詩格一卷

沙門神彧撰。

處囊訣一卷

金華僧保暹撰。

流類手鑑一卷

僧虛中撰。

詩評一卷

桂林僧原闕淳〔一〕撰。

〔一〕盧校注：通攷至大年本是「德淳」。

擬皎然十九字一卷

稱正字王元撰。不知何人。

炙轂子詩格一卷

唐王叡撰。

詩格要律〔一〕一卷

進士王夢簡撰。

〔一〕盧校本「要律」作「律要」。校注曰：館本「要律」，通攷同。

緣情手鑑詩格一卷

題樵人李宏宣撰。未詳何人，當在五代前。

風騷要式一卷

徐衍述。亦未詳何人。

琉璃堂墨客圖一卷 案：文獻通攷「墨客」作「墨家」。

不著名氏。

雅道機要二卷

前卷不知何人，後卷稱徐寅撰。

金針詩格一卷

白居易撰。

續金針格一卷

梅堯臣撰。大抵皆假託也。

詩評一卷

不知名氏。

御選句圖一卷

太宗皇帝所選楊徽之詩十聯，真宗皇帝所選送劉琮詩八聯。

唐詩主客圖一卷

唐張爲撰。所謂「主」者，白居易、孟雲卿、李益、鮑溶、孟郊、武元衡，各有標目。餘有升堂、及門、入室之殊，皆所謂「客」也。近世詩派之説殆出于此，要皆有未然者。

句圖一卷

唐李洞撰。

文章玄妙一卷

唐任藩撰。言作詩聲病、對偶之類。凡世所傳詩格，大率相似。余嘗書其末云：「論詩而若此，豈復有詩矣。唐末詩格汙下，其一時名人，著論傳後乃爾，欲求高尚，豈可得哉？」

詩苑類格三卷

李淑撰。

林和靖摘句圖〔一〕一卷

林逋詩句。

〔一〕盧校本作林和靖句圖。校注曰：通攷有「摘」字。

詩三話一卷

無名氏。

詩話一卷

歐陽修撰。

續詩話一卷

司馬光撰〔一〕。案：續詩話一卷乃司馬光撰。原序云，詩話尚有遺者，歐公文章聲名雖不可及，然紀事一也，故敢續之。原本稱唐李洞撰，誤矣，考李洞另有句圖一卷，或謂鈔録者所誤也。今續詩話改正爲司馬光撰，而李洞句圖另行補録于前。

〔一〕盧校本「撰」後有「以續歐公也」五字。

楊氏筆苑句圖一卷、續一卷

黄鑑編。蓋楊億大年之所嘗舉者。皆時賢佳句。續者，不知何人，亦大年所書唐人句也，所録李義山、唐彦謙之句爲多。西崑體〔一〕蓋出二家。

〔一〕盧校本「西崑體」作「崑體」。

惠崇句圖一卷

僧惠崇所作〔一〕。

〔一〕盧校本「作」後有「詩」字。

孔中丞句圖一卷

「中丞」者，或是孔道輔耶？

雜句圖一卷

不知何人所集。皆本朝人詩也。自魏文帝詩格而下〔一〕二十七家已〔二〕見吟窗雜録。

〔一〕盧校本「自魏文帝詩格而下」作「以上」。

〔二〕盧校注：「已」疑衍。

吟窗雜録三十卷

莆田蔡傳撰。君謨之孫也。取諸家詩格、詩評之類集成之，又爲吟譜，凡魏、晉而下能詩之人，皆略具其本末，總爲此書。麻沙嘗有刻本，節略不全。

劉貢父詩話一卷

劉攽撰。

后山詩話二卷〔一〕

陳師道撰〔二〕。

〔一〕盧校本作一卷。校注曰：通攷二卷。

〔二〕盧校注：以下二十行元本脱去。今案：盧校本此卷次序與館本不同，校注所云「以下二十行」，在館本則爲以下十四行加其後之四六餘話、艇齋詩話、賓朋宴話條七行，共二十一行。

潛溪詩眼一卷

范温元實撰。祖禹之子。

石林詩話一卷

葉夢得撰。

續詩話一卷

無名氏。

許彦周詩話一卷

襄邑許顗撰。

天廚禁臠三卷

僧惠洪撰。

四六談塵一卷

謝伋景思撰。

四六話一卷

王銍性之撰。

韻語陽秋二十卷

葛立方撰。

漁隱叢話六十卷、後集四十卷

新安胡仔元任撰。案：漁隱叢話係胡仔撰，原本作「胡存」，誤，今改正。待制舜陟之子，居湖州，自號苕溪漁隱。

砦溪詩話十卷

莆田黄徹常明撰。

續廣本事詩五卷

聶奉先〔一〕撰。雖曰廣孟啓之舊，其實集詩話耳。

〔一〕盧校本「先」作「化」。校注曰：館本「先」，通攷同。

山陰詩話一卷

李兼孟達撰。

詩家老杜詩評五卷、續一卷

莆田方深道集。案：宋史藝文志作方道醇集諸家老杜詩評五卷，方絟續老杜詩評五卷。

選詩句圖一卷

高似孫編。

杜詩發揮一卷

金華杜旃仲高撰。

觀林詩話一卷

楚東吴聿子書撰。未詳何人。案：文獻通攷「吴聿」作「張律」〔一〕。

〔一〕張跋云：案爾雅不律謂之筆，以字子書意推之，當以作張律者爲是。

文説一卷

南城包揚顯道録〔二〕朱侍講論文之語。

〔二〕盧校本「録」作「撰」。校注曰：館本「録」，通攷同。

四六餘話一卷

楊淵撰。未詳何人。視前二家爲汎雜。

艇齋詩話一卷

曾季貍裘父撰。

賓朋宴話三卷

太子中舍致仕貴溪丘昶孟陽撰。南唐進士，歸朝宰數邑。著此書十五篇，敍唐以來詩賦源流。天禧辛酉鄧賀爲序。

西清詩話三卷

題無爲子撰。案：文獻通攷「爲」作「名」。或曰蔡絛使其客爲之也。

宣和間臣寮言其議論專以蘇軾、黄庭堅爲本。奉聖旨，蔡絛落職勒停，詳見能改齋漫録。隨齋批注。

環溪詩話一卷

臨川吴沆撰〔一〕。

〔一〕盧校注：館本此卷頗多失次。今案：盧校本此卷次序自御選句圖以下與館本不同。盧校本次序爲：御選句圖，句圖，楊氏筆苑句圖、續，惠崇句圖，孔中丞句圖，雜句圖，吟窗雜録，唐詩主客圖，文章玄妙，詩苑類格，天林和靖摘句圖，詩三話，詩話，續詩話，劉貢父詩話，後山詩話，潛溪詩眼，石林詩話，續詩話，許彦周詩話，天廚禁臠，四六談塵，四六話，四六餘話，艇齋詩話，賓朋宴語，西清詩話，環溪詩話，韻語陽秋，漁隱叢話、後集，砦溪詩話，續廣本事詩，山陰詩話，諸家老杜詩評、續，選詩句圖，杜詩發揮，觀林詩話，文説。

# 附録一　有關直齋書録解題之提要題識

## 一、四庫全書總目提要史部目録類一

直齋書録解題二十二卷　永樂大典本

宋陳振孫撰。振孫字伯玉，號直齋，安吉人。厲鶚宋詩紀事稱其端平中仕爲浙西提舉，改知嘉興府。考周密癸辛雜識莆田陽氏子婦一條，稱陳伯玉振孫時以倅攝郡；又，陳周士一條，稱周士直齋侍郎振孫之長子。則振孫始仕州郡，終官侍郎，不止浙江提舉，鶚蓋考之未詳也。癸辛雜識又稱近年惟直齋陳氏書最多，蓋嘗仕於莆，傳録夾漈鄭氏、方氏、林氏、吴氏舊書，至五萬一千一百八十餘卷，且仿讀書志作解題，極其精詳云云。則振孫此書，在宋末已爲世所重矣。其例以歷代典籍分爲五十三類，各詳其卷帙多少、撰人名氏而品題其得失，故曰「解題」。雖不標經、史、子、集之目，而核其所列：經之類凡十，史之類凡十六，子之類凡二十，集之類凡七，實仍不外乎四部之説也〔一〕。馬端臨經籍考惟據此書及讀書志成編。然讀書志今有刻本，而此書久佚，永樂大典尚載其完帙。惟當時編輯潦草，譌脱宏多，又卷帙割裂，全失其舊，謹詳加校訂，定爲二十二卷。方今聖天子稽古右文，蒐羅遺籍，列於四庫之中者浩如煙海，此區區一家之書，誠不足以當萬一，然古書之不傳於今者，得藉是以求其崖略；其傳於今者，得藉是以辨其真僞，核其異同，亦考證之所必資，不可廢也。原本間於解題之後，附以隨齋批註，隨齋不知何許人。然補闕拾遺，於本書頗有所裨，今亦仍其舊焉。

〔一〕武英殿本直齋書録解題目録下所附之提要中尚有「攷諸前史，目録類皆入史部。自劉歆七略以下，著録者指不勝屈。其存於今者，崇文總目、尤袤遂初堂書目、晁公武郡齋讀書志及此書而已。遂初堂書目本無註，崇文總目註已散佚，其可攷見諸書源流者，惟晁志及此書」一段。

## 二、四庫全書簡明目録史部目録類一

直齋書録解題二十二卷

宋陳振孫撰。原本久佚，今從永樂大典録出。其書以歷代典籍分爲五十三類，而不立經、史、子、集之名。然核其次第，實仍以四部爲先後也。其解題與晁氏相類。馬端臨作經籍考，以讀書志及此編爲藍本，則其典核可知矣。

# 三、余嘉錫四庫提要辨證卷九

直齋書録解題二十二卷

宋陳振孫撰。振孫字伯玉，號直齋，安吉人。厲鶚宋詩紀事稱其端平中仕爲浙西提舉，改知嘉興府。考周密癸辛雜識莆田陽氏子婦一條，稱陳伯玉振孫時以倅攝郡；又，陳周士一條，稱周士直齋侍郎振孫之長子，則振孫始仕州郡，終官侍郎，不止浙西提舉，鶚蓋考之未詳也。

**嘉錫案**：吴壽暘拜經樓題跋記卷三載有直齋書録解題跋曰：「按陳振孫宋史無傳。癸辛雜識别集載徐元杰一條，知振孫於淳祐四年官國子司業，又會稽續志浙東提舉題名有陳振孫，端平三年二月初六日，以朝散大夫知台州兼權，八月正除，十月二十六日到任。嘉熙元年改知嘉興府。厲太鴻徵君宋詩紀事作浙西提舉，誤也。四庫全書總目又引癸辛雜識莆田陽氏子婦一條，又陳周士一條，謂振孫始仕州郡，終官侍郎，不止浙西提舉，然檢毛氏汲古閣所刊癸辛雜識，無此二條，未知總目所據何本，且云浙西提舉，亦承厲氏之誤耳。」今案提要所引癸辛雜識，實非用毛氏所刻，蓋稗海刻癸辛雜識，曾誤以齊東野語爲雜識正集之前半，提要因而誤引之耳。烏程范鍇（鍇字聲山，道光時諸生。）嘗輯吴興藏書録，（在姚慰祖所刻晋石厂叢書内，僅二十二葉。）係從楊鳳苞所藏鄭元慶湖録殘本鈔出，改題此名，中有振孫傳云：「陳振孫字伯玉，號直齋，安吉人，嘉定四年，爲溧水教授，三載去官歸，起補紹興。寶慶三年，充興化軍通判。莆田楊氏訟其子與婦不孝，官爲逮問，則婦之翁爲人毆死，楊亦與焉。坐獄未竟，值覃霈得宥，而婦仍在家，有司以大辟既宥，不復問其餘，小民無知，亦安之。後又訟其子與婦，判官姚瑶以爲雖有讐隙，既仍爲婦，則當盡婦禮，欲併科罪。時振孫攝郡，獨謂父子天合，夫婦人合，人合者恩義有虧則已矣，在法合離皆許還合，而獨於義絶不許者，蓋謂此類，况兩下相殺，又義絶之尤大者乎。初間楊罪既脱，即合勒其婦休離，有司既失之矣。若楊婦盡禮於舅姑，則爲反親事讎，稍有不至，則舅姑反得以不孝罪之。當離不離，則是違法，在律違律爲婚既不成婚，既有相犯，并同凡人。今其婦合比附此條，不合收坐。人皆服其得法之意。端平三年三月，以朝散大夫知台州，兼權浙東提舉常平茶鹽事，八月正除。嘉熙元年，改知嘉興府，升浙西提舉，舉行藥萬户，停廢醋庫，邦人德之。淳祐九年，以□原闕部侍郎致仕，家居修吴興志，討摭舊事頗詳，未幾卒。子造，嘉興通判。」陸心源宋史翼曾爲立傳，并無異聞。近人陳祺壽嘗作宋目録家晁公武陳振孫傳，亦不能甚詳。見國粹學報六十八號。最近吾友陳援菴之哲嗣樂素，有直齋書録解題作者陳振孫一文，載入民國三十五年十一月二十日大公報文史副刊，搜采極爲完備，以文太繁，不及備録，故仍録鄭元慶之作於此，以其最早，又有重名也。

原本於解題之後，附以隨齋批注，隨齋不詳何人，然補闕拾遺，於本書頗有所裨，今亦仍其舊焉。

**案**：錢泰吉曝書雜記卷二云：「直齋書録解題有隨齋批注，姓氏不著，養新録以爲元時洛陽楊益，以其有隨齋詩集也。鄉哲沈雙湖吏部謂隨齋爲程棨，見頤綵堂集書直齋書録解題後，云録中附有隨齋批注，一時纂修諸公，未詳其人。余案卷三鄭樵石鼓文考有『先文簡』字。宋新安程泰之大昌，謚文簡。曾孫棨，字儀甫，號隨齋，元時人。文簡自歙遷湖，子孫貫安吉，與直齋同時同里。而批注所云，樵以秦斤秦權有『丞』、『歐』〔一〕二字，遂以石鼓爲秦物，先文簡論而非之，其説具載演繁露，則隨齋爲棨無疑矣。證據鑿鑿，録于此以告讀書録解題者。」李慈銘受禮廬日記下册即越縵堂日記第十册。云：「閱直齋書録解題，錢警石曝書雜記偁沈雙湖説，以解題中有隨齋批注，隨齋乃程大昌之孫棨，元時人，據鄭樵石鼓文考下批注，稱先文簡云云。今觀卷三新唐書下、卷五越絶書下批注皆有先文簡云云，是沈説可信，然其批注寥寥，亦無所發明，至以隋曹憲爲撰博雅，又注啖助爲姓名，則其淺陋可知矣。此等人亦不足深考，故四庫言不詳其人，養新録又疑是元人楊益也。」

〔一〕今按：「丞」、「歐」當作「丞」、「毆」。

## 四、胡玉縉、王欣夫四庫全書總目提要補正史部目録類一

直齋書録解題二十二卷

厲鶚宋詩紀事稱其端平中仕爲浙西提舉，改知嘉興府，考周密癸辛雜識莆田陽氏一條，稱陳伯玉

振孫時以倅攝郡；又陳周士一條，稱周士直齋侍郎振孫之長子，則振孫始仕州郡，終官侍郎，不止浙江提舉，鶚蓋考之未詳也。原本間於解題之後附以隨齋批注，隨齋不知何許人，然補闕拾遺，於本書頗有所裨，今亦仍其舊焉。

錢大昕十駕齋養新録云：「考會稽續志，浙東提舉題名有陳振孫，端平三年二月初六日，以朝散大夫知台州兼權，八月正除，十二月二十六日到任，嘉熙元年五月改知嘉興府。是振孫由浙東提舉改知嘉興府，非浙西也。四庫總目又引癸辛雜識莆田陽氏子婦一條，又陳周士一條，謂振孫始仕州郡，終官侍郎，不止浙西提舉，予檢汲古閣毛氏所刊癸辛雜識無此兩條，不知總目所據何本也？」

玉縉案：陸心源儀顧堂集養新録書後云：「陽氏子婦一條，見齊東野語卷之八；陳周士一條，見齊東野語卷之九，總目所引，雖書名不同，確有所本，錢氏殆未檢耳。」此足以訂錢説。吴氏拜經樓藏書題跋記載陳鱣跋云：「陳振孫，宋史無傳，癸辛雜識别集載徐元杰一條，知振孫於淳祐四年官國子司業。」下引會稽續志，全襲錢説，今從略。又錢泰吉曝書雜記從書録解題考得直齋事蹟，謂嘗分教鄞學，宰南城，倅莆田，分條纂輯，文繁不録。又曝書雜記云：「隨齋批注，養新録疑爲元時洛陽楊益，以其有隨齋詩集也。鄉先哲沈雙湖吏部謂隨齋爲程棨，見頤綵堂集書直齋書録解題後，云録中附有隨齋批注，一時纂修諸公未詳其人。余案卷三鄭樵石鼓文考，批注有『先文簡』字，宋龍圖閣學士吏部尚書新安程泰之大昌謚文簡，曾孫棨字儀甫，號隨齋，元時人。周益公作文簡墓誌云：

『公自宦遊去鄉里，樂吴興溪山之勝而卜居焉。晚得安吉梅溪鄉邸閣山，規營塋域，卒葬其地。子四人：準、新、本、阜；孫三人：端復、端節、端履。』文簡自歙遷湖，子孫貫安吉，與直齋同時同里，而批注所云樵以秦斤、秦權有『歪』『殹』兩字，遂以石鼓爲秦物，先文簡論而非之，其説具載演繁露。則隨齋爲棨，確然無疑。」李慈銘受禮廬日記云：「今觀卷三新唐書下，卷五越絶書下，批注皆有先文簡云云，是沈説可信。然其批注寥寥，亦無所發明，至以隋曹憲爲撰博雅，又注啖助爲姓名，則其淺陋可知矣，此等人亦不足深考。」玉縉案：深考所以補提要之闕略也。王先謙虚受堂書札又與筱珊云：「尊藏書録解題鈔本與大典本互勘，字句頗多殊異增省之處。雜藝類唐朝名畫録一卷，原别爲一條，大典本據通攷録入，合之於書斷，賴此本猶見原書面目，音樂類亦有數條爲大典本所無。」玉縉案：陳鱣嘗從通攷補得十餘條。張宗泰所學集有跋是書五則（下引張宗泰魯巖所學集中五則，已據該集全文録後）。

玉縉案：提要本仍作吴聿。張氏藏書志、瞿氏目録並有舊鈔殘本。張云：「存楚詞類一卷，别集類三卷，四庫本從大典録出，此則原本殘佚。」瞿云：「此出文淵閣所抄，即秀水朱氏、抱經盧氏所見本也。核與今館本同，惟字句差有小異。盧氏又得子部數門於鮑氏，知此書原本惟别集分三卷，詩集分兩卷，其餘每自爲卷，全書當分五十六卷。詩集後次以總集、章奏、歌辭，而以文史終焉，其餘次第與館本同。」玉縉案：丁氏藏書志有盧文弨校藏巾箱本，今歸江南圖書館。

## 五、邵懿辰四庫簡明目録標注史部目録類

直齋書録解題二十二卷

宋陳振孫撰。原本久佚，今從永樂大典録出。大典本附隨齋批注。隨齋蓋程大昌後人程棨，錢竹汀以楊益當之，非是。

聚珍板本。明萬曆武林陳氏刊本。抱經堂盧氏有新訂此書五十六卷，次序與聚珍版不同，係從不全元刊本重爲校訂，似未刻。盧校後吴槎客又有增校本，陳仲魚有跋。

〔**附録**〕瞿氏有殘本四卷，存楚辭類一卷，别集類三卷。（星詒）

〔**續録**〕閩覆本。蘇杭縮本。昭文張氏有舊鈔殘本。盧抱經校本，在董授經處。李氏木犀軒有傳鈔繆小山藏宋蘭揮舊藏殘本，次第與今異。

## 六、盧文弨新訂直齋書録解題跋

直齋陳氏書録解題二十二卷，四庫館新從永樂大典中鈔出以行。其持論甚正，如顔氏家訓，以其崇尚釋氏之故，不列於儒家；又以前志取樂府、教坊、琵琶、羯鼓等書，皆充樂類，與聖經并列爲非，當

入於子録雜藝之前；又言「白玉蟾輩，何可使及吾門」，其人殆棱棱嶽嶽，識見大有過人者，不獨甄綜之富，考訂之勤也。陳氏名振孫，字伯玉，湖之安吉縣人，嘗爲鄞之校官，宰南城，倅莆田，守嘉興、台州。端平中爲浙東提舉，治會稽，是書中一一可考見〔一〕。馬貴與既取其書以入通攷，而不用其言，顔氏家訓仍列儒家，樂府雜録、羯鼓録仍列經部，而目録一門，又不將陳氏此書載入，其能免於紕漏之譏乎！乾隆己卯，余讀禮家居，友人見示此書，僅自楚辭別集以下，而其他咸缺焉，乃秀水朱氏曝書亭鈔本也。今距曩時十八年而始見全書，殊爲晚年之幸。館閣校勘精矣，大典中有失載者，以通攷所引補入之，舊所有隨齋批注，亦附録焉。然所補入者，亦尚有漏誤，而所附録與其所加案語，頗似有可省者。蓋陳氏未嘗入館閣，僅録其所有以爲是書，故卷數或多或少，不必盡合於國史。又，晁氏讀書志有袁本、衢本之異，通攷所載乃衢本，而海寧陳氏所梓者乃袁本。又，通攷有元至大間本，本朝有武英殿本，兩者皆勝他本。今校者似但據俗間本而議其未合，毋仍千慮之一失與？大抵官中校勘，不出一手，而又迫以期限，其勢固無如之何也。余客居鍾山，幸以課讀餘閒，檢尋是正，疏爲若干條，不足別行。倘有學者相助，爲鈔此書，即依余之所增删者，使夫後之人並觀而有得焉，不其善乎！乾隆四十一年十一月盧文弨書。

（此據盧校本，抱經堂文集卷九亦載此跋，略有不同。）

〔一〕盧氏眉注：又嘗爲小司成祭酒。徐元杰攻史嵩之奪情暴亡，伯玉疏其事，見癸辛雜識別集下。

## 七、盧文弨書新訂直齋書録解題後

此書外間無全本久矣。四庫館新從永樂大典中鈔出，分爲二十二卷。余既識其後矣，丁酉王正，復得此書子集數門元本於知不足齋主人所，乃更取而細訂之，知此書唯别集分三卷，詩集分兩卷，而其餘每類各自爲卷，雖篇幅最少者，亦不相爲聯屬，余得據之定爲五十六卷。元第詩集之後，然後次以總集，又章奏，又歌詞，而以文史終焉。其他次第，並與館本無不同者〔一〕。其雜藝一類，較館本獨爲完善，余遂稍加訂正而更鈔之。余自己卯先見集部元本，越十九年而更見子部中數門，則安知將來不更有并得經史諸類者乎？取以證吾所鈔者，庶有以明吾之不妄爲紛更也已。乾隆四十三年正月二十九日東里盧文弨書。

（此據盧校本，抱經堂文集卷九亦載此跋。）

〔一〕盧氏眉注：經、史元本未見，恐尚有不同，如釋氏、道家、神仙之類，因陳氏語而後知今本次第之誤。

## 八、杭世駿道古堂文集卷二十五

直齋書録解題跋

直齋，吴興陳振孫貳卿也，不見宋史，府縣志亦不載。馬貴與全引之。周密齊東野語云，直齋嘗仕於莆，傳録夾漈鄭氏、方氏、林氏、吴氏舊書，至五萬一千一百八十餘卷，近亦散失。又淳祐己酉直齋修吴興人物志，亦見野語。

## 九、沈叔埏頤綵堂文集卷八

### 書直齋書録解題後

直齋書録解題與郡齋讀書志，並爲鄱陽馬氏經籍考所採取，全本散佚，今從大典内纂出二十二卷。嘗考齊東野語、吴興備志及王、張、栗、程舊志，陳振孫，字伯玉，安吉人。性勤敏，博通古今，藏書最多。宋理宗嘉熙四年爲溧水教授，累遷浙西提舉，改知嘉興府，一意卹民，舉行藥萬户，停廢醋庫，邦人德之。管攝興化篆，折獄平允，時皆服其得法外意焉。淳祐九年，以侍郎致仕家居，修吴興人物志，討摭舊事頗詳。其仕於莆也，傳録夾漈鄭氏、方氏、林氏、吴氏舊書，至五萬一千一百八十餘卷，仿晁氏志各爲解題，讐勘精詳。諸書所述如此，其守禾治行，郡志遺之。乾隆乙未，余客京師，寓裘文達公賜第，銅梁王榕軒檢討贈余是書，蓋聚珍版也。録中附有隨齋批注，一時纂修諸公未詳其人。余按：卷三鄭樵石鼓文考批注有「先文簡」字，宋龍圖閣學士吏部尚書新安程泰之大昌，謚文簡，曾孫棨，字儀甫，號隨齋，元時人。周益公作文簡墓志云：「公自宦遊去鄉里，樂吴興溪山之勝而卜居焉。晚得安吉梅溪鄉邸閣山，規營塋域，卒葬其地。子四人：準、新、本、臯；孫三人：……端復、端節、端履。」文簡自歙遷湖，子孫貫安吉，與直齋同時同里，而批注所云：「樵以秦斤、秦權有『﨤』『殹』兩字，遂以石鼓爲秦物，先文簡論而非之，其説具載演繁露。」則隨齋之爲棨，確然無疑矣。又，録中論語意原，不知作者。余考之，乃青田宋侍郎東谷鄭汝諧所撰。吾鄉婁彦發參政謚忠簡，宋史本傳及樓攻媿所撰神道碑并闕焉，亦見批注。此則其後人亦莫之知也。

## 十、張宗泰魯巖所學集卷六（五則）

跋陳振孫書録解題

書録解題敍述諸書源流，州分部居，議論明切，爲藏書家著録之準，然當審正之處，正復不少。如「是能續三墳、五典、八索、九丘」，見昭十二年傳，本楚靈王語，而以爲右尹子革之言。文獻通攷王氏詩總聞下云「其書有聞音謂音韻」云云，每聞下各有訓釋，計四十七字，而此本無之，不知何時節去也。春秋集傳纂例云：「唐給事中陸質伯淳撰。質本名淳，避憲宗諱改焉。故其書但題陸淳。」按淳既避憲宗諱改名爲質，不應仍字伯淳，當依四庫全書提要作伯沖爲是，（「沖」、「淳」聲相近。）而但題陸淳，亦當爲陸質之訛也。又化書爲譚峭景升所作，宋齊丘攘爲己作，而解題亦不能辨也。又孫子下云：「孫武事吴王闔廬而不見於左氏傳，未知果何時人也。」按孫子齊人，史記有傳，豈得以不見左傳遂云不知何時人？又刊江湖集者臨安書賈陳起宗之，其人雖處闤闠之中而有詩名，樂與名流往來，其刊此集，殆亦好名之習，云書賈巧爲射利，則考之未審也。徐照集下，隨齋批注云「致中又字靈暉」，按宋詩紀事徐璣字文淵，一字致中，號靈淵，非又字「靈暉」也。又欸乃集云：「昭武嚴次山撰，『欸』音『曖』，『乃』如字。」按宋詩紀事，次山名仁，嚴羽之弟。又「欸乃」終當以讀若「襖靄」爲允也。今江河渡口梢工張帆時，猶犖然作此音，予嘗親聞之。

再跋書録解題

書録解題有岐出未能畫一者，如資治通鑑下云：「丞相河内司馬光撰」，而別集傳家集下，又以爲涑水人。考東都事略作陜州夏縣人，嘗以涑水在夏縣，故題作涑水人，而河内則其祖籍，不足據也。唐十道四蕃志云：「唐太府少卿梁載言撰。載言又有具員故事及梁四公記。」按二書前已分收入職官、傳記，則不當再見於此。又張華博物志自合編入小説，乃雜家、小説並收，而解題一語不異，則失之重沓矣。又小説類之石林燕語、避暑録話均葉夢得撰，而一漏於前，一編於後，亦爲失於照管。又雪山集下云：「富川王質景文撰，嘗著詩解三十卷，未之見也。」按直齋編王氏詩總聞於詩類，而不知其即王氏之詩解，轉云未見，亦失之眉睫也。但詩總聞二十卷，而詩類作三卷，不知何以懸殊至此？而此作三十卷，疑亦二十之誤也。又書丹詞一卷，眉山程垓正伯撰，按垓與東坡爲中表，而其詞集乃編入南宋諸家中，時代舛矣。又垓家有擬坊名「書舟」，故以名集，而此作「書丹」者亦誤也。

## 三跋書録解題

書録解題失考者亦復不一而足，如博異記稱谷神子，谷神，馮廓號也，見讀書志雜家，而云不知何人。墨客揮犀彭乘撰，而云不知名氏。道山清話王暐撰，而云不著姓(一)。邵伯温有聞見録二十卷，其子溥作後録三十卷，已詳雜史類，而於後録下則但曰「邵某撰」，不著其名，何也？又按邵溥，提要作邵博。參同契下，紫陽先生，張伯端號也，而云不知何人。上清金碧篇稱烟蘿子，烟蘿子，濟源縣王屋人也。班馬異辭三十五卷，據解題即班馬異同也，其卷數亦適相合，而何以訛「同」作「辭」？且此亦不當入類書也。又李衛公備全集下云：「姑臧集者，兵部員外郎段令緯所集，其曰姑臧，未詳。」按十六國之吕光據姑臧，其地爲今涼州，德裕爲劍州西川節度使，當是取其地之相近者以名集也。又花間集下云：「衛尉少卿字宏基者所集，未詳何人。」按趙崇祚字宏基，蜀人。又梅溪詞下云：「汴人史達祖邦卿撰，張約齋磁爲作序，未詳何人。」按葉紹翁四朝聞見録，「蘇師旦既逐，韓侂胄爲平章，專倚堂吏史邦卿奉行文字，擬帖擬旨，俱出其手，權炙縉紳，侍從柬札，至用申呈」，即其人也。而「磁」亦「鎡」之訛。又竹屋詞云：「高觀國賓王撰，亦不詳何人。高郵陳造併與史二家序之。」按朱彝尊詞綜云：「高觀國，山陰人。」又「并與史」三字，亦未明白，當云高郵陳造與史邦卿二家序之也。

〔一〕今案：四庫全書總目提要補正引此句下加案語：「鄭翼謹案：「晁志疑谷神子爲馮廓，或云名還古，皆未定之辭。又墨客揮犀，稗海始題彭乘撰，王國維跋疑無名氏雜鈔而成。至道山清話，有其孫暐跋，説郛誤爲撰者，又妄加王姓，提要已駁之。」

## 四跋書録解題

予所蓄書録解題爲巾箱本，鐫刻頗精，而别風淮雨亦所時者，如韓詩外傳下云「作詁非」訛作「詰」。古禮疏下「臨洺」訛作「臨洛」。中庸集解下「石憝」訛作「塾」。春秋皇綱論「王晳」訛作「王哲」。春秋傳下「博覽」訛作「博鑒」。西漢會要下「蓋未考昭之所注」訛作「著」。御史臺故事下「結本名構」，「結」訛作「終」。聖唐僭日譜下「匡乂」訛「匡文」。「資暇録」訛作「集」。鄴中記「僭僞」訛作「僭爲」。法寶標目，「古，旦之曾孫」，道院集要「三槐王古」，二「古」字並訛作「右」。霜糖譜下「遂甯」訛作「送甯」。匡俗正謬下「揚庭」訛作「楊庭」。極玄集下「張祜」訛作「張佑」。江西詩派「二十五家」訛作「三十五家」。天台集林師蒧即「點」字，訛作「箴」。陳孔璋集下「劉楨」訛作「植」。顔魯公集「留元剛」訛作「劉」。宋元憲集下「安陸」訛作「安陵」。演山集下「元豐五年」訛作「二年」。吕獻可章奏下「吕誨」訛作「晦」。並當一一爲改正者也。而其中又有脱漏之字，顛倒之字，如周禮下「林孝存」倒爲「林存孝」。春秋二十國年表周以下云云，所列不足二十國之數，疑脱「許」字，或「越」字也。春秋分記下「世譜曆法」脱「法」字。乾坤鑿度下書緯脱「刑德放」，樂緯「稽曜嘉叶圖徵」倒作「稽曜叶嘉圖徵」。又「讖緯之説起於哀平之際，王莽以此濟其簒逆」，倒作「起於哀平、王莽之際」。洛陽名園記「公卿」倒作「卿公」。數術大略下，「魯卿秦九韶」〔二〕，前紀元曆下作「蜀人秦九韶」，亦失於參考也。

〔二〕今案：四庫全書總目提要補正此句下有注云：「鄭翼謹案：直齋原作『魯郡』，張集誤『郡』爲『卿』。」

## 五跋書録解題

書録解題有案語數條尚待商酌者，如新唐書二百二十五卷案語云：「宋史藝文志作二百五十五卷，而李繪補注者仍作二百二十五卷，其互異所由不可考。」按新唐書二百二十五卷，中有子目二十三卷，合之共得二百四十八卷，意者宋史又析目録爲七卷，故作二百五十五卷歟？後唐廢帝實録張昭下案語云：「東都事略本傳舊名昭遠，避漢祖諱止稱昭。」按張昭舊名昭遠」云云，全見下頁周太祖實録下，此案語爲無取矣。鄴中記一卷案語云：「唐書藝文志有陸翽鄴中記二卷，疑即此書。」按解題云：「記自魏而下僭僞鄴都者六家宮殿事跡。」而今本鄴中記一卷，專記石虎事，與解題所説不合，則非一書也。古列女傳案語云：「不特自程嬰母爲始也。」「程嬰」當作「陳嬰」。公孫龍子案語云：「漢書六十四篇，此云十四篇，誤。」按公孫龍子漢志正作十四篇，則是解題本不誤，而案語反誤也。又觀林詩話，楚東吴聿子書撰，案語云：「文獻通攷吴聿作張律。」按爾雅：「不律謂之筆。」以字子書意推之，當以作張律者爲是也。〔一〕。

〔一〕今案：四庫全書總目提要補正玉縉案：「提要本仍作吴聿。」

# 十一、陳鱣簡莊綴文卷三

## 直齋書録解題跋

近客吴中，從書賈購得書録解題，係聚珍本，間有朱筆校語，初不知爲何人，及閲卷之十二上有標題云：「借同鄉陳進士熷所藏海寧吴葵里鈔本殘帙校。」始知吾鄉樣客明經曾有舊鈔以遺秀水家效曾進士，而此君復轉録于此本者也。惜乎僅題年月，不著姓名，觀其書法秀麗，精心好古，定屬雅人。會余歸里，擕示樣客，一見心喜，如逢故人。既爲重録于盧抱經學士手校本上，余復借盧校本傳寫對勘一過，又改正數百字，并從文獻通攷補得十餘條，凡黄筆者皆是。今而後庶幾可爲善本。因念抱經學士已歸道山，效曾進士久患心疾，而樣客之年亦七十三矣，余得挾書往來，賞奇析義，能不欣感交至哉！按陳振孫宋史無傳，癸辛雜識别集載徐元杰一條，知振孫于淳祐四年官國子司業，又會稽續志浙東提舉題名有陳振孫，端平三年二月初六日，以朝散大夫知台州兼權，八月正除，十月二十六日到任。嘉熙元年改知嘉興府。是振孫由浙東提舉改知府，厲太鴻徵君宋詩紀事作浙西提舉，誤也。今四庫全書總目又引癸辛雜識莆田陽氏子婦一條，偁陳伯玉振孫時以倅攝郡；又陳周士一條，偁周士，直齋侍郎之長子。謂振孫始仕州郡，終官侍郎，不止浙西提舉。然檢毛氏汲古閣所刊癸辛雜識無此二條，未知總目所據何本？且云浙西提舉，亦承厲氏之誤耳。此書有隨齋批注，不書姓名，錢詹事養新録云元時有楊益，字友直，洛陽人，官至撫州路總管，著有隨齋詩集，或即其人。因勘校是本，附書于後。嘉慶十年秋日。

## 十二、鄭元慶録、范鍇輯吴興藏書録

陳振孫書録解題

齊東野語云：直齋陳氏，藏書最多。嘗仕於莆，傳録夾漈鄭氏、方氏、林氏、吴氏舊書，至五萬一千一百八十餘卷，且倣讀書志作解題，極其精詳，近亦散失。

清容居士集云：定武禊帖損本，多有「叔信父」篆印，翰林承旨趙孟頫家本，得於霅溪陳侍郎直齋，其家藏書冠東南，今盡散落，予家亦得其數十種。此本有「叔信父」印。

湖録〔一〕：聞之竹垞先生云：書録解題一十六卷，常熟毛氏藏有半部宋槧本，亟訪之，乃託言轉於玉峯，不獲一見，惜哉！予竊從通攷彙鈔之，不分卷，亦裒然二册矣。大約馬氏收羅殆盡，或未必有所芟棄也。

〔一〕湖録爲鄭元慶所撰之吴興地方志稿，未刊，范鍇從中輯出吴興藏書録。

## 十三、吴騫拜經樓藏書題跋記卷三

書録解題二十二卷，武英殿聚珍本，盧學士借校，多所補正，凡字畫之不合六經者，悉皆更定，彌見前輩讀書之精審，深可寶愛。簡莊徵君復校補十數條，内卷十二至卷十四，卷十九至二十二，先君子曾得舊鈔殘本，手校於上，後以贈嘉興陳梅軒進士。嘉慶乙丑，簡莊得陳鄉人從梅軒借録本一册，以示先君子，因復録於是本，并書十四卷後云：予向有舊書録解題殘本，後以贈檇李陳進士效曾。效曾官楚中十餘年，移疾而歸，所患乃失心之疾。此書予未有副，求前書一校此本，亦不可得。頃簡莊從吴中購得一本，則有效曾鄉人曾與效曾借予殘本而手校者，惜不知姓氏，攷其所校時，迄今已二十有五年矣。因復從簡莊借録於此本，不禁閣筆爲之三歎！嘉慶乙丑兔牀志。又書廿二卷末云：嘉慶丁卯仲秋秀水王稼洲茂才過訪，予出此書示之，其十二卷中所云，從同郡陳效曾所借，效曾之姓名，稼洲亦不辨。稼洲名尚繩，尊甫省齋大令元啓，禾中篤學士也。於效曾爲前輩。

## 十四、周中孚鄭堂讀書記卷三十一

直齋書録解題二十二卷　武英殿聚珍版本

宋陳振孫撰。振孫，字伯玉，號直齋，安吉人。端平中官浙西提舉，改知嘉興府，後以户部侍郎致仕。本癸辛雜識。淳祐九年致仕，本郡志。四庫全書著録。倪氏宋志補作五十六卷，蓋以一類爲一卷，實五十三類，而誤三爲六也。其書久佚，今館臣從永樂大典録出，分經爲十類，史爲十六類，子爲二十類，集爲七類，凡三千三十九種。每種詳其卷數撰人，而品題其得失。體例與晁氏讀書志極相似，而考證亦皆允當。故通攷即以晁氏書及是書輯爲經籍攷，而附益以舊説，遂成巨帙。考宋以前之典籍者，蓋莫善於此矣。是書有所附隨齋批注，不著名氏。考元時有楊益，字友直，洛陽人，官至撫州路總管，所著有隨齋詩集。或即其人乎？其所批注雖寥寥，而於本書頗有裨益云。

## 十五、李慈銘越縵堂讀書記卷十一

直齋書録解題　宋陳振孫撰

閲直齋書録解題。錢警石曝書雜記稱沈雙湖説以解題中有隨齋批注，隨齋乃程大昌之孫棨，元時人。據鄭樵石鼓文考下批注稱「先文簡」云云，今觀卷三新唐書下，卷五越絶書下批注，皆有文簡云云，是沈説可信。然其批注寥寥，亦無所發明。至以隋曹憲爲撰博雅，又注啖助爲姓名，其淺陋可知矣。此等人亦不足深考，故四庫書目言不詳其人，養新録又疑是元人楊益也。同治戊辰（一八六八）五月二十二日。

## 十六、繆荃孫藝風堂藏書記卷五

直齋書録解題二十卷

舊鈔本。原書久佚。館臣從大典輯出，以原分五十三類，定爲二十二卷。此鈔帙雖不全，尚是陳氏原書。存楚辭類一卷，總集類一卷，詩集類二卷，别集類三卷，類書類一卷，雜藝類一卷，音樂類一卷，章奏類一卷，歌辭類一卷，文史類一卷，神仙類一卷，釋氏類一卷，兵書類一卷，曆象類一卷，醫書類一卷，卜筮類一卷，刑法類一卷。原書惟别集分三卷，詩集分兩卷，每類各自爲卷，全書當分五十六卷。與大典本相校，釋氏類多二條，雜藝類七條，類書類二條，其餘字句亦多同異。荃孫另撰攷證。收藏有「穌松庵」白文長方印，「筠」字朱文圓印，「宋氏蘭揮藏書善本」白文長方印。

## 十七、黄虞稷、倪燦宋史藝文志補子部簿録類

陳振孫直齋書録解題五十六卷 今分二十二卷。

## 十八、張金吾愛日精廬藏書志卷二十

直齋書録解題殘本四卷　舊鈔本

宋陳振孫撰。存楚詞類一卷、别集類三卷。四庫全書著録本係從永樂大典録出者，此則原本殘佚也。

## 十九、瞿鏞鐵琴銅劍樓書目卷十二

直齋書録解題　舊鈔殘本

宋陳振孫撰。此出文淵閣所鈔，即秀水朱氏、抱經盧氏所見本也。僅存楚辭類一卷，别集類三卷。核與今館本同，惟字句差有小異。盧氏又得子部數門於鮑氏。知此書原本惟别集分三卷，詩集分兩卷，其餘各類各自爲卷。全書當分五十六卷。詩集後次以總集、章奏、歌辭，而以文史終焉。其餘次第與館本同。卷首有「文淵閣」、「季振宜藏書」、「汲古閣」、「曝書亭珍藏」、「朱彝尊印」諸印記。

# 廿、丁丙善本書室藏書志卷十四

直齋書録解題二十二卷　盧抱經校藏巾箱本

宋陳振孫撰。振孫，字伯玉，號直齋，安吉人。嘉定四年爲溧水教授，歷官侍郎，致仕家居，修吴興志，討摭頗詳。子造，嘉興通判。直齋嘗仕於莆，傳録夾漈鄭氏、方氏、林氏、吴氏舊書，至五萬一千一百八十餘卷，且倣讀書志作解題。湖録云，聞朱氏竹垞言書録解題常熟毛氏藏有半部宋槧本，亟訪之，託言轉售玉峯，不獲見。惜哉！竊從通攷彙鈔之，亦裒然二册，大約馬氏收羅殆盡，未必有所遺棄。四庫館輯自大典，卷一易類，卷二書類、詩類、禮類，卷三春秋、孝經、語孟、經解、讖緯、小學類，卷四正史、别史、編年、起居注類，卷五詔令、僞史、雜史、典故諸類，卷六職官、禮注、時令諸類，卷七傳記、法令二類，卷八譜牒、目録、地理諸類，卷九儒家、道家類，卷十法家、名家、墨家、縱横家、農家、雜家類，卷十一小説家類，卷十二神仙、釋氏、兵書、曆象、陰陽家、卜筮、刑法類，卷十三醫家類，卷十四音樂、雜藝、類書類，卷十五楚辭、總集類，卷十六、七、八别集上、中、下類，卷十九、二十詩集上、下類，卷二十一歌詞類，卷二十二章奏、文史類，凡五十有六類。各詳其卷帙多少，撰人名氏，且爲品題其得失云。有「盧文弨弓父手校」印。

# 廿一、王先謙虚受堂書札卷一

又與筱珊

尊藏書録解題鈔本校畢奉上。各卷次第分合與大典本不符，而卷數或有或無，類書、雜藝、音樂、神仙、釋氏、兵書、曆象、醫書、卜筮應在「子」而入「集」，蓋鈔書者糅亂任意，非原本誤也。與大典本互勘，字句頗多殊異、增省之處。雜藝類唐朝名畫録一卷，原别爲一條，大典本據通攷録入，合之於書斷，賴此本猶見原書面目。音樂類亦有數條爲大典本所無，惜經、史全缺，子部少陰陽家一類，然張氏讀書志所藏不及此本之多，已云希有，則此本之可貴當何如邪！僕慮籤黏易脱，校注上方，又以文繁眼眊，既無别本攙雜其間，意趨簡略，不復出「大典本」三字。史席餘閒，請自增之。

# 附録二　關於陳振孫之生平和著述

## 一、劉克莊後村大全集卷七十五

故通奉大夫寶章閣待制致仕陳振孫贈光禄大夫

疏傅賢哉，方遂揮金之樂；魏公逝矣，可勝亡鑑之悲。於以飾終，爲之攬涕。具官某，其文秋濤瑞錦，其姿古柏寒松。早號醇儒，得淵源於伊洛；晚稱名從，欲輩行於乾淳。若鳳儀麟獲而來，以鱣舞狐嘷而去。生芻一束，莫挽於遐心；寶帶萬釘，少旌於耆德。尚期難老，胡不憖遺？噫！德比陳太丘，素負海内之望；官如顔光禄，用爲宰上之題。可。

## 二、洪咨夔平齋文集卷十八

軍器監簿陳振孫除諸王宫大小學教授制

敕具官某，我仁宗詔諸宫院教授，非止講習經旨，須選履行端慤，蓋欲其以身教也。爾静而不競，簡而不華，可謂端慤矣。振振麟定，以爾爲之師，觀榘度於步武之間，挹芳潤於言論之頃。而成童既冠，莫非大雅，麗澤講習之功，將有考於此。可。

## 三、周密齊東野語（五則）

嘲覓薦舉（卷八）

直齋陳先生云，向爲紹興教官日，有同官初至者，偶問其京削欠幾何，答云：「欠一二紙。」數月，聞有舉之者，會間賀其成事，則又曰：「尚欠一二紙。」又越月，復聞有舉者，扣之，則所答如前。余頗怪之。他日與王深甫言之，深甫笑曰：「是何足怪，子不見臨安丐者之乞房錢乎？暮夜號呼於衢路，曰：『吾今夕所欠十幾文耳。』有憐之者如數與之曰：『汝可以歸卧矣。』感謝而退。去之數十步，則其號呼如初焉。子不彼之怪，而此之怪，何哉？」因相與大笑而罷。

義絶合離（卷八）

莆田有楊氏，訟其子與婦不孝，官爲逮問，則婦之翁爲人毆死，楊亦預焉。坐獄未竟，而值覃霈得不坐，然婦仍在楊氏家。有司以大辟既已該宥，不復問其餘，小民無知，亦安之，不以爲怪也。其後，父又訟其子及婦，軍判官姚珤以爲雖有讎隙，既仍爲婦，則當盡婦禮，欲併科罪。陳伯玉振孫時以倅攝郡，獨謂：父子天合，夫婦人合；人合者，恩義有虧則已矣。在法休離皆許還合，而獨於義絶不許者，蓋謂此類，況兩下相殺，又義絶之尤大者乎。初間〔一〕楊罪既脱，合勒其婦休離，有司既失之矣。若楊婦盡禮於舅姑，則爲反親事讎，稍有不至，則舅姑反得以不孝罪之矣。當離不離，則是違法。在律違律爲婚既不成婚，即有相犯，並同凡人。今婦合比附此條，不合收坐。時皆服其得法之意焉。按，筆談所載壽州有人殺妻之父母兄弟數口，州司以不道，緣坐其妻子。刑曹駁之曰：毆妻之父母即爲義絶，況身謀殺不應復坐。此與前事正相類。凡泥法而不明於理，不可以言法也。

〔一〕「初間」，稗海本、學津本作「問」。

## 書籍之厄（卷十二）

……近年惟直齋陳氏書最多。蓋嘗仕於莆，傳録夾漈鄭氏、方氏、林氏、吴氏舊書，至五萬一千一百八十餘卷，且倣讀書志作解題，極其精詳，近亦散失。……

## 張氏十詠圖（卷十五）

先世舊藏吴興張氏十詠圖一卷，乃張子野圖其父維平生詩，有十首也。（十首詩略）孫覺莘老序之云：「富貴而壽考者，人情之所甚慕；貧賤而夭短者，人情之所甚哀。然有得於此者，必遺於彼，故寧處康強之貧，壽考之賤；不願多藏而病憂，顯榮而夭短也。贈尚書刑部侍郎張公，諱維，吴興人。少年學書，貧不能卒業，去而躬耕以爲養。善教其子，至於有成。平居好詩，以吟詠自娱，浮游閭里，上下於谿湖山谷之間，遇物發興，率然成章，不事彫琢之巧，采繪之華，而雅意自得。徜徉閑肆，往往與異時處士能詩者爲輩。蓋非無憂於中，無求於世，其言不能若是也。公不出仕，而以子封至正四品，亦可謂貴；不治職而受禄養以終其身，亦可謂富；行年九十有一，可謂壽考。夫享人情之所甚慕，而違其所哀，無憂無求，而見之吟詠，則其自得而無怨懟之辭，蕭然而有沉澹之思，其亦宜哉。公卒十八年，公子尚書都官郎中先亦致仕家居，取公平生所自愛詩十首，寫之縑素，號十詠圖，傳示子孫，而以序見屬。余既愛侍郎之壽，都官之孝，爲之序而不辭。都官字子野，蓋其年八十有二云。」此事不詳於郡志，而張維之名亦不顯，故人少知者。會直齋陳振孫貳卿方修吴興志，討摭舊事，見之大喜，遂傳其圖，且詳考顛末，爲之跋云：「慶曆六年，吴興郡守宴六老於南園，酒酣賦詩，安定胡先生瑗教授湖學，爲序其事。六人者：工部侍郎郎簡年七十九，司封員外郎范説年八十六，衛尉寺丞張維年九十一，俱致仕；劉維慶年九十二，周守中年九十五，吴琰年七十二，皆有子弟列爵於朝。劉，殿中丞述之仲父；周，大理丞頌之父；吴，大理丞知幾之父也。詩及序刻石園中，園廢，石亦不存，其事見圖經及安定言行録中。余嘗攷之：郎簡，杭人也，或嘗寓於湖；范説，咸平三年進士，同學究出身；周頌，天聖八年進士。劉、吴盛族，述與知幾皆有名蹟可見，獨張維無所攷。近周明叔史君得古畫三幅，號十詠圖者，乃維所作詩也。首篇即南園宴集所賦，孫覺莘老序之，其略云云。於是始知維爲子野之父也。時熙寧五年，幾在壬子，逆數而上八十二年，子野之生當在淳化辛卯，其父享年九十有一，正當爲守。會六老之年，實慶曆丙戌。逆數而上九十一年，則周世宗顯德丙辰也。後四年宋興，自是日趨太平極盛之世，及於熙寧、元豐，再更甲子矣。子野於其間擢儒科，登膴仕，爲時聞人，贈其父官四品，仍父子皆耄期，流風雅韻，使人遐想慨慕不能已，可謂吾鄉衣冠之盛事矣。世固知有子野，而不知有其父也。自慶曆丙戌後十八年，子野爲十詠圖，當治平甲辰；又後八年，孫莘老爲太守，爲之作序，當熙寧壬子；又後一百七十七年，當淳祐己酉，其圖爲好古博雅君子所得。會余方緝吴興人物志，見之如獲拱璧，因細考而詳録之，庶幾不朽於世。其詩亦清麗閑雅，如『灘頭斜日鳧鷖隊，枕上西風鼓角聲』，又『花有秋香春不知』，皆佳句也。子野之墓在卞山多寶寺，今其後影響不存矣。此圖之獲，豈不幸哉！本朝有兩張先，皆字子野。其一博州人，天聖三年進士，歐陽公爲作墓志；其一天聖八年進士，則吾州人也。二人名姓字偶皆同，而又適同時，不可不知也。」且賦詩云：「平生聞説張三影，十詠誰知有乃翁。逢世昇平百年久，與齡耆艾一家同。名賢敍述文章好，勝事流傳繪素工。遐想盛時生恨晚，恍如身在畫圖中。」南園故址在今南門内，牟存叟端平所居是也。其地尚爲張氏物，先君爲經營得之。存叟大喜，亦常賦五絶句，其一云：「買家喜傍水晶宫，正是南園故址中。我欲築堂名六老，追還慶曆太平風。」蓋紀實也。余家又偶藏子野詩一帙，名安六集，舊京本也。鄉守楊嗣翁見之，因取刻之郡齋。適二事皆出余家，似與子野父子有緣耳。

朱唐交奏本末（卷十七）

朱晦庵按唐仲友事，或云吕伯恭嘗與仲友同書，會有隙，朱主吕故抑唐，是不然也。蓋唐平時恃才輕晦庵，而陳同父頗爲朱所進，與唐每不相下。同父遊台，嘗狎籍妓，囑唐爲脱籍，許之。偶郡集，唐語妓云：「汝果欲從陳官人邪？」妓謝。唐云：「汝須能忍飢受凍乃可。」妓聞大恚。自是陳至妓家，無復前之奉承矣。陳知爲唐所賣，亟往見朱。朱問：「近日小唐云何？」答曰：「唐謂公尚不識字，如何作監司？」朱銜之。遂以部内有冤獄，乞再巡按。既至台，適唐出迎少稽，朱益以陳言爲信，立索郡印，付以次官，乃摭唐罪具奏，而唐亦作奏馳上。時唐鄉相王淮當軸，既進呈，上問王，王奏：「此秀才爭閒氣耳。」遂兩平其事。詳見周平園、王季海日記。而朱門諸賢所著年譜、道統録，乃以季海右唐而并斥之，非公論也。其説聞之陳伯玉貳卿，蓋親得之婺之諸吕云。

# 四、周密癸辛雜識别集下

嵩之起復

嵩之之起復也，匠監徐元杰攻之甚力，遂除起居舍人，國子祭酒，仍攝行西掖，未幾暴亡。或以爲嵩之毒之而死，俾其妻申省，以爲口鼻拆裂，血流而腹脹，色變青黑，兩臂皆起黑泡，面如斗大，其形似鬼，欲乞朝廷主盟與之伸寃。侍御鄭寀率臺諫共爲一疏，少司成陳振孫、察官江萬里並有疏，遂將醫官人從廚子置獄，令鄭寀督之，竟不得其情，止以十數輩斷遣而已。徐霖上書力詆寀不能明此獄之寃，不報，竟去。寀奏疏乞留霖，亦不報。先是侍御史劉漢弼盡掃嵩之之黨，至此亦以暴疾亡，或者亦謂嵩之有力，然皆無實跡也。朝廷遂各賜田五頃、楮幣五千貫，以旌其直。黄濤之試館職也，對策歷數史嵩之之惡，至是除宗正少卿，於對疏乃言元杰止是中暑之證，非中毒也。於是僉議攻之，而元杰之子直諒投匭扣閽，力辨此説，濤遂被劾云。

## 五、周密志雅堂雜鈔卷下

直齋所著書，有言書解一册、易解、繫辭録、史鈔。

## 六、袁桷清容居士集（三則）

龔氏四書朱陸會同序（卷二十一）

五經專門之説不一，既定於石渠鴻都，嗣後學者靡知有異同矣。易學以辭象變占爲主，得失可稽也。王輔嗣出，一切理喻，漢學幾於絶熄。宋邵子、朱子震始申言之，後八百餘年而始興者也。春秋家劉歆尊左氏，杜預説行，公、穀廢不講，啖、趙出，聖人之旨微見，劉敞氏、葉夢得氏、吕大圭氏其最有功者也，尊王褒貶則幾於贅，是千餘年而始著書也。書别於今文古文，晋世相傳馴致後，宋時則有若吴棫氏、趙汝談氏、陳振孫氏疑焉，有考過千百年而能獨明者也。……至治二年八月辛未袁桷序。

劉隱君墓誌銘（卷二十八）

五經之學，由宋諸儒先緝續統緒，詩首蘇轍，成鄭樵；易首王洙，東萊吕祖謙氏後始定十二篇；胡宏氏辨周官，余廷椿乃漸次第；書有古文今文，陳振孫掇拾援據，確然明白，言傳心者猶依違不敢置論。……

跋定武禊帖（卷四十六）

翰林承旨趙孟頫家本，得於霅溪陳侍郎振孫伯玉，號直齋，其家藏書冠東南，今盡散落，余家亦得其數十種，有「叔信甫」印。

## 七、吴師道吴禮部詩話

（上略）予家淵明集十卷，卷後有楊休之序録、宋丞相私記及曾紘説讀山海經誤句三條。乾道中林栗守江州時所刊。第三卷首有序云：「文選五臣注淵明辛丑歲七月赴假還江陵夜行塗中詩，題云：淵明詩晉所作者，皆題年號，入宋所作，但題甲子而已。意者恥事二姓，故以異之。思悦考淵明之詩，有以題甲子者，始庚子，距丙辰，凡十七年間只九首耳，案集，九題，詩十一首。皆晉安帝時所作也。中有乙巳歲三月爲建威參軍使都經錢溪作，此年秋乃爲彭澤令，在官八十餘日，即解印綬，賦歸去來兮。後一十六年庚申，晉禪宋，恭帝元熙二年也。蕭得施作傳曰：『自宋高祖王業漸隆，不復肯仕。』於淵明之出處得其實矣。寧容晉未禪宋前二十載，輒恥事二姓，所作詩但題以甲子而自取異哉？矧詩中又無標晉年號者，其所記甲子，蓋偶記一時之事耳，後人類而次之，亦非淵明意也。世之好事者多尚舊説，今因詳校故書於第三卷首，以明五臣之失，且袪來者之惑。」愚按陳振孫伯玉亦云：「有治平三年思悦題思悦者，不知何人。」今未有考，但其所論甚當而有未盡。且宋書、南史皆云，自宋高祖王業漸隆，不復肯仕，所著文章，皆題其年月，義熙以前，明書晉氏年號，自永初以來，惟云甲子而已。李善注文選，淵明始作鎮軍參軍經曲阿題下引宋書云云。蓋自沈約、李延壽皆然，李善亦引之，不獨五臣誤也。今攷淵明文，惟祭程氏妹文書「義熙三年」，祭從弟敬遠文，則云「歲在辛亥，即惟仲秋」。自祭文則曰「歲惟丁卯，律中無射」。惟丁卯在宋元嘉四年，辛亥亦在安帝時，則所謂一時偶記者，信乎得之矣。本傳：「江州刺史王弘欲識之，不能致。潛遊廬山，弘令其故人龐通之齎酒具，半道栗里邀之。」集中答龐參軍四言五言各一首，皆敍隣曲契好，明是此人。又有怨詩示龐主簿者，即參軍邪？半道栗里亦可證移家之事。陳氏書録稱吳仁傑斗南有年譜，張縯季長有辨證，俟見并攷之。

## 八、韋居安梅磵詩話卷上（兩則）

沈作喆字明遠，吳興人，守約丞相之姪，自號寓山。登紹興進士第，嘗爲江右漕屬。作哀扇工詩，搚怒洪帥魏道弼，捃深文劾之，坐奪三官。其後從人使虜，南澗韓無咎遺之詩曰：「但如王粲賦從軍，莫爲班姬詠團扇。」有旨哉！洪有士子與寓山往來相款洽，一日清晨來訪，寓山猶在寢，遂徑造書室，翻篋中紙，詩稿在焉，由是達魏之聽。陳直齋吳興氏族志云：「哀扇工詩，罵而非諷，非言之者罪也。」其詩不傳。

吾鄉地瀕具區，故郡以「湖」名。葉水心爲趙守希蒼作勝賞樓記，有「四水會於霅溪，鏡波藍浪」等語。然直齋爲吳守子明記重建碧瀾堂，亦云「鏡波藍浪，萬頃空闊」，以是觀之，則水晶宮之稱非浪得也。……

## 九、王鏊姑蘇志卷四十二

陳振孫，字伯玉，安吉人。博通今古。爲浙西提舉，仰體祖宗卹民之意，舉行萬户，停廢醋庫，邦人德之。

## 十、厲鶚宋詩紀事卷六十五

陳振孫

振孫字伯玉，號直齋，安吉縣人，端平中仕爲浙西提舉，改知嘉興府，嘗著書録解題。

題張氏十詠圖

平生聞説張三影，十詠誰知有乃翁。逢世昇平百年久，與齡耆艾一家同。名賢敍述文章好，勝事流傳繪素工。遐想盛時生恨晚，恍如身在畫圖中。齊東野語

## 十一、錢泰吉曝書雜記卷下

陳直齋嘗知嘉興，余既據宋詩紀事、養新録載之前卷矣。兹讀書録解題，尋求其生平事迹。蓋嘗分教鄞學，宰南城，倅莆田，而其先世亦略見。謹條録如左，以備考證。浮沚先生集十六卷、後集三卷，秘書省正字永嘉周行己恭叔撰。十七入太學，有盛名。師事程伊川，元祐六年進士，爲博士太學，以親

老歸，教授其鄉，再入爲館職，又出作縣。永嘉學問所從出也，鄉人至今稱周博士。集序林越撰，言爲秘書郎則不然。先祖妣先生之第三女，先君子其自出也，故知其本末。所居謝池坊有浮沚書院。卷十七。濟溪老人遺稿一卷，通判明州濟源李迎彦將撰。永嘉周浮沚先生之壻，與先大父爲襟袂，集中有送先君子赴戊子秋試詩，首句「籍甚人言易已東」，蓋先君治易故也。卷十八。丁永州集三卷，知永州吴興丁注葆光撰。有女適樂清令富春李素見素，先妣之大父母也。卷十七。愚未冠時，無書可觀，雖二史亦從人借，嘗於班書志傳録出諸詔，與紀中相附，以便覽閲。既仕於越，乃得見林氏書，而樓氏書近出。卷五東漢詔令。往在鄞學，訪同官薛師雍子然，几案間有書一編，大略述三山一郡財計。薛曰：「外舅陳止齋修圖經，欲以爲財賦一門，後緣卷帙多，不果入，因借録之，書無標目，以意命之曰三山財賦本末。」及來莆田，爲鄭寅子敬道之，鄭曰家有何一之長樂財賦志，豈此耶？借觀之，良是。卷五。國紀，不大行於世。鄞學有魏邸舊書，傳得之。卷四。琴譜，鄞學魏邸舊書有之，己卯分教傳録，亦益以他所得譜。卷十四。九經字樣一卷，往宰南城，出謁，有持故紙鬻於道者，得此書，乃古京本，五代開運丙午所刻也。遂爲家藏書籍中之最古者。卷三。爾雅新義，頃在南城傳寫凡十八卷，其曾孫子遹所刻於嚴州爲二十卷。同上。參同契分章通真義三卷，明鏡圖訣一卷，曩在麻姑山傳録。卷十二。玉蟾者，葛其姓，福之閩清人，嘗得罪亡命，蓋姦妄流也。余宰南城，有寓公者，稱其人，云近嘗過此，識之否？余言不識也，此輩何可使及吾門！李士甯、張懷素之徒皆殷監也。是以君子惡異端。卷十二羣仙珠玉集。龐氏家藏秘室方，南城吴炎晦父録以見遺。卷十三。龍髓經至二十八禽星圖，以上七種并前諸家，多吴炎録以見遺。江西有風水之學，往往人能道之，雜相書凡二十三種，又有拾遺，亦吴晦父所録。卷十二。雪巢小集，東魯林憲景思撰。余爲南城，其子遊謁至邑，以家集見示，愛而録之，及守天台，則板行久矣，視所録本稍多。卷二十。郯志三卷，從盱江晁氏借録。卷五。梁谿易傳，莆田鄭寅子敬從忠定之曾孫得其家藏本，頃倅莆田，日借鄭本傳録。卷一。後魏國典，從莆田劉氏借録。卷五。三朝訓鑑圖十卷，頃倅莆田，有售此書者，亟求觀之，則已爲好事者所得。蓋當時御府刻本也。卷爲一册，凡十事，事爲一圖，飾以青赤，亟命工傳録，凡字大小，行廣狹，設色規模，一切從其舊，斂衽鋪觀，如生慶曆、皇祐間，目覩聖作明述之盛也。卷五。獨斷，向在莆田嘗録李氏本。卷六。夾漈家傳一卷，所著書目附，莆田鄭翁歸述其父樵漁仲事跡。樵死時，翁歸年八歲，安貧不競。頃佐莆郡時猶識之。卷七。元和姓纂，絶無善本。頃在莆田以數本參校，僅得七八，後又以蜀本校之，互有得失，然粗完整矣。卷八。晉陽事跡雜記，從莆田李氏借録。同上。番陽雜記，莆田借李氏本録之。同上。雲笈七籤，頃於莆中傳録，纔二册，後於平江天慶道藏得其全，録之。卷十二。舊見沙隨程迥所記南渡諸人，以易林筮國事多奇驗，求之累年，寶慶丁亥始得之莆田，恨多脱誤。嘉熙庚子，從湖守王寺丞侑借本兩相校，十得八九。同上。集選目録二卷，莆田李氏有此書，凡一百卷，力不暇傳，姑存其目。卷十五。蔡忠惠集，余嘗宦莆，至其居，去城三里，荔子號「玉堂紅」者，正在其處，矮屋欲壓頭，猶是當時舊物。歐公所撰墓誌石立堂下，真蹟及諸公書帖多有存者。卷十七。武元衡集，初用莆田李氏本傳録，後以石林葉氏本校。卷十九。天台山記一卷。余假守臨海，就使本道，嘉熙丙申。按丙申爲端平三年，明年丁酉，乃爲嘉熙元年，此作嘉熙丙申，誤。文獻通攷亦同，今仍原文。十月，解郡符趨會稽治所，道過之，鋭欲往遊，會大雪不果。改轅由驛道，至今以爲恨。偶見此記，録之以寄卧遊之意。卷八。造化權輿六卷，余求之久不獲，己亥歲，從吴門天慶觀道藏中借録。卷十。景祐天竺字源，吴郡虎丘寺有賜本如新，己亥歲借録。卷十二。白氏年譜，維揚李璜德劭所作，余嘗病其疎略抵牾，且號爲年譜，而不繫年，乃别爲新譜，刊附集首。卷十六。白集年譜一卷，知忠州漢嘉何友諒以居易舊治，既刊其文集，又作年譜刊之集首。始余爲譜既成，妹夫王栐叔永守忠録寄之，視余譜詳略互見，亦各有發明。同上。陳直齋事跡。

# 十二、丁丙善本書室藏書志卷三十八

玉臺新詠十卷　明正德仿宋刊本

陳尚書左僕射太子少傅東海徐陵字孝穆撰。

前有陵序，銜名與集題同。劉肅大唐新語云梁簡文爲太子，好作豔詩，境内化之。晚年欲改作，追之不及，乃令徐陵爲玉臺集以大其體。似此集成於梁代，今本題署或後人所追改也。末有永嘉陳玉父後序，稱幼時至外家李氏，於廢書中得舊京本，版有刓者，欲求他本是正，多不獲。嘉定乙亥始從人借得豫章刻本，纔五卷，又聞石氏所藏録本，復求觀之，以補亡脱，於是其書復全云云。每葉三十行，行三十字，每卷有篇目連屬詩詠，小楷精湛，明正德翻刊也。案舊京本當是北宋所遺，玉父敍稱乙亥，乃宋寧宗嘉定八年後雕行。永嘉陳埴、陳宜中多著聲聞，玉父殆其族屬歟？

## 十三、陸心源宋史翼卷二十九

### 陳振孫傳

陳振孫，字伯玉，安吉人，所居號直齋，博通古今，勞志。爲鄞縣學，書録解題四。紹興教官，齊東野語八。辛南城，解題三。寶慶二年通判興化軍，嘗佐郡人陳宓修濠塘，踰月而成，學田得以克復。解題七。案興化軍治莆田，故解題云莆郡。時有楊氏訟子及婦不孝者，逮問，則婦之翁爲人毆死，楊亦預焉。獄未竟，值覃霈得不坐。其後父又訟子及婦，振孫時以倅攝郡，謂父子天合，夫妻人合，在法離絶皆許還合，而獨於義絶不許者，蓋謂此類。若楊婦盡禮於舅姑，則爲反親事讎，稍有不至，反得以不孝罪之。初問楊罪既脱，合勒某婦休離，當離不離，則是違法，爲婚既不成婚，即有相犯，並同凡人。今其婦合比此條，不合收坐。時皆服其得法之意焉。野語八。端平三年以朝散大夫知台州，除浙東提舉，嘉熙元年改知嘉興府。會稽續志。爲浙西提舉，體祖宗卹民之意，舉行萬户，停廢醋庫，邦人德之。王鏊姑蘇志。制以振孫研精經術，有古典型，除國子司業。徐元杰楳埜志。徐元杰暴亡，或謂史嵩之毒之，振孫亦有疏。癸辛雜識。以某部侍郎野語九。除寶章閣待制致仕，贈光禄大夫。劉後村大全集外制。家藏舊書至萬卷，倣讀書志作解題，極其精詳。摭舊事輯吴興人物志、野語十五。氏族志、梅磵詩話。書解、易解。志雅堂雜鈔。子造，字周士，登第爲嘉禾倅。野語。

## 十四、陳樂素直齋書録解題作者陳振孫

元袁桷清容居士集卷四六跋定武禊帖損本云：「趙孟頫家本得於霅溪陳侍郎振孫伯玉，號直齋；其家藏書冠東南，今盡散落，余家亦得其數十種。」卷四八書陸淳春秋纂例後云：「唐志：纂例十卷、集注三十卷、微旨二卷、辨疑七卷。聞苕溪直齋陳氏書目咸有之。」案陳氏書録解題著録實止纂例與辨疑，見卷三，且明言「唐志有集注，今不存；又有微旨，未見」。是伯長當日雖得其藏書，然不但未覩其目，即所聞亦非實也。伯長在元，與吴師道同時，吴禮部詩話有述陳振孫伯玉語，見知不足齋本書録解題〔一〕。伯長居史院，閲覽繁富，何以不及斯目？豈其流傳未廣歟？然周密齊東野語卷十二書籍之厄條言：「直齋書五萬一千一百八十餘卷，倣讀書志作解題，極精詳。」則公謹知之獨審。公謹蓋視直齋爲鄉先輩，時親謦欬，故野語卷八、卷十七，浩然齋雅談上，均有聞諸陳氏之言。而馬端臨通攷所以能據

陳氏説者，殆以父相廷鸞出自牟子才之門，牟氏既與直齋有同朝之好，晚年又卜居霅川，事見牟巘陵陽集卷十七題施東皋南園圖後；牟氏與直齋不乏晤會機緣，故馬氏遂得間接有其書目。盧文弨抱經堂文集卷九書録解題跋謂貴與於通攷目録一門不將陳氏書載入，難免紕漏之譏；余謂馬攷於直齋事跡略無記載，尤爲可惜也。

貴與既未述其事跡，而伯長清容集卷廿一龔氏四書朱陸會同序及卷廿八劉隱君墓誌，嘗言直齋於古文今文，掇拾援據，確然明白，疑焉有考，過千百年而能獨明者，重其學矣。而清容集卷四六書孝宗賜史定王褒賢臣頌後云：「椾爲國朝史官十五年，獲纂金、宋舊史，簡帙繁重，猶未克就。」今宋史乃無傳，何也？宋史既無傳，同時亦未聞有較詳之記載，致後世雖重解題一書，然於其生平，所知益寡。清季陸心源撰宋史翼，爲之立傳矣，而所載寥落；陳壽祺撰宋目録家晁公武陳振孫傳，載國粹學報第六八期，亦少新知。殆緣相去六百年，可以爲之資者已微歟？然微中探究，於直齋名里年代，生平出處，猶未嘗無一二可述，兹分四節説之，雖零斷不全，或尚能供研史者一參考也。

## 一、本名

陸氏皕宋樓藏書志卷三三載洛陽名園記一跋云：「晉王右軍聞成都有漢時講堂，秦時城池門屋樓觀，慨然遠想，欲一遊目，其與周益州帖，蓋數致意焉。近時吕太史有感於宗少文卧遊之語，凡昔人記載人境之勝，録爲一篇。其奉祠亳社也，自以爲譙、沛真源恍然在目，而究之太極，嵩之崇福，華之雲臺皆將卧遊之。噫嘻！弧矢四方之志，高人達士之懷，古今一也！顧南北分裂，蜀在境内，雖遠，患不往爾，往則至矣；毫、兗、嵩、華，視蜀猶邇封也，欲往其可得乎？然則太史之情，其可悲也已！予近得此記，手寫一通，與東京記、長安、河南志、夢華録諸書並藏，而時自覽焉，是亦卧遊之意云爾。」末題永嘉陳瑗伯玉書。此文具載解題卷八續成都古今集記條中，則固直齋之文也。藏書志所載有譌奪字，今依解題。然則直齋本名瑗，字伯玉，倣春秋蘧大夫。宋史寧宗紀：「嘉定十七年（公元一二二四）閏八月，帝崩，史彌遠傳遺詔立姪貴誠爲皇子，更名昀，即皇帝位。」是爲理宗。直齋之更名振孫，蓋緣於此，避嫌名也。

然解題於跋後接云：「于時歲在己丑，蜀故亡恙也，後七年而有虜禍；秦、漢故跡，焚蕩無遺。」己丑爲理宗紹定二年（一二二九），後七年爲端平三年（一二三六），指是年九月韃靼破蜀入成都事也。然則避諱之説，豈不與此矛盾乎？雖然，在諱例最嚴之南宋，入理宗時代，直齋決不以瑗爲名，名瑗必在理宗以前，是可無疑者；故或己丑原作己卯，即寧宗嘉定十二年（一二一九），而七年原作十七年，傳鈔者以所據本脱「十」字，因改己卯爲己丑；或則直齋誤記耳。如解題卷八天台山記條云：「嘉熙丙申趨會稽治所。」丙申爲端平三年，非嘉熙；是誤記之一例也。至續成都古今集記條末附記成都事，乃後人所增，非直齋文，故通攷未引；且其中曾稱理宗廟號，更非直齋所及知，説詳後。皕宋樓藏書志卷一一四載直齋所撰崇古文訣序，題「寶慶丙戌永嘉陳振孫」。寶慶丙戌（一二二六）爲理宗即位之第三年，是既已更名之證，焉得五年後之己丑復名瑗也？又今本玉臺新詠有跋云：「幼時至外家李氏，於廢書中得舊京本，多錯謬，欲求他本是正，不獲。嘉定乙亥（八年，一二一五）在會稽，始從人借得豫章刻本，財五卷；又聞有得石氏所藏録本者，復求觀之，以補亡校脱，於是書復全。是歲十月永嘉陳玉父。」丁氏善本書室藏書志卷三八謂：「永嘉陳埴、陳宜中多著聲聞，玉父殆其族屬歟？」然細味之，是亦直齋耳。疑是書初刻於寧宗嘉定，尚未更名，原題「永嘉陳瑗伯玉父」，理宗以後重刊，因避諱，去「瑗」字，空一格；比及三刻，不知所空何字，而誤以爲其名「某伯」，字「玉父」，因併删「伯」字，唯存「玉父」也。若跋題於既已更名之理宗朝，當不致生此誤矣。直齋母李氏，爲富春李素孫女，見解題卷十七丁永州集條，可作跋中「幼時至外家李氏」説一佐證，齊東野語卷八嘲覓薦舉條有直齋向爲紹興教官之語，當即此所謂嘉定乙亥在會稽之時也。

然何以上引諸序跋皆題永嘉？案直齋於解題卷二三禮圖禮象、卷十四法書撮要及卷十八浮山集等條，俱以吴興爲吾鄉，且書中於鄉土所記特詳，如：卷三春秋比事，卷四三國志、五代史纂誤，卷十五吴興分類詩集，卷十七陳都官集，卷十八石林總集，卷十九吴興集，卷二十王季夷北海集及卷廿一張子野詞等條均曾道及。又卷八吴興志嘗言：「郡人談鑰爲書，草率未善。」此其晚年所以有重修之舉，事見齊東野語卷十五張氏十咏圖條。癸辛雜識前集記吴興園圃云：「麗城中二溪水横貫，此天下所無，故好事者多園池之勝。」二溪者苕、霅也。故袁清容苕溪陳氏又稱霅溪，兩無不可；而益足證直齋籍隸吴興，所居郡城爲無疑也。題曰永嘉，殆舉祖貫而言。吴興郡，隋以來改置湖州，宋寶慶初改爲安吉州；故謂直齋爲吴興人，爲湖州人，爲安吉州人，皆可。厲鶚宋詩紀事卷六五作安吉縣人，固誤，四庫提要及宋史翼但稱安吉人，亦未當也。

## 二、述作

直齋於學，以經爲主，而並好文史；卷四史記條嘗曰：「著書立言，述舊易，作古難。六藝之後有四人焉：摭實而有文采者左氏也，憑虛而有理致者莊子也。屈原變國風、雅、頌而爲離騷，及子長易編年而爲紀傳，皆前未有其比，後可以爲法；非豪傑特起之士，其孰能之！」直齋父治易，見卷十八濟溪老人遺稿條；而志雅堂雜鈔卷一謂直齋著書有易解、繫辭録，惜後來目録家罕見著録。解題開卷王弼易注條云：「自漢以來，言易者多溺於象占之學，至弼始一切掃去，暢以義理；於是天下宗之，餘家盡廢。然弼好老氏，魏、晉談玄，自弼輩倡之。易有聖人之道四焉，去三存一，於道闕矣；況其所謂辭者，又雜以異端之説乎？范甯謂其罪深於桀、紂，誠有以也。」其論固如此，而於當世，則大抵宗程氏，而以項安世周易玩辭爲能補其未備，謂：「程氏一於言理，盡略象數，而此書未嘗偏廢；程氏於小象頗欠發明，而此書爻象尤貫通。」見卷一。於書則曰：「兩漢名儒未嘗實見孔氏古文；豈惟兩漢，魏、晉猶然。馬、鄭所解，豈真古文哉？孔注歷漢末無傳，晉初猶得存者，雖不列學官，而散在民間故耶？然終有可疑者，余嘗辨之。」見卷二孔安國尚書注條。志雅堂雜鈔卷一謂直齋有書解、書傳，朱彝尊經義考卷八三引作書說，未詳是否一書。今古文之辨，當在其中；而袁清容獲覩是書，所謂「掇拾援據，確然明白」者也。卷八姓源韻譜條云：「自五胡亂華，百宗蕩析，夷夏之裔，與夫冠冕輿臺之子孫，混爲一區，不可遽知，此周、齊以來譜牒之學所以貴於世也歟！」元吳興韋居安梅磵詩話卷上引直齋重建碧瀾堂記外，復引直齋吳興氏族志；然則氏族之學，亦直齋素所注意者也。又志雅堂雜鈔卷一所載尚有史抄，未言卷數，而乾隆安吉州志卷十五作一百卷，不知何據；光緒安吉縣志因之。

其述作者録於解題中者，有玄真子漁歌碑傳集録一卷，以張志和漁歌世止傳「西塞山前」一章，嘗得其一時倡和諸賢之辭及南卓、柳宗元所賦，因以顏魯公碑述、唐書本傳以至近世用其詞入樂府者，集爲一編，以備吳興故事。見卷十五。又嘗病李璜所作白樂天年譜疏略牴牾，且不繫年，乃別爲新譜一卷，刊附白氏長慶集之首。見卷十六。

所作解題，其名嘗一見於本書卷十二數術大略條，止簡稱解題。其全稱直齋書録解題，現存書中，當以通攷故事類三朝訓鑒圖條馬氏案語中所引爲最早。是書原有諸小序，若語孟、農家、陰陽家、音樂、詩集及章奏等類，雖已並見於通攷，然起居注，時令類，通攷未載，小學類雖曾及之，亦非全文，惟乾隆輯自永樂大典本有之。馬氏引據解題，而分類意見與直齋時有異同。直齋目録與版本之論，尚多散見於諸條之中。

解題所記歲月，以卷十二易林條之嘉熙庚子（四年，一二四零）爲最晚。而卷三春秋分記條有云：

「程公説兄弟三人皆以科第進，今中書舍人公許其季也。」據宋史卷四一五公許本傳及理宗紀，其遷中書舍人，進禮部侍郎，在淳祐五年（一二四五）十二月鄭清之奉祠以後，翌年十二月史嵩之致仕之前；然則淳祐五年六年，解題方在撰寫之中。又解題卷八所著録之晁氏讀書志，乃二十卷本。案袁州本晁氏讀書後志趙希弁序云：「昭德先生校井氏書，爲讀書志四卷，番陽黎侯傳本于蜀，刊之宜春郡齋；且取希弁家所藏書，删其重複，摭所未有，益爲五卷，别以讀書附志。三衢游史君，蜀人也，亦以蜀本鋟諸梓，乃衍而爲二十卷，書加多焉，蓋先生門人姚君應績所編也。」謂黎氏以蜀四卷本刊之宜春，而益以趙家所藏，爲五卷，游氏亦以蜀四卷本刊之三衢，而益以姚應績所編，衍而爲二十卷也。同出一源，派别而爲袁、衢，故趙希弁有袁、衢二本四卷考異之作，附於袁本之末。近張菊生跋袁本云：「公武原志既刊於蜀，其後蜀中别行姚應績編二十卷本。」此説恐實不然。蓋四卷本先，若二十卷本别行於蜀，而删杜鵬舉序，並削去井度姓名，則先後兩本比對，其敗豈不立見？殆因蜀經亂後，游鈞以爲四卷本已孤，時移地異，乃併姚所增編刊行耳；而不意黎安朝亦傳蜀本也。若果有先後别行，則趙氏當爲兩蜀本考異，以證其所據原本較優，而不必爲袁、衢考異，以示袁勝矣。此説如不謬，則直齋所見乃衢本，衢本據游氏跋，刊於淳祐己酉（九年，一二四九）。然則解題之作，至淳祐九年、十年而未已也。

錢泰吉曝書雜記卷下曾條録解題中所載直齋事迹，便利考證。而於卷中云：解題有隨齋批注，養新録疑爲元時洛陽楊益，以其隨齋詩集也。鄉先哲沈雙湖（叔埏）吏部謂隨齋爲程棨，見頤綵堂集書直齋書録解題後，云：「録中鄭樵石鼓文考，批注有『先文簡』字。宋新安程泰之大昌謚文簡，曾孫棨，字儀甫，號隨齋，元時人。周益公作文簡墓誌云：公自宦遊去鄉里，樂吴興溪山之勝而卜居焉。子四人：準，新，本，阜；孫三人：端□（先大夫名同。泰吉注），端節，端履。批注所云：樵以秦斤秦權有『丞』『殹』兩字，遂以石鼓爲秦物，先文簡論而非之。其説具載演繁露。則隨齋爲棨，確然無疑。證據鑿鑿，録以告讀解題者。」案文簡神道碑見周益公平園續稿卷廿三，沈氏引文有誤，子四人爲準，本，阜，覃，名皆從十，無名「新」者。孫三人則端復，端節，端履。程氏之説乃見於雍録卷九，非演繁露，沈氏亦誤。至謂「曾孫棨，字儀甫，號隨齋，元時人」，此十二字最關重要，而未言出處，殊爲可惜，尚當考。然隨齋爲程氏後人而非楊益，則確可無疑。解題卷六李結御史臺故事條有隨齋批注云：「結本名構，避光堯御諱。」則仍是宋人或宋遺民也。直齋與程氏時有往還；如卷七所載唐年小録，卷十孫子，卷十一槁簡贅筆，卷十二二十四氣中星日月宿度等，皆傳自程文簡家者也；此隨齋所以亦能有其目而爲之批注歟？

## 三、年歷

解題卷五東漢詔令條云：「愚未冠時無書可觀，雖二史亦從人借，既仕於越，乃得見林氏書。」頗疑此爲其初仕，即紹興教官，而所謂嘉定乙亥（八年，一二一五）在會稽，撰玉臺新詠書後之時。既而掌鄞學，即卷十四琴譜條所謂己卯（嘉定十二年，一二一九）分教，傳録魏邸舊書者。陸存齋作傳，先鄞而次紹興，非也。至宰南城雖未得其年，要在鄞學之後。傳録之書，卷五郊志，自盱江晁氏；卷十二陰陽二遁圖局，龍髓經，雜相書，卷十三龐氏家藏秘寶方等，自吴氏；卷十二參同契分章通真義等，自麻姑山；而卷三所載家藏中最古之開運丙午（三年，九四六）刻古京本九經字樣，亦南城所獲也。

陸氏傳謂：「寶慶二年通判興化軍。」標其出處爲解題七。其實解題無此語，恐所據者乃乾隆莆田志卷七職官門耳。然莆田志實作寶慶三年，非二年。解題卷十二易林條有「寶慶丁亥始得之莆田」之語，丁亥爲三年（一二二七），莆田志所載年月，與此無抵觸，但未必是年始以倅攝郡耳。其在莆田所晤藏書家，卷五中興綸言集條云：「鄭寅子敬，藏書數萬卷。」卷十四音樂類小序有「晚得鄭氏子敬書目」語。卷一梁谿易傳，卷十八周益公集，亦皆傳自鄭氏者也；卷七夾漈家傳，則自夾漈鄭氏；卷五後魏國典，自劉氏；卷六獨斷，卷八藏六堂書目、晉陽事跡雜記、番禺雜記，卷十五集選目録，卷十九武元衡集，自李氏；而齊東野語卷十二所載，别有方氏、林氏及吴氏。

洪咨夔平齋文集卷十八有軍器監簿陳振孫除諸王宫大小學教授制，介於趙范除江淮制置大使與史嵩之除權兵部尚書制之間。據宋史卷四零六咨夔本傳及理宗紀，擢中書舍人乃端平元年（一二三四）四月以後事，而趙范爲兩淮制置使在五月，史嵩之進兵部尚書在六月；然則直齋除教授，亦當在五月六月。而紹定辛卯（四年，一二三一）直齋嘗爲郡人陳思所纂寶刻叢編作序，或即在軍器監簿之時。會稽續志卷二所載，端平三年二月以朝散大夫知台州，兼權浙東提舉者，蓋自諸王宫大小學教授而轉外也。又據續志，是年十月到浙東提舉任，則在台州爲時甚暫。然解題卷十八詅癡符條云：「臨海李庚家藏書甚富。」而卷十九崔國輔集亦傳自李氏者也。是知其於書之傳録，幾於無在而不留意；使亂前曾仕於蜀，所獲當益富，而解題著録益宏矣。在浙東亦纔半載，嘉熙元年（一二三七）五月即改知嘉興府。明王鏊姑蘇志卷四二宦績門載其曾爲浙西提舉，而無年，然卷廿四和靖書院條言：「嘉熙四年提舉陳振孫作藏書堂。」合之解題卷八所載，從平江虎丘寺御書閣傳録太宗御製御書目，卷十一景祐天竺字源，卷十四皇祐新樂圖記，卷十天慶觀道藏借録造化權輿等書，俱在己亥嘉熙三年，即其爲浙西提舉時也。又徐元杰梅埜集卷七除國子司業制，據宋史卷四二四本傳，元杰權中書舍人在論史嵩之起復而杜範入相之前，則直齋除司業乃淳祐四年（一二四四）秋冬間事；與翌年六月元杰暴亡，癸辛雜識別集載少司成陳振孫有疏，時期相應。

齊東野語卷十五載直齋跋張氏十咏圖有云：「淳祐己酉，圖爲好古博雅君子（指周明叔）所得。會余方輯吴興人物志，見之，如獲拱璧，因細考而詳録之。」前人記述，有因此語遂以爲其跋是圖即在淳祐己酉（九年，一二四九），并以爲致仕亦在是年者。然據牟巘跋施東皋南園圖，即張氏十咏圖，則直齋作跋實淳祐十年庚戌，牟氏作跋適在六十年後之庚戌；是己酉止指周氏得圖之年耳。致仕鄉居是否九年，猶待證也。

劉克莊後村大全集卷七五所載故通奉大夫寶章閣待制致仕陳振孫贈光禄大夫制，居外制之末，參知政事何夢然封贈三代之後。據宋史宰輔表，何夢然以景定二年（一二六一）十二月除參政；又據後村集附林希逸所撰行狀，則後村以景定二年辛酉八月再兼中書，三年壬戌三月除權工部尚書，陞兼侍讀；直齋蓋卒於景定二年或三年春，而必不在三年三月以後也。以嘉定中始仕，至景定之卒，其間四十餘年，縱使未壯已仕，直齋壽亦當七十以上矣。

## 四、言行

直齋除諸王宮大小學教授制有「靜而不競，簡而不華，可謂端愨」之語；除國子司業制則謂「研精經術，有古典型」，而贈光禄制又云：「其文秋濤瑞錦，其姿古柏寒松；早號醇儒，得淵源於伊、洛，晚稱名從，欲輩行於乾、淳。」雖曰官書美辭，亦可槩見其行藏矣。解題卷七古列女傳條云：「曾鞏言：『後世自學問之士多徇於外物，而不安其守，其室家既不見可法，故競於邪侈，豈獨無相成之道哉！士之苟於自恣，顧利冒恥而不知反己者，往往以家自累故也。故曰身不行道，不行於妻子。況於南鄉天下之主哉！』愚嘗三復其言而志之。」恐當日坐此病者多矣，直齋蓋習見之而三復其言以自儆。吾故知其爲飭躬之士也。卷十六陸士龍集條云：「二陸入洛，張茂先所謂利獲二俊者也。然皆不免其身；才者身之累也，況居亂世乎。機好遊權門，抑有以取之耶？」又呂衡州集條云：「呂温本善韋執誼、王叔文，偶使絕域，得免入八司馬之數，而終以好利敗，此其所以爲小人歟！」讀此則直齋之恥尚皎然矣。

直齋重儒，不喜釋、道，目爲異端，二氏之書，雖頗著録，殆如卷十一洞冥記條所云：「凡若是者，藏書之家備名數而已。」卷十九魚玄機集條嘗謂「婦女從釋入道，有司不禁，亂禮法，敗風俗之尤。」以顔氏家訓崇尚釋氏，不列於儒，降從雜家。卷十二羣仙珠玉集條又言：「白玉蟾姦妄流也，此輩何可使及吾門！」甚至卷十六梁補闕集條以唐梁肅爲名儒，遂不信其師從釋氏；斯則未免用情，事實固不因人之好惡而變易也。然亦可見其排擯二氏，鉏鋙難入矣。

其平生服膺者朱晦菴。卷三孝經刊誤條云：「抱遺經于千載之後，而能卓然悟疑辨惑，非豪傑特起之士，何以及此！後學所不敢做傚，而亦不敢擬議。」又論孟集注及卷十五楚辭集注條謂其講解辨證，「高世絶識，毫髮無遺憾」。而卷九慈湖遺書條言：「竊嘗謂誠明一理，焉有誠而不明者？當淳熙中，象山之學盛行於江西，朱侍講不然之。朱公於前輩不肯張無垢，於同流不肯陸象山，爲其本源未純故也。象山之後，一傳而慈湖，遂如此。甚矣！道之不明，賢智者過之也！」其推崇至矣，而亦有不苟同者，如卷十六校定韓昌黎集條云：「朱侍講用方氏本益大顛三書。愚案方氏存此書，東坡固嘗深辨之，今朱公決以爲韓筆無疑；方氏未足責，晦翁識高一世，而其所定者迺爾，殆不可解。」

右朱則不喜陸，重程氏學遂斥荊公，南宋後期大抵同然，直齋自亦不免。如卷七熙寧日録條云：「本朝禍亂萌於此書，陳瓘所謂尊私史而壓宗廟者。其彊愎堅辯，足以熒惑主聽，鉗制人言；當其垂死，欲秉畀炎火，豈非其心亦有所愧悔歟？既不克焚，流毒遺禍，至今爲梗，悲夫！」卷十七臨川集條云：「迹其文學論議操守，使不至大位，則光明俊偉，不可瑕玼矣。老蘇曰：『使斯人而不用也，則吾言爲過，而斯人有不遇之歎。』孰知其禍之至此哉！何其知之明也！」卷十八龜谿集條云：「沈與求嘗奏言：王安石之罪大者在取揚雄、馮道，當時學者惟知有安石；喪亂之際，甘心從僞，無仗義死節之風，實安石倡之。此論前未之及也。」故於卷十五皇朝名臣奏議條引趙汝愚自序凡四百餘言，以明荆公影響於言路之通塞，國家之治亂。輯本解題缺趙序，非直齋本意，當據通攷補入者也。雖然，其於荆公文章，卷十八浮溪集條中固又歎爲「深厚爾雅，儷語之工，昔所未有」。論世知人，直齋固自有其所見也。

靖康之禍，南宋人每謂新法所致，其所以惡荆公，實由於痛國難。故直齋晚年作解題，當女真覆亡以後，恨猶未已，篇中仍十九稱之爲虜，此於通攷所引可見，若輯本則十九爲清人改易，非本來面目矣。且女真雖去，韃靼新來，而境益蹙；端平以後，西蜀、荆襄、兩淮，迄無寧歲，加以自韓、史秉國，政事日非；內憂外患，與時俱甚，感慨遂隨之而益深。卷八隸釋條云：「年來北方舊刻，不可復得，覽此猶可慨想。」晉陽事跡雜記條云：「自南渡以來，關河阻絶，圖志泯亡，得見一二僅存者，猶足以發傷今思古之歎。」其情亦可悲已。「承平」兩字，篇中凡十數見，思慕殷切，不覺流露於行間。卷五三朝訓鑒圖條云：「頃在莆田，有售此書者，亟求觀之，則已爲好事者所得，蓋當時御府本也。亟命工傳録，凡字大小、行廣狹、設色規模，一切從其舊，斂衽舖觀，如生慶曆、皇祐間，目覩聖作明述之盛。」此寶慶間之事也。而嘉熙跋皇祐新樂圖記又云：「平生每見承平故物，輒慨然起敬，恨生不于其時。」文載刊本圖記。直齋不特追慕承平，抑且隱然憂國，卷十七呂文靖試卷條嘗言：「國初文法簡寬，士習淳茂，得人之盛，後世反不能及；文盛則實衰，世變蓋可覩矣。傾危之象已呈，有心者其將奈何？」卷二東坡書傳條云：「又言昭王南征不復，穆王初無愤恥之意，哀痛惻怛之語；平王當傾覆禍敗之極，其書與平康之世無異，有以知周德之衰，而東周之不復興也。嗚呼！其論偉矣！」然則直齋之書解，其亦有因時而發歟？卷二十趙鼎得全居士集條云：「陸游曰：忠簡謫朱崖，臨終，自書銘旌曰：『身騎箕尾歸天上，氣作山河壯本朝。』嗚呼！可不謂偉人乎！」此直齋之心聲也。要之直齋生於宋季，目擊時艱，而不樂與世争，浸潤於賢聖之道以自適，行己接物，一以儒爲歸。網羅載籍，固求多識前言往行，如面接先儒，而非欲以皮藏之富爲的者。書録解題之傳，豈徒典籍考證之資而已，亦以傳直齋之爲人也。（一九四六年十一月二十日大公报文史周刊）

〔一〕今案：應爲知不足齋本吴禮部詩話。

## 十五、會稽續志卷二十

陳振孫，端平三年二月初六日，以朝散大夫知台州兼權，八月正除，十月二十八日到任，嘉熙元年五月改知嘉興府。

## 十六、陳壽祺宋目録家晁公武陳振孫傳

目録之家，權輿向、歆父子，班書志藝文因之，家法流别，區分出入，到今可攷見焉。隋志經籍，稽合阮録，取則蘭臺，碻有成例，獨惜不據荀勗中經之簿，爲司馬氏一朝補志耳。晋、隋兩史皆領自魏徵，或晰或瞢，不能爲之解也。有宋晁氏之郡齋讀書志，陳氏之直齋書録解題，蒐討可謂富矣，而於當代爲尤備。貴與攷文獻，經籍一門，專采兩家，其識不下班掾，而修宋史之脱脱輩乃不之及，宜藝文志之譌漏百出，重煩倪璠、盧文弨補輯之也。不寧惟是，文苑列傳并公武、振孫而遺之，詎不益怪詫哉！壽祺爰本錢保唐晁公武事略、陸心源陳振孫傳而增損之，以補宋史文苑之闕，亦以明兩家目録之學，詢足踵略録稗史材也。嗟乎！不花之于端臨，相去奚翅霄壤，蓋無庸知者辨之矣。趙希弁書附晁志以行，爲之傳，亦附公武之後，示非兩家匹也。故題曰宋目録家晁公武陳振孫傳。傳曰：（略去晁公武傳記。）

陳振孫，字伯玉，安吉人。四庫全書總目、勞氏湖州府志。祖某，秘書省正字，永嘉周行己之第三女壻；父某，戊子赴秋試，明州通判濟源李迎送以詩云「藉甚人言易已東」，蓋以其治易故也。妣李氏，樂清令富春李素之孫女。直齋書録解題。振孫性勤敏，栗氏府志。嘗教鄞縣，書録解題。紹興、齊東野語。溧水，栗氏湖州府志。宰南城，書録解題。佐興化軍。同上。有楊氏訟子及婦不孝，逮問，則婦之翁爲人毆死，楊亦預焉。獄未竟，值覃霈得不坐，其後父又訟子及婦，振孫時以倅攝郡，謂父子天合，夫妻人合，在法離絶皆許還

合，而獨於義絶不許者，蓋謂此類。若楊婦盡禮於舅姑，則爲反親事讎，稍有不至，反得以不孝罪之。初間楊罪既脱，合勒其婦休離，當離不離，則是違法，在律違律爲婚既不成婚，即有相犯，並同凡人。今其婦合比此條，不合收坐。時皆服其得法之意焉。野語。端平三年，以朝散大夫知台州除浙東提舉，嘉熙元年，改知嘉興府，會稽續志。按厲鶚宋詩紀事云，端平中仕爲浙西提舉改知嘉興府，錢大昕養新録云，考會稽續志，浙東提舉題名有陳振孫，端平三年二月初六日以朝散大夫知台州兼權，八月正除，十月二十六日到任。嘉熙元年五月，改知嘉興府，是振孫由浙東提舉改知嘉興，非浙西也。壽祺考解題有云，余假守臨海，就使本道，嘉熙丙申十月，解郡符趨會稽治所云云。丙申爲端平三年，明年丁酉乃爲嘉熙元年，此作嘉熙丙申，筆誤也。端平丙申二月，振孫知台州，所謂「假守臨海」也。十月到浙東提舉任，所謂「十月解郡符趨會稽治所」也，以此證之，錢氏説是，厲氏説非也。爲浙西提舉，體祖宗卹民之意，舉行萬户，停廢醋庫，邦人德之。王鏊姑蘇志、董斯張吴興備志。按伍氏安吉志作舉行藥萬户，與王、董不同，未詳孰是。制以振孫研精經術，有古典型，除國子司業。徐元杰梅埜集。徐元杰暴亡，或謂史嵩之毒之，振孫亦有疏。癸辛雜識。淳祐九年栗氏湖州府志。以某部侍郎野語。除寶章閣待制，致仕贈光禄大夫。劉後村大全集。所居號「直齋」，勞氏府志。藏書最多，傳録舊書至五萬一千一百八十餘卷，且仿讀書志作書録解題，極其精詳，野語。馬端臨文獻通攷多采取焉。栗氏府志。又輯吴興人物志。野語、栗氏府志。其跋南園六老圖云：「慶曆六年，吴興郡守宴六老於南園，酒酣賦詩，安定胡先生瑗教授湖學，爲序其事。六人者：工部侍郎郎簡年七十九，司封員外郎范説年八十六，衛尉寺丞張維年九十一，俱致仕；劉餘慶年九十二，周守中年九十五，吴琰年七十二，皆有子弟列爵於朝。劉，殿中丞述之仲父；周，大理丞頌之父；吴，大理丞知幾之父也。詩及序刻石園中，園廢，石亦不存。其事見圖經及安定言行録。余嘗考之：郎簡，杭州人也，或嘗寓於湖；范説，咸平三年進士，同學究出身；周頌，天聖八年進士。劉、吴盛族，述與知幾皆有名跡可見，獨張維無所考。及周明叔史君得古畫三幅，號十咏圖者，乃維所作詩也。是篇即南園宴集所賦，孫莘老序之，其略云云。於是知維爲子野之父也。時熙寧五年，歲在壬子，逆數而上八十二年，子野之生當在淳化辛卯，其父享年九十有一，正當馬令會六老之年，實慶曆丙戌。逆數而上九十一年，則周世宗顯德丙辰也，後四年，宋興，自是日趨太平極盛之世，及於熙寧、元豐，再更甲子矣。子野於其間擢儒科，登膴仕，爲時聞人，贈其父四品，仍父子皆耄期，流風雅韻，使人遐想慨慕，不能已已。可謂吾鄉衣冠之盛事矣！然世固知有子野而不知有其父也。自慶曆丙戌後十八年，子野爲十咏圖，當治平甲辰；又後八年，孫莘老爲太守，爲之作序，當熙寧壬子；又後一百七十七年，當淳祐己酉，其圖爲好古博雅君子所得。會余方輯吴興人物志，見之如獲拱璧，因細考而詳録之，庶幾不朽於世。其詩亦清麗閑雅，如：『灘頭斜日晃鷗隊，枕上西風鼓角聲』，又『花有秋香春不知』，皆佳句也。子野之墓在卞山多寶寺，今其後影響不存矣。此圖之獲，豈不幸哉！本朝有兩張先，皆字子野。其一博州人，天聖三年進士，歐陽公爲作墓志；其一天聖八年進士，則湖州人也，二名姓字皆同，而又適同時，不可不知也。」

蓋振孫討摭舊事，亦頗詳矣。光緒安吉縣志。又有易解、尚書解。志雅堂雜鈔。案光緒志云振孫著易解、繫詞録，不知爲一書抑二書也？鄭元慶湖録云，袁桷曰書有古文今文，陳振孫掇拾援據，確然明白。壽祺考明金城黄諫書傳集解尚引陳振孫説，則振孫書解明正統間尚有傳本。諫，正統壬戌一甲第三人也。又有史抄、光緒志。案志云一百卷。氏族志、梅磵詩話。玄真子漁歌碑傳集。光緒志。案志云一卷。子造，字周士，登第爲嘉禾倅。野語。（國粹學報六十八期）

## 十七、朱彝尊經義考卷八十一

陳氏振孫尚書説

佚

袁桷曰：書有今文、古文，陳振孫掇拾援據，確然明白。

周密曰：直齋有書説二册行世。

# 附録三　陳振孫所撰序跋三則

## 一、洛陽名園記跋

晋王右軍聞成都有漢時講堂，秦時城池，門屋樓觀，慨然遠想，欲一游目，其與周益州帖，蓋所致意焉。近時呂太史有宗少文卧游之語，凡昔人紀載人境之勝爲一編，其奉祠亳社也，自以爲譙、沛真源恍然在目，視兗之太極，嵩之崇福，華之雲臺皆將卧遊之。噫嘻！弧矢四方之志，高人達士之懷，古今一也。顧南北分裂，蜀在境内，惟遠，患不往爾，往則至矣。亳、兗、嵩、華，視蜀猶爾封也，欲往其可得乎？然則太史之情，其可悲也已！予近得此記，手爲一通，與東京記、長安、河南志、夢華録諸書並藏，而時自覽焉，是亦卧遊之意云爾。永嘉陳瑗伯玉書。（陸心源皕宋樓藏書志卷三十三）

## 二、玉臺新詠集後序

右玉臺新詠集十卷，幼時至外家李氏，於廢書中得之，舊京本也。宋失一葉，間復多錯謬，版亦時有刓者，欲求他本是正，多不獲。嘉定乙亥在會稽，始從人借得豫章刻本，財五卷，蓋至刻者中徙，故弗畢也。又聞有得石氏所藏録本者，復求觀之，以補亡校脱，於是其書復全，可繕寫。夫詩者，情之發也。征戍之勞苦，室家之怨思，動於中而形於言，先王不能禁也。豈惟不能禁，且逆探其情而著之，東山、杕杜之詩是矣。若其他變風化雅，謂「豈無膏沐，誰適爲容」、「終朝采緑，不盈一掬」之類，以此集揆之，語意未大異也。顧其發乎情則同，而止乎禮義者蓋鮮矣！然其間僅合者亦一二焉。其措詞託興高古，要非後世樂府所能及。自唐花間集已不足道，而況近代狹邪之説，號爲以筆墨動淫者乎！又自漢魏以來作者皆在焉，多蕭統文選所不載，覽者可以覩歷世文章盛衰之變云。是歲十月旦日書其後，永嘉陳玉父。（同前一百十二卷）

## 三、崇古文訣序

上缺則又何足以爲文。迂齋樓□文名於時，士之從其游者一□□援，皆有師法。間嘗采集先□□

以來迄於今世之文，得一百六十有八篇，爲之標注，以諗學者。凡其用意之精深，立言之警拔，皆深索而表章之。蓋昔人所以爲文之法備矣。振觀公之去取，至於伊川先生講筵二疏，與夫致堂、澹齋二胡公所上高廟書，彼皆非蘄以文著者也，而顧有取焉，毋亦道統之傳，接續孔孟，忠義之氣，貫通神明，殆所謂有本者非耶？然則公之是編，豈徒文而已哉！昔之論文者曰文以氣爲主，又曰文者貫道之器也。學者其亦以是觀之，則得所以爲文之法矣。公名昉，字暘叔，鄞人，迂齋其自謂也。寶慶丙戌嘉平月既望，永嘉陳振孫序。（同前一百十四卷）

# 附録四　盧校本直齋書録解題新定目録

直齋書録解題新定目録

卷一易類、卷二書類、卷三詩類、卷四禮類、卷五春秋類、卷六孝經類、卷七語孟類、卷八經解類、卷九讖緯類、卷十小學類、卷十一正史類、卷十二別史類、卷十三編年類、卷十四起居注類、卷十五詔令類、卷十六僞史類、卷十七雜史類、卷十八典故類、卷十九職官類、卷二十禮注類、卷二十一時令類、卷二十二傳記類、卷二十三法令類、卷二十四譜牒類、卷二十五目録類、卷二十六地理類、卷二十七儒家類、卷二十八道家類、卷二十九法家類、卷三十名家類、卷三十一墨家類、卷三十二縱横家類、卷三十三農家類、卷三十四雜家類、卷三十五小説家類、卷三十六神仙類、卷三十七釋氏類、卷三十八兵書類、卷三十九曆家類、卷四十陰陽家類、卷四十一卜筮類、卷四十二形法類、卷四十三醫書類、卷四十四音樂類、卷四十五雜藝類、卷四十六類書類、卷四十七楚辭類、卷四十八別集類上、卷四十九別集類中、卷五十別集類下、卷五十一詩集類上、卷五十二詩集類下、卷五十三總集類、卷五十四章奏類、卷五十五歌詞類、卷五十六文史類。

右目録依元本定，杭東里人盧文弨校録於鍾山書院。

今案：盧校本又在新定目録「卷二十八」上寫「三十六」，「卷二十九」上寫「二十八」，「卷三十」上寫「二十九」，「卷三十一」上寫「三十」，「卷三十二」上寫「三十一」，「卷三十三」上寫「三十二」，「卷三十四」上寫「三十三」，「卷三十五」上寫「三十四」，「卷三十六」上寫「三十七」，「卷三十七」上寫「三十五」。校注曰：神仙類中有陳氏語云各已見釋氏、道家類，則知其序當如此也。

盧校本在新定目録總集類上注：鈔本誤置別集前，元本係在詩集後。

# 直齋書録解題

（索引部分）

# 直齋書録解題書名索引

## 説　　明

（一）本索引收録《直齋書録解題》中列條的書名。各書名稱一律按原目著録，如書名前時有冠以“皇宋”、“皇朝”等字樣者，今均仍其舊。

（二）各書所附續集、後集、外集、别集或年譜、拾遺等，均附於正集之後，不另列條。

（三）同一條目中所附録的書，如《和靖集》所附《西湖紀逸》，《樂全先生集》所附《玉堂集》等，屬單獨性質和有獨立名稱的，除仍依原目附在第一書名後外，另作獨立書名編入索引，并加注原目全名。

（四）異書同名的，在書名後加注著者名爲别。

（五）本索引採用四角號碼檢字法編排。

$0010_4$童

44～蒙訓 281

$0010_8$立

53～成(紀元曆、立成) 367

$0012_7$痛

30～定録 154

$0016_7$瘖

00～疹證治 396

$0021_1$鹿

77～門家鈔詩詠 425

龐

72～氏家藏祕寶方 389

$0021_4$産

00～育保慶集 391

30～寶諸方 396

塵

50～史 330

$0021_7$亢

80～倉子 288

廬

22～山記 263

27～阜紀遊 264

74～陵王傳 144

～陵官下記 321

$0022_2$廖

71～匡圖集 582

$0022_3$齊

00～齋臺諫論 181

～齋奏議、掖垣繳論、銀臺章奏、臺諫論、昆命元龜説 640

～齋甲稿、乙稿、翰林前稿、後稿、掖垣詞草、兼山論著、附益、年譜 549

30～安志 252

33～梁畫目録 411

50～書 101

77～民要術 295

$0022_7$方

00～言 87

27～舟集、後集 545

33～祕校集 595

育

24～德堂外制集、内制集 552

帝

10～王系譜 230

～王經世圖譜 430

～王照略 112

77～學 276

88～範 275

商

17～子 291

裔

50～夷謀夏録 153

高

11～麗圖經 267

27～郵志、續修 251

30～涼志 259

～宗聖政草 168

～宗實録
131
～宗孝宗聖政編要
168
40～士傳
195
～力士外傳
197
57～蟾集
575
72～隱集
596
～氏送終禮
188
～氏小史
108
78～駢集
577
90～常侍集
473

### 膏

00～肓灸法（本草節要、明堂鍼灸經、膏肓灸法）
386

### 廟

28～儀
189

### $0023_1$ 應

77～用算法
415

### $0023_2$ 豪

60～異祕纂
324

### $0023_7$ 庾

45～樓紀述、琵琶亭詩
456
77～開府集
465

### 廉

50～吏傳
220

### $0024_1$ 庭

77～闈稿録
279

### $0024_7$ 慶

10～元勑、令、格、式、目録、隨勑申明
224
37～湖遺老集、拾遺
595
71～曆正旦國信語録
204

### $0026_7$ 唐

00～彦謙集
579
～高宗後修實録
123
～高祖實録
123
～文宗實録
125
～文宗朝備問
160
～文粹
443
～玄宗實録
124
～六典
172
01～語林
334
04～詩
579
～詩主客圖
645
～詩類選
442
10～百家詩選
444
12～登科記
202
13～武宗實録
126
～職林
177
15～建中實録
124
17～子西集
518
21～順宗實録
125
～睿宗實録
124
22～山集、後集
457
23～代宗實録
124
24～德宗實録
124
26～穆宗實録
125
27～御覽詩
440

～絶句選(柯夢得編)
450
～絶句選(林清之抄)
450
28～僧詩
444
30～憲宗實録
125
～宰相甲族
228
40～十道四蕃志
239
～十道圖
239
～大衍曆議
366
～太宗集
466
～太宗實録
123
43～求集
580
44～英集
576
～藝文志
230
～杜氏家譜
229
46～相門甲族諸郡氏譜
228
47～朝新纂
324
～朝名畫録
411
～朝畫斷
411
48～敬宗實録
125
50～中宗實録
124
～史論斷
116
～肅宗實録
124
～書
102
～書音訓
107
～書列傳辨證
107
～書糾繆
107
～書直筆新例
107
～末汎聞録
200
60～昌計
170
62～則天實録
123
71～曆
111
72～質肅遺事
208
77～風集
578
～闕史
321
80～人絶句詩集
450
～令、式
223
～年補録
112
～年小録
197
～會要
161
82～創業起居注
122
88～鑑
116
～餘録史
109
91～類表
441

## $0028_6$ 廣

06～韻
89
07～諷味集
594
10～干禄字書
94
～平公集
489
21～卓異記
325
22～川詩故
37
～川家學
310
～川藏書志
233
～川畫跋
413
～川書跋、畫跋
233
～川易學
17
30～濟陰陽百忌曆
370
32～州圖經
259

50～摭言
323
70～雅
87
74～陵集
501
～陵志
251
～陵妖亂志
148
80～人物志
293

## $0033_1$忘

10～憂清樂集
421
88～筌書
281　313

## $0033_6$意

44～林
305

## $0040_0$文

00～章玄妙
645
～章正宗
458
～章緣起
641
08～説
650
10～丙集
582
17～子
289
26～泉子
484
30～房四譜
414
33～心雕龍
641
37～潞公集、補遺
493
～潞公私記
208
～選
437
～選雙字類要
429
44～苑詩格
642
～苑英華
443
～藪
485
60～昌雜録
211
80～會談叢
326

## $0040_6$章

10～貢集
524
16～碣集
575
44～孝標集
569

## $0040_8$交

61～趾事迹
215

## $0041_4$離

77～騷釋文
433

## $0044_1$辨

01～龍經
379
27～疑志
318
40～志録
283
47～欺録
212
57～鴆録
140
87～歙石説（歙硯説、辨歙石説）
414

## $0060_1$言

17～子
284

## $0068_2$該

77～聞録
328

## $0071_4$雍

38～裕之集
569
87～録
242

## $0073_2$衣

37～冠盛事
159

## 玄

27～解、玄曆
273
～綱論
347
40～真子外篇
290
～真子漁歌碑

傳集録
449
44～英集
578
71～曆（玄解、玄曆）
273
97～怪録
338

哀

00～帝實録
126

褒

24～德集、易學辨惑
210

襄

31～沔記
253
76～陽集
523
～陽志
253
～陽耆舊傳
196

$0080_0$六

06～譯金剛經
354
10～一詞
616
～一居士集、附録、年譜
496
20～壬翠羽歌
376
～壬洞微賦
377
21～經正誤
84
～經圖
82
30～家謚法
84
37～祖壇經
356
41～帖
424
42～韜
359
47～朝事迹、南朝宫苑記
249
～朝國朝會要
162
71～臣文選
437
75～體論
406
77～閣書籍圖畫目（龍圖閣瑞物寶目、六閣書籍圖畫目）
232
80～合掌運圖
266

$0090_6$京

30～房易傳、積算雜占條例
5
32～兆金石録
231
60～口詩集、續
454
72～氏参同契律曆志
376
～氏易式
377

$0091_4$雜

27～句圖
647
46～相書
379
50～書（曲洧舊聞、雜書、骫骳説）
333
88～纂
320

$0121_1$龍

10～雲集、附録
518
21～虎金液還丹通玄論
353
22～川集、外集
548
～川略志、别志
329
43～城録
339
60～圖閣瑞物寶目、六閣書籍圖畫目
232
71～牙和尚頌
358
74～髓經
379
～髓别旨
379
77～岡楚辭説

436
88～筋鳳髓判
469

$0128_6$顔

27～魯公集、補遺、附録
471
72～氏家訓
305

$0164_9$評

04～詩格
642

$0166_1$語

11～麗
422
17～孟集義
77

$0180_1$龔

00～彦和奏議
638
30～實之奏稿
639

$0260_0$訓

28～俗書
185

$0262_1$訢

00～庵集
545

$0292_1$新

00～序
271
～唐書
102
～唐書略
110
10～五代史
104
21～經詩義
37
26～吴志
260
27～修南唐書
137
30～注周易、卦德統論、略例、易數鈎隱圖
9
～安志
249
～定寢祀禮
186
～定志
246

$0363_2$詠

50～史詩
578

$0365_0$誠

00～齋集
542
～齋易傳
23

$0460_0$謝

27～修撰行狀墓誌
218
30～宣城集
464
50～惠連集
556
72～氏論語解
75
～氏蘭玉集
439

$0464_1$詩

00～序辨説(詩評、詩序辨説)
39
01～評(不知名氏)
645
～評([德]淳撰)①
643
02～話
646
08～議(詩式、詩議)
642
～譜
36
10～三話
646
20～集傳、詩序辨説
39
27～解
40
～解集傳
37
～物性門類

① "德"據盧校補録。

37
30～家老杜詩評、續
649
40～古音辨
41
43～式、詩議
642
44～苑類格
645
47～格（假托魏文帝）
642
～格（神彧撰）
643
～格、詩中密旨
642
～格要律
644
50～中密旨（詩格、詩中密旨）
642
～本義、圖譜附
36
52～折衷
36
60～品
641
77～風雅頌、序
35
～學名物解
37

$0466_0$ 諸

21～儒鳴道集
281
30～家五星書
373
～家名方
395
～家相書
380
44～蕃志
268
～葛武侯傳
213
50～史提要
429

$0468_6$ 讀

50～史管見
117
～書譜
121
60～易老人詳説
20

$0512_7$ 靖

00～康要録
152
～康傳信録
152
～康遺録
154
～康奉使録
152
～康拾遺録
153
～康野録
154
～康録
153
～康小史
154

$0569_6$ 諫

41～垣集
637
～垣存稿
635

$0668_6$ 韻

01～語陽秋
649
33～補
92
67～略分毫補注字譜
95
91～類題選
426

$0762_0$ 調

08～譜（琴操譜、調譜）
402

$0821_2$ 施

10～正憲集、外集
546

$0821_4$ 旌

22～川志
260

$0824_0$ 放

80～翁詞
621

$0861_6$ 説

00～文韻譜
90
～文解字
89
～文解字繫傳
90
～玄

273
44～苑
271

## $0862_7$ 論

01～語
72
～語意原
78
～語集註、孟子集註
77
～語集解
72
～語續解、考異、説例
76
～語釋文
72
～語釋言
75
～語紀蒙、孟子紀蒙
78
～語注疏解經
72
～語通釋
78
～語大意
78
～語本旨
78
～語或問、孟子或問
77
～語探古
76
～語義
76
～語筆解
73
21～衡
302
44～梵書
93
50～書
406

## $0863_7$ 詅

00～癡符
540

## $0864_0$ 許

00～彦周詩話
648
24～先生十二時歌
352
40～右丞行狀
217
90～棠集
574

## $0866_1$ 譜

20～雙
421

## $0925_9$ 麟

40～臺故事
178

## $0968_9$ 談

44～苑
325
～藪
196

## $1000_0$ 一

67～鳴集
484

## $1010_0$ 二

00～府集（臨川集、二府集、年譜）
491
40～十四氣中星日月宿度
365
～十四箴
461
～十八禽星圖
379
～南密旨
642
46～楊歸朝録
217
48～松集
551
55～典義
30

## $1010_1$ 三

04～謝詩
439
10～元立成圖局
370
12～水小牘
322
16～聖樂書
403
24～先生謚議
284
25～傳釋文
54
27～象戲圖
420
30～家宮詞
447

31～逕老人碔砆集
605
35～禮圖
50
～禮義宗
49
40～十六條四圖（通鑑前例、修書帖、三十六條四圖）
115
44～蘇年表
502
～楚新録
138
47～朝訓鑑圖
163
～朝北盟會編
157
～朝政要
163
～朝經武聖略
361
～朝寶訓
163
～朝國史
104
～朝見聞録
148
53～輔黄圖
242
60～國文類
439
～國志
100
～國精語
431
～因極一方
393
67～略素書解
361
71～辰通載
374
～曆撮要
371
～曆會同
371
72～劉漢書標注
106

正

28～俗方
388
44～蒙書
276
60～易心法
15

$1010_3$ 玉

10～壐雜記
160
～雪小集、外集
605
22～山翰林詞草
536
～山表奏
639
26～泉講學
282
～泉論語學
76
～泉筆端
321
32～溪集
520
～溪生集
484
34～池集
517
37～澗雜書
332
～瀾集
602
40～臺新詠
437
～臺後集
439
～壺清話
329
44～芝書
350
71～曆通政經
364
77～屑
424
88～鑑新書（傷寒證類要略、玉鑑新書）
396
～篇
89
～管神照
380
90～堂集（欒全先生集、玉堂集）
497
～堂制草
134
～堂逢辰録
201
96～燭寶典
190

$1010_4$ 王

00～文正家録

207
13～武子詞
623
15～建集
565
～建宫詞
565
17～司業集
538
20～季友集
560
～季夷北海集
604
24～岐公宫詞
594
26～魏公集
497
31～江寧集
559
～涯集
570
32～沂公筆録
206
33～祕監集
606
37～初歌詩集
588
40～直講集
504
～右丞集
468
～校理集
498
44～著作集
534
46～駕集
577
47～轂集
576
60～嵒集
588
67～明叟奏議
637
71～原叔談録
341
72～劉易辨(易補注、王劉易辨)
9
～氏詩總聞
40
～氏論語解、孟子解
74
～氏神仙傳
348
～氏博濟方
387
77～屋山記
261
～周集
583
～周士詞
626
88～笥山記
262

至

38～道雲南録
267

$1010_7$五

12～發方論
397
21～行精紀
374
～經文字
81
22～嶽諸山記
261
23～代登科記
202
～代名畫記
411
～代補録
149
～代通録
112
～代史
104
～代史闕文
149
～代史纂誤雜録
107
～代會要
162
27～峰論語指南
75
～峰集
533
30～家宫詞
447
35～禮例宗(春秋通訓、五禮例宗)
62
37～運指掌賦圖
385
40～十大曲
633
～木經并圖例
420
60～星六曜約法
372
～星龍祖
379
～星三命指南
372
～星命書

372

～國故事

138

## $1010_8$靈

10～一集

583

32～溪集

576

40～臺三十六歌

372

41～樞道言發微

348

～樞金鏡神景內經

347

44～苑方

388

## $1011_3$琉

10～璃堂墨客圖

644

## $1014_1$聶

50～夷中集

574

## $1017_7$雪

22～山集

605

～巢小集

604

27～峰廣録

358

28～谿集略

532

## $1020_0$丁

10～晉公談録

206

30～永州集

521

50～未録

120

77～卯集

571

～卯實編

212

79～隲奏議

637

## $1021_1$元

00～章簡玉堂集

499 593

21～經薛氏傳

111

22～豐郊廟奉祀禮文

184

～豐平蠻録

214

～豐刑部敍法通用

226

～豐九域志

239

～豐問事録

165

～豐類稿、續、年譜

504

26～和百司舉要

173

～和郡縣志

239

～和姓纂

227

～和録

151

27～包

6

34～祐分疆録

214

～祐黨籍列傳譜述

157

～祐榮觀集

166

37～次山集

471

43～城語録

279

53～輔表

180

72～氏長慶集

478

88～符庚辰日録（紹聖甲戌日録、元符庚辰日録）

211

## $1021_4$霍

22～山記

264

## $1022_7$兩

34～漢博聞

428

～漢蒙求

428

～漢兵制

362

47～朝獻替記

146

～朝寶訓

164

～朝國史

105

爾

70～雅
85
～雅新義
87
～雅疏
86
～雅釋文
86

$1024_7$夏

00～文莊集
492
90～小正傳
190

$1030_7$零

74～陵志
254

$1040_0$于

13～武陵集
581
27～鵠集
571
34～濆集
574
37～湖詞
622
～湖集
538

耳

60～目記
323

$1040_9$平

00～庵悔稿、後編
606
～齋集
553
～廚禁臠
648
26～泉雜文
483
60～蜀實録
201
76～陽會
170

$1043_0$天

00～文考異
365
10～下郡望氏族譜
229
～下大定録
139
16～聖鹵簿圖記
184
21～經
364
22～樂堂集（趙師秀集、天樂堂集）
609
23～台集、外集、長短句
601
～台集、別編、續集
454
～台山記
263
26～保正名論
309
～和殿御覽
426
27～象法要
365
～象義府
365
72～隱子
290
88～竺靈苑集、採遺
610
～竺別集
357

$1060_0$石

31～渠録
341
37～湖詞
621
～湖集
540
44～鼓文考
93
～鼓論語答問、孟子答問
77
～林詩話
648
～林詞
619
～林建康集
526
～林總集、年譜
525
～林家訓
310
～林審是集
526
～林過庭録
310
～林燕語

332
～林奏議
638
～林書傳
30
50～本金剛經
353
60～曼卿歌詩集
590
77～月老人集
534
～門文字禪
521

百

00～章集
352
27～將傳
361
30～官公卿表
113

西

00～京雜記
195
10～夏須知
140
22～川集
569
～崑酬唱集
445
～山讀書記
84
～山羣仙會真記
348
～山集
552
～山復卦説
25
30～渡集
597
32～溪集
505
～溪樂府
630
～溪居士集
601
34～漢文類
438
～漢詔令
133
～漢刊誤補遺
108
～漢法語
430
～漢決疑
108
～漢會要、東漢會要
169
35～清詩話
651
37～湖紀逸（和靖集、西湖紀逸）
589
～湖古跡事實
262
40～塘集
507
～南備邊志
265
～南備邊録
198
～樵語業
628
41～垣集（竹西集、西垣集）
531
60～園鼓吹
628
72～陲泰定録
158
87～銘集解
276

酉

76～陽雜俎、續
321

$1060_1$晋

00～高祖實録
127
31～江海物異名記
258
40～太康平吴記
149
47～朝陷蕃記
149
50～史屬辭
430
～書
100
～書精語
431
～春秋略
110
76～陽事跡雜記
243
90～少帝實録
127

$1062_0$可

51～軒曲林
623

$1064_8$醉

27～鄉日月

322

## $1071_7$瓦

80～全居士詩詞
608

## $1073_1$雲

22～仙散録
339
～巢集
506
27～壑隱居集
602
32～溪樂府
628
～溪友議
322
40～臺編
575
44～麓漫鈔、續鈔
337
80～龕草堂後集
528
88～笈七籤
348

## $1080_6$賈

17～子
270
24～幼幾集
471
71～長江集
568
72～氏備史
149
～氏家祭禮
186
80～公談録
206

## $1096_3$霜

25～傑集
539

## $1111_0$北

00～齊還寃志
317
～齊書
102
21～征雜記
197
～征紀實
152
～行日録
205
22～山戇議
640
～山記事
337
～山集
533
～山集略
552
～山酒經
419
～山小集
527
36～邊備對
266
37～湖集、長短句
518
38～海公硯録
414
43～狩行録
156
～狩聞見録
156
44～夢瑣言
324
～苑總録
418
～苑茶録
417
～苑拾遺
418
～苑別録
419
50～史（南史、北史）
108
60～里志
321
67～盟集補
158
90～堂書鈔
423

## $1111_1$非

40～有齋類稿
530

## $1111_4$班

40～左誨蒙
429
71～馬字類
94

## $1118_6$項

42～斯集
572
72～氏家說、附録
83

## $1120_7$琴

08～說（李勉撰）
400
～說（薛易簡

撰）
400
～譜
402
～譜（石孝隆録）
402
10～三訣
400
21～經
400
50～史
401
～書
400
51～軒集
593
55～曲詞
401
56～操
401
～操譜、調譜
402
80～義
400

$1121_1$麗

36～澤論説集録
83

$1123_2$張

00～章簡華陽集
530
16～碧歌詩集
567
17～子野詞
615
～司空集
463
～司業集、附録
565
20～喬集
577
34～祐集
571
40～南史集
570
44～燕公集
468
～芸叟雜説
329
53～蠙集
576
71～巨山集
531
72～氏論語解、孟子解
75

88～籍集
565

$1133_1$悲

40～喜記
154

$1171_1$琵

11～琶亭詩（庾樓紀述、琵琶亭詩）
456
～琶故事
402

$1173_2$裴

08～説集
580
10～晋公集
475

$1180_1$冀

10～王宫花品
298

$1212_7$瑞

00～應圖
304

$1220_0$列

17～子
286
～子釋文
287
～子注
286
22～仙傳
345

$1223_0$水

21～經、水經注
238
～經注（水經、水經注）
238
33～心集、拾遺、別集
547

$1240_0$刑

20～統
223
27～名斷例
225

$1240_1$延

10～平志
258
37～漏録
341

## $1241_0$孔

17～子編年 213
～子家語 269
～子閒居講義 49
24～德璋集 465
32～叢子 274
50～中丞句圖 647
72～氏雜説 310

## $1241_3$飛

26～白敍録 409
44～燕外傳 195

## $1243_0$孤

71～臣泣血録、拾遺 153

## $1249_3$孫

17～子(孫武撰) 359
～子(孫綽撰) 304
40～樵集 484
53～威敏征南録 213
72～氏仲享儀 187
～氏傳家祕寶方 388
80～公談圃 330

## $1314_0$武

10～元衡集 567
21～經總要 361
～經龜鑑 362
22～崗法帖釋文 410
32～溪集 493
50～夷新集、別集 490
～夷山記 263
60～昌土俗編 255
～昌志 255
76～陽志 258

## $1315_0$職

30～官記 179
～官分紀 177
31～源 180
44～林 176

## $1519_0$珠

10～玉集 615

## $1519_6$疎

30～寮集 608

## $1540_0$建

00～康續志 249
～康實録 143
～康志 249
30～安志、續志 257
50～中河朔記 145
77～隆編 121
～隆遺事 149
90～炎德安守禦録 216
～炎假道高麗録 156
～炎以來朝野雜記甲乙集 158
～炎以來繫年要録 120
～炎復辟記 155
～炎通問録 155
～炎中興記 155

～炎中興日曆
155

## $1610_4$ 聖

00～唐偕日譜
228
30～濟經
384
47～朝職略
179
～朝名畫評
412
77～賢眼目
311

## $1611_4$ 理

38～道要訣
306

## $1613_2$ 環

32～溪詩話
651

## $1623_6$ 强

37～祠部集
512

## $1625_6$ 彈

37～冠必用
371
44～棋經
420

## $1660_1$ 碧

10～雲騢
330

## $1661_0$ 硯

50～史
414
77～岡筆志
334
88～箋
415

## $1661_4$ 醒

00～庵遺珠集
607

## $1710_7$ 孟

00～襄陽集
558
17～子
73
～子章句
73
～子音義
73
～子正義
73
～子集註（論語集註、孟子集註）
77
～子紀蒙（論語紀蒙、孟子紀蒙）
78
～子或問（論語或問、孟子或問）
77
30～賓于集
582
50～東野集
481 564
72～氏家祭禮
186

## $1712_0$ 聊

28～復集
619

## $1712_7$ 鄧

42～析子
292

## $1714_7$ 瓊

67～野録
456

## $1716_4$ 珞

17～琭子
371

## $1720_7$ 了

00～齋集
515
80～翁易説
14

## $1721_4$ 翟

50～忠惠集
526
～忠惠家傳
217

## $1722_7$ 鬻

17～子
288
～子注
288

## $1723_2$ 承

21～旨學士院記
174

## 豫

00～章西山記
262

～章職方乘、後乘
250
～章集、外集
509
～章集、宛邱集、後山集、淮海集、濟北集、濟南集
510
～章別集
509

## $1740_7$子

10～夏易傳
4
44～華子
302
89～鈔
305

## $1750_1$羣

21～經音辨
82
22～仙珠玉集
353
50～史姓纂韻譜
230
～書麗藻
442
～書備檢
232
～書會記
234
～書類句
428
80～公詩餘前後編
633

## $1750_7$尹

00～文子
293
17～子漸集
494
21～師魯集
494
26～和靖語録
279
～和靖集、附集
528
72～氏論語解、孟子解
75

## $1760_1$砮

32～溪詩話
649

## $1760_2$習

00～庵集
544
77～學記言
313

## $1762_0$司

30～空文明集
563
～空表聖集
574
71～馬先輩集
573
～馬法
359

## $1762_7$邵

06～謁集
580
72～氏辨誣
151
～氏聞見録
151

## 郡

77～閣雅言
327

## $1771_0$乙

77～巳占
364
～卯記
146

## $1771_7$己

10～酉航海記
156
60～易
283

## $1780_1$翼

77～騷(校定楚辭、翼騷、洛陽九詠)
436

## $1814_0$攻

46～媿集
549

## 政

26～和五禮新儀、目録
185
～和五禮撮要
185
～和重修國朝會要
162

～和修定謚法
85
～和冠昏喪祭禮
185
～和大理入貢録
215

致

90～堂論語詳説
75
～堂斐然集
532

$1824_0$ 攷

24～德集
450

$1918_0$ 耿

34～湋集
563

$1918_6$ 瑣

10～碎録、後録
344

$2010_4$ 重

27～修翰林壁記
175
30～定楚辭、續楚辭、變離騷
434
40～校添注柳文、外集
477

$2011_1$ 乖

22～崖政行語録
207
～崖集、附録
490

$2022_7$ 秀

12～水閒居録
342

喬

86～知之集
558

$2026_1$ 信

00～齋詞
626
～齋百中經
373
30～安續志
249
～安志
248

$2033_1$ 焦

77～尾集
621

$2040_0$ 千

22～巖擇稿、外編、續編
544
45～姓編
229
80～金方
386
～金翼方
387
～金月令
191

$2040_7$ 雙

32～溪集
547

$2042_7$ 禹

10～貢論、圖
31

$2060_9$ 香

08～譜
416
40～奩集、入内廷後詩集、別集
575
66～嚴三昧
416

番

60～禺雜記
259

$2071_4$ 毛

04～詩詳解
38
～詩正義
35
～詩、毛詩故訓傳
34
～詩釋文
35
～詩鳥獸草木蟲魚疏
36
～詩補音
38
～詩故訓傳（毛詩、毛詩故訓傳）
34

~詩前説
39
87~欽一集
472

$2090_1$乘

57~軺録
203
60~異記
326

$2090_4$禾

08~譜
296

集

08~效方
394
22~仙傳
349
26~釋古禮、釋宫、綱目
43
27~句詩
602
37~選目録
444
40~古系時録、系地録
237

~古目録
232
~古録跋尾
231
71~馬相書
380
77~賢注記
174

$2091_3$統

10~元曆
367
~天曆
368

$2091_4$維

00~摩詰所説經
354
~摩經
355
56~揚過江録
156

$2108_6$順

00~庵樂府
620
60~昌破敵録
216

$2110_0$上

00~庠後録
222
~庠録
222
35~清天地宫府圖經
347
~清金碧篇
350

止

00~齋集
547
~齋春秋後傳、左氏章指
67
30~安齋集
552

$2121_0$仁

26~皇訓典
164
~和活民書
221
30~宗實録
129

$2121_1$征

44~蒙記
141

能

18~改齋漫録
343

$2121_7$伍

20~喬集
586

盧

22~山雜著
554
28~綸集
563
32~溪詞
625
~溪集
602
40~士衡集
581
43~載雜歌詩
593
67~照鄰集
466
72~氏雜記
321
80~仝集
566

$2122_0$何

25～仲言集
465
43～博士備論
511
72～氏方
392
～氏山莊次序本末
264
80～首烏傳
300

$2122_1$行

40～在河洛記
144

$2122_7$虜

12～廷須知
140

$2124_1$處

40～士女王安之集
612
50～囊訣
643

$2125_3$歲

44～華紀麗
191

64～時雜記
192

$2128_6$潁

33～濱論語拾遺
74
～濱孟子解
74

$2133_1$熊

21～儒登集
569
28～皦屠龍集
581

$2140_6$卓

60～異記
322

$2143_0$衡

32～州圖經
254

$2150_6$衛

30～濟寶書
397

$2160_0$占

43～城國録
215

$2171_0$比

21～紅兒詩
579

$2172_7$師

40～友雜志、雜説
281
～友閒談
331
60～曠禽經
381

$2180_6$貞

46～觀政要
158
74～陵遺事、續
147

$2190_3$紫

30～宙經
373
76～陽年譜
218
～陽年譜（晦庵集、紫陽年譜）
543

$2191_1$經

17～子法語
430
24～緯集
636
44～世紀年
117
55～典釋文
81
77～學理窟
276
84～鋤堂雜志
337

$2210_8$豐

35～清敏遺事
209

$2213_6$蠻

50～書
199

$2220_0$制

79～勝方略
363

$2220_7$岑

40～嘉州集
560

$2221_0$ 亂

44～華編
156

$2221_4$ 任

44～藩集
578

崔

38～塗集
575
60～國輔集
558
61～顥集
558
66～曙集
559
72～氏日録
199

$2222_1$ 鼎

08～論、時議
553
87～録
419

$2224_7$ 後

00～唐廢帝實録
127
～唐莊宗實録
126
～唐明宗實録
126
～六帖
427
22～山詩話
647
～山詞
617
～山集(豫章集、宛邱集、後山集、淮海集、濟北集、濟南集)
510
～山集、外集
592
～山集、外集、談叢、理究、詩話、長短句
509
26～魏書
101
～魏國典
143
34～漢紀
110
～漢志
99
～漢書
97
～漢精語
431
37～湖詞
619
～湖集
523
50～史補
324
55～典麗賦
457
60～蜀紀事
137
77～周書
102

$2224_7$ 變

00～離騷(校定楚辭、續楚辭、變離騷)
434

$2224_8$ 巖

10～下放言
332
27～壑老人詩文
535

$2238_6$ 嶺

23～外代答
260

$2240_0$ 刊

06～誤
306
07～謬正俗跋
305

$2244_1$ 艇

00～齋雜著
537
～齋詩話
650
～齋師友尺牘
450

$2271_7$ 邕

88～管雜記
260

$2272_1$ 斷

80～金集
441

$2273_2$ 製

11～瑟法
401

$2277_0$ 山

00～齋愚見十書
337
12～水受筆法
412
38～海經
237
50～中集
609
～東野録
277
77～居要術
295
78～陰詩話
649
80～谷詞
617
～谷集、外集、別集
592
～谷編年詩集、年譜
592
90～堂疑問
83

幽

25～傳福善論
347
77～閒鼓吹
319

$2290_1$崇

00～文總目
231
10～天曆
367
31～福集、四六集
514

$2290_4$巢

72～氏病源論
384

樂

00～齋詞
623
～府雜録
399
～府詩集
446
～府集、題解
445
～府雅詞、拾遺
632
～章集
616
35～清志
261

50～書
404
52～静集
512
80～全先生集、玉棠集
497
～善録
344

欒

43～城集、後集、第三集、應詔集
502

$2296_9$繙

21～經堂集
535

$2299_3$縣

17～務綱目
181
34～法
180

$2320_0$外

24～科保安方
397
40～臺祕要方

387

$2320_2$參

30～寥集
611
77～同契
351
～同契解
346
～同契考異
346
～同契分章通真義、明鏡圖訣
345

$2324_2$傅

23～獻簡集
507
～獻簡佳話
209
～獻簡奏議
636
50～忠肅集
521

$2325_0$伐

40～檀集
509

## $2390_0$秘

50～書省四庫闕書目
231
77～閣法帖跋
408
～閣閒談
325

## $2392_7$編

80～年通載
116

## $2393_2$稼

51～軒詞
622

## $2396_1$稽

16～聖賦
466
35～神録
339
40～古録
114

## $2397_2$嵇

50～中散集
463

## $2420_0$射

01～評要略
405
02～訓
405
05～訣
405
08～議
406

## $2421_0$化

00～庵湖海集
612
50～書
308

## 仕

38～塗必用集
446

## $2421_1$先

10～天易鈐
20
16～聖大訓
283
47～朝政範
165
77～賢施仁濟世録
222

## $2422_1$倚

48～松集
598

## $2422_7$備

27～急總效方
393

## $2422_7$僞

00～齊録
141
44～楚録
141

## $2423_1$德

76～隅堂畫品
413

## $2424_1$侍

27～兒小名録、續
342

## $2426_0$儲

67～嗣宗集
573
90～光羲集
558

## $2426_5$僖

30～宗實録
126

## $2451_0$牡

77～丹譜
297
～丹芍藥花品
298

## $2472_7$幼

24～幼新書
394
77～學須知
428

## $2492_1$綺

22～川集
545

## $2497_0$紺

15～珠集
332

## $2498_6$續

00～廬山記
263
～齊諧記
317

～唐曆
111
～廣本事詩
649
～文房四譜
415
01～顔氏家訓
312
04～詩話(司馬光撰)
646
～詩話(無名氏撰)
648
10～百家詩選
452
～百官公卿表、質疑
121
22～後漢書
98
～仙傳
347
23～稽古録
121
26～釋常談
337
35～清夜録
341
37～通典
161
～通鑑長編
119
～通鑑長編舉要
119
40～志
252
44～葬書
378
～世説
330
～楚辭(校定楚辭、續楚辭、變離騷)
434
48～翰林志、次續志
176
50～史館故事
178
～書譜
408
53～成都古今集記
256
55～曲臺禮
183
67～野人閒話
324
71～長沙志
254
80～金針詩格
644
～會要
162

$2500_0$牛

80～羊日曆
198

$2520_6$伸

44～蒙子
307

使

24～遼見聞録
204
44～燕録
206

$2520_7$律

00～文、音義
223

$2524_3$傳

20～信適用方
395
30～家集
498
～家易説
20
40～奇
322
60～國璽記(國璽傳、傳國璽記)
160

$2576_0$岫

10～雲詞
628

$2590_0$朱

00～慶餘集
570
08～放集
564
24～侍講行狀
218
32～灣集
564
33～梁興創遺編
148
60～景玄集
570
72～氏家禮
188

$2591_7$純

76～陽真人金丹訣
351

## $2598_6$ 積

88～算雜占條例（京房易傳、積算雜占條例）
5

## $2600_0$ 白

10～石詩傳
41
～石詞
629
～石丁稿
607
～石道人集
606
20～集年譜
479
21～虎通
81
44～蘋集
536
～蓮集
584
72～氏長慶集、年譜、新譜
479

## $2610_4$ 皇

10～王大紀
117
30～宋館閣録
177
34～祐新樂圖記
403
～祐平蠻記
213
～祐樂府奏議
402
～祐會計録
165
41～極經世書
277
～極經世、敍篇系述
16
47～朝方域志
241
～朝文鑑
447
～朝百族譜
230
～朝編年舉要、備要、中興編年舉要、備要
121
～朝名臣奏議
452
～朝治迹統類
167
～朝事實類苑
428
～朝事類樞要
167
53～甫冉集
561
～甫持正集
480
～甫曾集
561

## $2621_3$ 鬼

80～谷子
294

## $2623_2$ 泉

40～志
420

## $2624_1$ 得

26～得居士竊草
637
80～全詞
621
～全居士集
596

## $2633_0$ 息

00～齋春秋集注
64

## $2641_3$ 魏

80～公語録
208
～公别録
208
87～鄭公諫録
159

## $2643_0$ 吴

00～彦高詞
629
17～丞相手録
212
～子
359
～郡志
245
～郡圖經續記
245
27～船録
343
43～越備史
137
～越備史遺事
137

44～地記
245
50～中花品
298
60～圜易解
17
72～氏書目
235
74～陵志
251
77～興詩
453
～興集
583
～興統記
245
～興志
245
～興分類詩集
453
88～筠集
472

## $2690_0$和

05～靖集、西湖紀逸
589
77～陶集
446
～陶集（東坡集、後集、内制集、外制集、奏議、和陶集、應詔集）
502

## $2690_0$緗

50～素雜記
311

## $2691_4$程

00～文簡集
543
72～氏廣訓
310
～氏遺書、附録、外書
277

## $2692_2$穆

10～天子傳
122
23～參軍集
489

## $2694_1$釋

27～名
87
50～書品次録
237 358

## $2710_7$盤

32～洲集
542
～洲編
456

## $2711_7$龜

22～山語録
279
～山論語解
74
～山集
523
～山經説
82
～山別録
279
28～谿集
529

## $2712_7$歸

44～藏
4
60～愚詞
626
～愚集
545
～愚翁集
543
～田後録
341
～田録
340
77～叟集
599

## $2713_6$蟹

08～譜
301
67～略
301

## $2721_0$佩

22～觿
90

## $2721_0$徂

24～徠集
493

## $2721_7$倪

00～文節言行録、遺奏誌狀碑銘謚議
219

## $2722_0$御

30～注孝經
70

～注老子
285
37～選句圖
645
50～史臺記(不知何人作)
174
～史臺記(韓琬撰)
173
～史臺故事
174

## $2722_2$ 修

00～文殿御覽
423
12～水志
261
40～校韻略
94
43～城法式條約
226
50～書帖(通鑑前例、修書帖、三十六條四圖)
115
64～睦東林集
584

## $2723_2$ 象

22～山集、外集
545
44～棋神機集
422

## $2724_2$ 將

08～論(閒静治本論、將論)
554

## $2724_7$ 役

34～法撮要
225

## 殷

00～文珪集
581
40～堯藩集
569
44～芸小説
316

## $2725_7$ 伊

22～川集
503
～川集(擁旄集、伊川集)
491
～川程氏祭禮
187
～川易解
13

## $2731_2$ 鮑

23～參軍集
464
33～溶集
567
72～氏校定戰國策
143

## $2732_7$ 烏

40～臺詩話
330

## $2733_6$ 魚

00～玄機集
585

## $2733_7$ 急

03～就章
86

## $2740_7$ 阜

74～陵大事記(思陵大事記、阜陵大事記)
120

## $2742_7$ 鷄

27～峰備急方
391
44～林類事
215
74～肋集
510

## $2748_1$ 疑

01～龍經
379
80～年譜、年略譜、雜年號附
115

## $2748_2$ 欸

17～乃集
631

## $2752_0$ 物

23～外集
611
91～類相感志
308

## $2760_0$ 名

22～山記
316

71～臣贊种隱君書啓
444

## 2762$_0$ 句

60～圖
645

## 2762$_7$ 鄱

76～陽集
532

## 2771$_2$ 包

21～何集
561
24～佶集
561
44～孝肅奏議
635

## 2772$_0$ 匈

47～奴須知
140

## 2774$_7$ 岷

72～隱續讀詩記
39

## 2780$_9$ 炙

47～轂子
307
～轂子詩格
643

## 2791$_7$ 紀

09～談録
343
10～元曆、立成
367
77～聞
328
～聞譚
324
80～年統紀論
121
～年通譜
112

## 2792$_0$ 約

08～論
515

## 2793$_2$ 緣

95～情手鑑詩格
644

## 2795$_4$ 絳

30～守園池記注（樊宗師集、絳守園池記注）
480
41～帖評
408

## 2796$_2$ 紹

16～聖甲戌日録、元符庚辰日録
211
37～運圖
116
77～興講和録
156
～興正論
157
～興正論小傳
157
～興貢舉法
224
～興刑統申明
224
～興校定本草
386
～興監學法、目録、申明、對修鳌正條法
224

## 2821$_1$ 作

60～邑自箴
181

## 2822$_7$ 傷

30～寒證類要略、玉鑑新書
396
～寒論
383
～寒要旨
393
～寒歌
392
～寒微旨論
389
～寒[illegible]痢要方
395
～寒救俗方
390

## 2824$_0$ 微

00～言
309

## 徽

30～宗實録
131

## 儆

24～告
337

$2824_7$ 復

00～齋制表
541
～齋漫稿
607
～齋閒記
335
40～古編
91
70～雅歌詞
632

$2826_6$ 僧

30～竇傳
357

$2828_1$ 從

05～諫集
635

$2829_4$ 徐

12～璣集
609
44～孝穆集
556
67～照集
608
72～氏家祭禮
186
90～常侍集
488

$2892_7$ 綸

00～言集
134

$2998_0$ 秋

33～浦新志
249
～浦志
249

$3010_1$ 空

50～青遺文
525

$3010_6$ 宣

26～和北苑貢茶録
418
～和使金録
204
～和軍馬司勅、令
226
～和博古圖
234
30～室志
318
～宗實録
126
43～城集
455

$3010_7$ 宜

50～春志
250

$3011_3$ 流

91～類手鑑
643

$3011_4$ 注

10～爾雅
88
11～琴趣外篇
632
12～孫子
360
22～後山詩（注黄山谷詩、注後山詩）
593
35～清真詞
632
42～荆公集
591
44～坡詞
632
～黄山谷詩、注後山詩
593
50～東坡集、年譜、目録
591

淮

10～西從軍記
216
38～海集
617
～海集（豫章集、宛邱集、後山集、淮海集、濟北集、濟南集）
510
～海集、後集、長短句
510
40～南鴻烈解
301

$3011_8$ 泣

24～岐書
309

$3012_3$ 濟

11～北集（豫章集、宛邱集、後山集、淮海集、濟北集、濟南集）
510
32～溪老人遺稿
544
40～南集
510
～南集（豫章集、宛邱集、後山集、淮海集、濟北集、濟南集）
510

$3013_0$汴

12～水滔天録
148
47～都記
154

$3013_2$濠

33～梁志
253

$3013_7$濂

32～溪集
503

$3014_7$渡

31～江遭變録
155

$3019_6$涼

60～國公平蔡録
145

$3021_2$宛

74～陵集、外集
494
77～邱集（豫章集、宛邱集、後山集、淮海集、濟北集、濟南集）
510

$3021_4$寇

44～萊公遺事
207

$3021_7$扈

43～載集
487

$3022_7$房

32～州圖志
253

$3023_2$永

30～寧編
248
40～嘉譜
247
～嘉集
454
76～陽志
251

家

10～王故事
201
30～宴集
615

$3030_1$進

40～士采選
421

$3030_2$適

00～齋類稿
546

$3030_4$避

53～戎夜話
154
60～暑録話
342

$3040_1$宰

53～輔拜罷録
179

準

00～齋雜説
313
～齋易説
25

$3040_4$安

30～定先生言行録
207
37～禄山事迹
144
40～南表狀
216
76～陽集
493

$3040_7$字

37～通
95
43～始連環
92
44～林
89

## $3042_7$寓

22～山集
603

## $3043_2$宏

20～辭總類、後集、第三集、第四集
451

## $3060_6$富

00～文忠集
493
～文忠劄子
635
22～川志
251

## $3060_8$容

00～齋隨筆、續筆、三筆、四筆、五筆
312

## 窗

77～間紀聞
335

## $3060_9$審

00～齋詞
630

## $3077_7$官

22～制新典
179
～制舊典正誤
178
～制局紀事
166
～制、學制
177
60～品纂要
173
71～曆刻漏圖、蓮花漏圖
366

## $3080_1$定

00～齋詩餘
627
～齋集
550

## $3080_6$賓

77～朋宴話
651

## 實

30～賓録、後集
427

## 竇

02～刻叢章
445
～刻叢編
237
10～晉集
517
60～墨待訪録
233

## 竄

58～拾遺集
567
72～氏聯珠集
440

## $3090_1$宗

50～忠簡遺事
210
77～門統要
356

## $3090_4$宋

10～玉集
460
～元憲集
495
13～武帝集
555
30～之問集
467
50～書
100
60～景文集
495
～景文筆記
308

## $3111_0$江

00～文通集
465
10～西詩派、續派
449
21～行録
244
26～總集
557
30～淮異人録
135
34～爲集
582
37～湖集
452
40～南録
135
～南餘載
136

～南小集
490
50～表志
136

$3111_1$ 涇

22～川志
260

$3112_0$ 河

22～嶽英靈集
440
37～洛春秋
144
40～南師説
277
～南經説
82
～南程氏文集
504
～南志
241

$3112_7$ 灊

22～山集
600

$3116_0$ 酒

08～譜
419
36～邊集
621
72～隱集
546

$3116_1$ 浯

32～溪集
612

潛

21～虚
275
～虚發微論
276
32～溪詩眼
648
50～夫論
303

$3119_6$ 源

74～髓歌、後集
372

$3128_6$ 顧

11～非熊集
583
34～渚山記
263
36～況集
562

$3130_1$ 遷

50～史删改古書異辭
431

$3130_4$ 迂

00～齋古文標注
451

$3211_3$ 洮

37～湖詞
630

$3212_1$ 沂

80～公言行録
206

$3213_4$ 溪

60～園集
537
90～堂詞
618
～堂集
515
～堂集、補遺
596

$3214_7$ 浮

22～山集
538
31～沚先生集、後集
515
32～溪集
526

$3216_9$ 潘

39～逍遥集
587
53～咸集
572

$3230_1$ 逃

36～禪集
624

$3230_2$ 近

44～世厚德録
221
50～事會元
309
60～思録
278
95～情集
627

$3230_6$ 遁

60～思遺稿、事監韻語

553
～甲選時圖
370
～甲八門機要
370
～甲八門命訣
373

$3300_0$心

21～經法語
284

$3311_1$浣

44～花集
576

$3316_0$冶

80～金録
420

治

00～病須知
385
33～述
554
40～奇疾方
396
77～風方
391

$3318_6$演

16～聖通論
82
22～山集
522
44～蕃露、續
312

$3322_7$補

30～注蒙求
428
31～江總白猿傳
317
34～漢兵制
362
43～妒記
327
44～茶經
418
77～闕周易正義略例疏
6

$3330_9$述

26～釋葉氏易説
24

$3390_4$梁

07～詞人麗句
439
10～元帝詩
556
28～谿集（尤袤撰）
543
～谿集（李綱撰）
523
～谿易傳、外篇
16
33～補闕集
474
50～書
101
60～四公記
196
80～益記
257
88～簡文帝集
555

$3411_1$湛

50～推官集
594

$3411_2$沈

10～下賢集
481
27～約集、别集
465
28～佺期集
467

$3411_4$灌

60～園集
508
64～畦暇語
313

$3412_7$瀟

36～湘録
338

$3413_1$法

00～言
272
～言注、音義
272
30～寶標目
236
41～帖要録
408
～帖刊誤
408
44～藏碎金
356
50～書撮要
410

$3413_4$漢

00～高祖實録
127
20～雋
429
21～上易傳、叢説、圖
18
～上題襟集
442
22～制叢録
170
27～名臣奏
634
～紀
110
30～官總録
180
～官儀、續補
171
～官考
180
～官舊儀
171
～官典儀、續補
171
33～濱集
536
45～隸字源
94
50～書
97
～東王氏小兒方
393
72～隱帝實録
127
～兵編、辨疑
363

$3414_0$汝

78～陰唱和集
446

$3416_0$渚

30～宫集
611
～宫故事
200

$3416_1$浩

17～歌集
622

$3418_1$洪

72～氏方
392

淇

12～水集
508

$3426_0$褚

43～載集
576

$3430_3$遠

22～山崔公入藥鏡
351
38～遊堂集
599

$3430_4$蓬

22～山志
177

$3430_6$造

24～化權輿
306

$3430_9$遼

60～四京記
267

$3440_4$婆

39～娑集
513

$3510_0$津

76～陽門詩
573

$3512_7$清

00～夜録
341
21～虚集
597
～虚居士隨手雜録
341
30～漳新志
258
～漳集
455
31～江三孔集
505
～源志
258
32～溪集、附録
520
36～湘志
255
40～真雜著
517
～真詞、後集
618

～真集
516
60～異録
340
67～暉閣詩
456
77～風集
590

$3519_6$涑

12～水記聞
150

$3520_6$神

01～龍鬼砂
378
30～宗實録朱墨本
129
～宗實録考異
130
60～異經
315

$3521_8$禮

07～記
47
～記正義
47
～記集説
49
～記釋文
47
～記解（方慤撰）
48
～記解（馬希孟撰）
48
～記注
47
～部韻略、條式
91
27～象
50
50～書
50
77～閣新儀
183

$3530_0$連

22～川志
261
30～寶學奏議
638

$3530_8$遺

48～教經
355

$3610_0$泊

30～宅編
334

湘

31～江論
265
40～南集（羅江東甲乙集、後集、湘南集）
486
50～中山水記
262

$3611_7$温

12～飛卿集
571
80～公書儀
188
～公日記
211

$3612_7$湯

72～氏嬰孩妙訣
395

渭

40～南集
572
～南集、劍南詩稿、續稿
541
～南祕訣
362

$3613_2$瀑

26～泉集
611

$3614_7$漫

90～堂集
627

$3621_0$祝

15～融子兩同書
306

$3625_6$禪

30～宗頌古聯珠集
358
77～月集
584

$3630_2$邊

26～和録
216

$3630_3$還

36～還集
597
77～丹復命篇
349

$3711_7$ 浥

21～上英雄小録
135

澠

12～水燕談
330

$3712_0$ 洞

10～天集
443
28～微歌
373
～微志
326
37～冥記、拾遺
315
44～林照膽
378

湖

40～南故事
138

潮

08～説
265

潤

32～州類集
453

澗

27～壑詞
626

$3712_7$ 滑

23～稽集
491

潏

12～水集
514

鴻

00～慶集
527

$3713_6$ 漁

27～舟集
588
72～隱叢話、後集
649

$3714_6$ 潯

76～陽志
250

$3714_7$ 汲

37～冢師春
56
～冢周書
28

浸

87～銅要略
420

$3716_1$ 澹

00～庵集
533

$3716_4$ 洛

38～游子
329
76～陽伽藍記
242
～陽名園記
243
～陽九詠(校定楚辭、翼騷、洛陽九詠)
436
～陽貴尚録
298
～陽搢紳舊聞記
325

$3718_2$ 次

47～柳氏舊聞
147

漱

10～玉集
621

$3719_3$ 潔

00～齋集、後集
552
～齋家塾書鈔
33

$3721_0$ 祖

03～詠集
558
30～宗官制舊典
178
60～異志
327

$3721_4$ 冠

47～柳集

619

$3722_0$初

30～寮詞
620
～寮集、後集、內外制
523
77～學記
423

祠

22～山家世編年
222

$3730_1$逸

50～史
150
77～民鳴
594

$3730_2$通

34～遠集
422
50～書西銘集解
277
55～典
160
71～曆
112
88～鑑論篤
118
～鑑外紀、目録
115
～鑑釋文(司馬康撰)
114
～鑑釋文(史炤撰)
114
～鑑紀事本末
118
～鑑綱目
118
～鑑舉要曆
113
～鑑問疑
115
～鑑前例、修書帖、三十六條四圖
115

$3730_3$退

00～庵集
553
～齋詞
625
60～圃詞
624

$3730_7$追

44～昔游編
570

$3730_8$選

04～詩
451
～詩句圖
650
40～奇方、後集
395
77～腴
430

$3772_7$郎

40～士元集
561

$3780_0$冥

47～報記
318

$3780_6$資

33～治通鑑、目録、考異
113
67～暇集
306

$3792_7$鄴

27～侯家傳
198
50～中記
243

$3813_7$冷

00～齋夜話
331

泠

23～然齋詩餘
631
～然齋集
608

$3814_7$游

30～宦紀聞
338
72～氏論語解
75

$3815_7$海

21～上方
394
23～外使程廣記
266
34～濤志
265

35～神靈應録
223
37～潮圖論
265
67～野詞
630
74～陵集
540
77～門集
594
87～録碎事
427
90～棠記
300

## $3816_7$ 滄

33～浪集
494

## $3819_4$ 滁

76～陽慶曆集、後集
453

## $3830_3$ 遂

37～初堂書目
235

## $3830_4$ 逆

71～臣劉豫傳
217

## $3830_6$ 道

04～護録
279
22～山青話
334
27～鄉語録
209
～鄉集
513
41～樞
349
48～教靈驗記
347
73～院集要
357

## $3860_4$ 啓

01～顔録
340

## $3912_0$ 沙

74～隨易章句、外編、占法、古易考
22

## $3930_2$ 逍

37～遥子通玄書
352
～遥公易解、疑問
21

## $4000_0$ 十

32～洲記
315
40～七史蒙求
427
50～書類編
188
60～國紀年
139

## $4001_1$ 左

25～傳約説、百論
68
～傳法語
430
～傳類編
66
72～氏膏肓
55
～氏説
66
～氏發揮
68
～氏解
60
～氏博議
66
～氏鼓吹
61
～氏摘奇
429
～氏國語類編
66

## $4001_7$ 九

21～經字樣
81
27～疑考古
254
～峰集
516
28～僧詩
445
32～州春秋
143
44～華總録
263
～華拾遺
263
47～朝通略
119
60～星祖局圖
379

～星賦
379
～國志
139
80～鏡射經
405
88～籥衛生方
391

$4003_0$大

00～唐新語
146
～唐郊祀録
182
～唐説纂
323
～唐西域記
266
～唐統紀
111
～唐補記
148
21～衍方
394
22～樂演義
403
27～名集
511
～饗明堂記、紀要
184
30～宋天文書
364
～宋登科記
202
32～業雜記
143
43～戴禮
46
46～觀本草
385
47～聲集
619
～胡笳十九拍
401
50～事記、解題、通釋
120
55～慧語録
359
60～易粹言
22
～晟樂書
404
～愚叟集
544
77～學章句、或問、中庸章句、或問
48

太

00～玄集注
273
～玄經
272
～玄釋文
273
10～一淘金歌
370
～一命訣
372
～平廣記
325
～平聖惠方
387
～平御覽
425
～平寰宇記
239
～平惠民和劑局方
395
21～上金碧經
352
～虚潮論
265
26～白還丹篇
350
～和辨謗略
159
～和擢兇記
146
～和野史
146
30～宗御製御書目
232
～宗實録
128
35～清養生上下篇
350
37～祖實録
128
41～極傳、外傳、因説
15
～極圖説(周子通書、太極圖説)
276
80～倉稊米集
536
90～常新禮
183

$4003_8$夾

37～漈詩傳、辨妄

38
～滐鄉飲禮
50
～滐家傳、所著書目附
217
～滐書目、圖書志
235
～滐春秋傳、考、地名譜
64

$4004_7$友

40～古詞
622

$4010_4$臺

90～省因話録
342

$4010_7$壺

50～中賦
371

$4020_0$才

07～調集
443

$4021_6$克

00～齋詞
624

$4022_7$内

33～治聖監
168
60～景中黄經
346

希

40～古集
421
50～夷先生風鑑
380

南

00～方草木狀
260
～康志
250
～唐二主詞
614
～唐烈祖實録
135
～唐烈祖開基誌
135
～唐近事
136
～唐書
136
07～部新書
202
～詔録
266
11～北攻守類考
266
27～歸録
153
～紀集、後集
455
30～安志、補遺
251
32～州集
455
37～澗甲乙稿
537
38～游記舊
333
40～臺諫垣集
635
～塘書説
34
～塘易説
25
43～越志
259
44～薔香録
416
47～朝宫苑記（六朝事迹、南朝宫苑記）
249
50～史、北史
108
～史精語
431
51～軒語録
280
～軒論語説、孟子説
76
～軒集
538
～軒奏議
639
76～陽集
505
～陽先民傳
220
～陽活人書
390

$4033_1$赤

43～城詞
620
～城三志
247
～城集
507

～城續志
247
～城志
247

## $4040_0$女

03～誡
303
37～郎謝希孟集
612

## $4040_7$李

00～廓集
574
～文公集
480
02～端集
563
～端公集
573
10～元賓集
477
15～建勳集
582
17～孟達集
609
～羣玉集
572
～司空論事
159
20～季蘭集
585
21～衛公備全集、年譜、摭遺
482
～衛公問對
360
～頻集
573
22～後主集
486
～山甫集
580
27～祭酒奏議
640
31～涉集
569
34～遠集
571
37～洞集
577
40～九齡集
586
～希聲集
599
～嘉祐集
561
44～甘文集
484
48～翰林集
469
50～推官披沙集
580
～泰伯退居類稿、續稿、常語、周禮致太平論、後集
496
～忠定行狀
217
～忠愍集
519
～東老詞
628
60～昌符集
574
71～頎集
559
～長吉集
565
72～氏集驗背疽方
398
～氏皇室維城録
228
～氏房從譜
228
～氏花萼集
629
77～問集
591
80～益集
563
～義山集
570
～義山集、樊南甲乙集
483
～公談録
206

## $4046_5$嘉

20～禾詩集
454
～禾志、故事
246
30～定吏部條法總類
225
34～祐雜志
328
～祐謚
84
～祐驛令
224
50～泰條法事類
225
～泰普燈録
358

$4050_6$ 韋

00～齋小集
534 602
44～蘇州集
562
72～氏月録
191

$4051_4$ 難

21～經
382

$4060_0$ 古

00～文章
438
～文苑
438
～文孝經
69
～文孝經説
70
～文孝經指解
70
～文關鍵
451
10～三墳書
28
～靈集
500
12～列女傳
193
35～禮疏
41
～禮經傳續通解
42
～禮經傳通解、集傳集注
42
～禮經、古禮注
41
～禮釋文
41
～禮、釋文、識誤
42
～禮注（古禮經、古禮注）
41
50～史
109
60～易
1
～易、音訓
2
～易考（沙隋易章句、外編、占法、古易考）
22
77～周易（吴仁傑録）
3
～周易（晁説之録）
2
80～今刀劍録
420
～今絶句
449
～今注
303
～今家祭禮
188
～今法書苑
407
～今通占
364
～今孝悌録
220
～今姓氏書辨證
230
～今畫人名
411
～今同姓名録
317
～今服飾儀
189

$4071_0$ 七

21～經小傳
82
60～里先生自然集
599

$4073_2$ 袁

10～不約集
570
40～去華詞
625
72～氏家塾讀書記
33
～氏世範
314

$4080_1$ 真

04～誥
346
22～仙傳道集
351
30～宗御製碑頌石本目録
232
～宗實録
128
72～隱集

612

$4090_0$木

86～鐸集
565

$4090_8$來

77～鵬集
578

$4092_7$槁

88～簡贅筆
336

$4093_1$樵

17～歌
620
72～隱詞
625
～隱集
543

$4094_8$校

30～定韓昌黎集、外集
476
～定楚辭、翼騷、洛陽九詠
436
～定杜工部集
470

$4191_4$極

00～玄集
441

$4192_0$柯

22～山集
596
～山書解
33
50～東海集
609

$4212_2$彭

43～城集
501

$4223_0$狐

80～首經
377

$4240_0$荆

44～楚歲時記
190

$4241_3$姚

72～氏殘語
335
90～少監集
568

$4291_3$桃

44～花源集
456

$4291_7$梔

44～林集
610

$4304_2$博

27～物志
303
40～古圖記
234
60～異志
318

$4310_0$卦

24～德統論(新注周易、卦德統論、易數鈎隱圖)
9

$4380_5$越

27～絶書
142
32～州圖經
246
50～中牡丹花品
297

$4410_0$封

72～氏見聞記
318

$4410_4$董

25～仲舒集
460

$4410_6$萱

90～堂香譜
416

$4411_2$地

16～理指掌圖
240
～理口訣
378
～理小原本缺
378

$4411_2$范

00～文正集、别集
492
～文正尺牘
493

～文正公奏議
635
24～德孺奏議
636
40～太史集
508
～太史遺事
209
44～村梅菊譜
300
50～忠宣言行録
209
～忠宣彈事、國論
636
～忠宣集
507
60～蜀公奏議
635
72～氏寢堂時饗禮
186
～氏家祭禮
187

$4412_7$蒲

31～江集
631

$4414_9$萍

32～洲可談
334

$4420_7$考

40～古編、續編
312
～古圖
234

夢

32～溪忘懷録
297
～溪筆談
328

$4421_4$花

08～譜
298
77～間集
614
80～翁詞
631
～翁集
610

莊

17～子
287
～子音義
287
～子疏
287
～子注
287
～子十論
290
～子義
290
30～宗召禍記
148
40～南傑集
569

$4421_7$蘆

22～川詞
619

$4422_2$茅

00～亭客話
327
～齋集
610
22～山記
262

$4422_7$莆

76～陽志
258
～陽人物志
222

$4422_7$蕭

14～功曹集
472
29～秋詩集
457
77～閒詞
632
～閒集
629

蘭

00～亭博議
409
～亭考
409

勸

31～酒玉燭詩
422

$4423_2$蒙

00～齋孝經説
71
43～求
424

$4423_4$幞

27～阜山記

262

$4424_7$蔣

17～子萬機論
303
40～吉集
583

$4425_3$藏

00～六堂書目
235

$4429_4$葆

90～光易解義
14
～光録
339

$4430_4$蓮

34～社詞
630
44～花漏圖（官曆刻漏圖、蓮花漏圖）
366

$4432_7$芍

44～藥譜（王觀撰）
299
～藥譜（劉攽撰）
299
～藥圖序
299

$4433_1$燕

01～語考異
332
11～北雜録、西征寨地圖附
139
26～吴行役記
244
40～南記
145
～喜集
624

$4439_4$蘇

26～魏公集
506
32～州圖經
245
34～沈良方
388
57～拯集
583
72～氏談訓
330
～氏演義
307

$4440_0$艾

17～子
329
51～軒家傳
217

$4440_6$草

90～堂詩餘
632
～堂集
587

$4440_7$孝

21～行録
220
～經説
71
～經正義
70
～經刊誤
71
～經解
71
～經注
69
～經本旨
71
30～宗聖政
169
～宗實録
131
50～史
220

$4442_7$荔

44～枝譜
299
～枝故事
299

萬

21～行首楞嚴經
354
55～曲類編
633
71～曆會同
371

$4443_0$樊

22～川集、外集
483
30～宗師集、絳守園池記注
480
40～南甲乙集（李義山集、樊南甲乙集）

483

莫

72～氏方
393

$4445_6$韓

00～文公志
475
～文公歷官記
213
04～詩外傳
35
17～子
292
26～魏公家傳
207
44～莊敏遺事
209
47～翃集
562
～柳音辨
477
50～忠獻遺事
208
72～氏古今家祭式
187

$4446_0$姑

04～孰志
249
32～溪集
619
～溪集、後集
511

$4450_4$華

22～山記
261
66～嚴經
354
～嚴合論法相撮要
357
76～陽集
498
～陽真人祕訣
351
～陽國志
143

$4453_0$英

30～宗實録
129
44～華集
613

$4460_1$蓍

43～卦辨疑序
375

$4460_2$苕

22～川子所記三事
328

$4460_4$若

32～溪奏議
638

$4462_7$荀

17～子
270
～子注
270

$4471_1$老

17～子新解
286
～子解
286
～子注
285
～子道德論述要
285
～子道德經
285
44～蘇嘉祐集
502
60～圃集
597
77～學庵筆記
336

$4471_4$耄

86～智餘書
308

$4471_7$世

08～説新語、敍録
316

$4473_1$芸

77～閣禮記解
47

藝

00～文類聚
423
44～苑雌黄
310

$4474_1$薛

08～許昌集
572
34～濤集
584

37～逢集
571
～逢四六集
484
38～道衡集
557
90～少保集
557
99～瑩集
571

## $4477_0$ 甘

36～澤謡
320
74～陵伐叛記
150
90～棠集
589

## $4480_1$ 楚

20～辭
433
～辭集註、辨證
435
～辭後語
436
～辭考異
434
～辭贅説
435
30～寶傳
160
32～州圖經
251
36～澤叢語
312

## $4480_6$ 黄

00～帝内經素問
382
～帝内傳
195
～帝丹訣玉函祕文
352
～庭内景經、外景經
346
10～石公三略
360
～石公素書
360
22～巖志
260
32～州圖經、附録
252
72～氏詩説
39

## $4490_0$ 樹

44～萱録
339

## $4490_1$ 蔡

50～中郎集
461
～忠惠集
499

## $4490_3$ 綦

11～北海集
528
77～毋潛集
558

## $4490_4$ 茶

08～譜
417
21～經
416
22～山節對
418
87～録
417

## 葉

17～丞相行狀
218
72～氏方
394

## 藥

10～石論
406
27～名詩
590
30～準
388
～寮叢稿
535

## $4491_0$ 杜

04～詩六帖
431
～詩發揮
650
10～工部詩集注
559
～工部集
470
33～必簡集
557
37～祁公語録
208
40～壽域詞
616
72～氏四時祭享禮

187
76～陽雜編
321
80～公談録
209

$4491_2$ 枕

50～中記
335

$4491_4$ 桂

38～海虞衡志
259
44～林志
259
～林風土記
259

權

17～丞相集
474

$4492_7$ 菊

08～譜（史正志撰）
300
～譜（劉蒙撰）
300

$4498_6$ 横

31～渠張氏祭禮
187
～渠易説
13
40～塘集
524
90～堂小集
551

$4499_0$ 林

26～泉高致集
413
～和靖摘句圖
646
30～寛集
574
44～藻集
481
～藴集
481
72～氏野史
151
77～閒録
357

$4541_0$ 姓

27～解
229
31～源韻譜
227
44～苑
229

$4593_2$ 隸

24～續（隸釋、隸續）
236
26～釋、隸續
236

$4594_4$ 樓

26～白集
584

$4594_7$ 构

22～山老人集
605

$4611_0$ 坦

00～庵長短句
627

$4614_0$ 埤

70～雅
88

$4621_0$ 觀

27～物外篇
278 17
～物内篇
278
～物内篇解
17
44～林詩話
650
50～史類編
430

$4622_7$ 獨

12～孤常州集
472
22～斷
182

$4690_0$ 柏

40～臺雜著
332

相

22～山詞
622
～山集
533
31～江集
455
47～鶴經
380
60～貝經
380

## $4691_4$ 桯

50～史
333

## $4692_7$ 楞

26～伽經
355

## 楊

20～信祖集
599
47～妃外傳
200
72～氏方
392
～氏筆苑句圖、續
646
80～公遺訣曜金歌并三十六象圖
378
90～少尹集
566

## $4712_7$ 鄞

22～川志
335
31～江志
258

## $4713_8$ 懿

30～宗實録
126

## $4722_7$ 鶴

22～山周禮折衷
46
32～溪集
535
44～林詞
629

## $4724_2$ 麴

20～信陵集
564

## $4742_0$ 朝

20～集院須知
177
22～制要覽
164
67～野僉言
152
～野僉載
317

## $4744_7$ 好

00～庵遊戲
629
36～還集
221

## $4748_6$ 嬾

30～窟詞
626

## $4760_1$ 磬

37～沼集
610

## $4762_0$ 胡

00～文定公武夷集
529
～文恭集
497
17～子知言
281
23～獻簡詞垣草
540
～獻簡奏議、臺評
639
50～忠獻集
529
～忠獻奏議
639
72～氏方
394
～氏傳家録
280

## $4762_7$ 都

33～梁志
252

## $4772_0$ 切

06～韻義、纂要圖例
95

## 却

57～掃編
334

## $4772_7$ 邯

67～鄲書目
231

## $4792_0$ 柳

24～先生集、外集、别録、摭異、音釋、附録、事迹本末
477
25～仲塗集
489
26～吴興集

556
30～宗元詩
564
47～柳州集、外集
476
90～常侍言旨
319

桐

08～譜
300
34～汭新志
250
78～陰舊話
210

$4792_7$橘

44～林集、後集
517
87～録
300

$4794_7$穀

43～城集
606

$4796_4$格

00～言
308

$4810_7$鹽

83～鐵論
270

$4814_0$救

44～荒活民書
221

$4816_6$增

00～廣射譜
406
43～城荔枝譜
299

$4841_7$乾

25～生歸一圖
13
38～道奉使録
205
45～坤變異録
364
～坤鑿度
79
77～膙子
320

$4842_7$翰

44～苑雜記
176
～苑羣書
176
～林遺事
176
～林志
174
～林禁書
407
～林盛事
159
～林院故事
175
～林學士記
175
～林學士院舊規
175
60～墨叢紀
333
～墨志
408

$4864_0$敬

00～齋詞
624

$4892_7$梯

10～雲集
540

$4893_2$松

34～漠記聞
140
44～坡詞
628
～坡集、樂府
606
74～陵集
442

$4894_0$枚

27～叔集
460

$4895_7$梅

00～文安集
519
22～山詩稿、續稿
607
32～溪詞
630
～溪集、續集
546
～溪奏議
640
48～教授書集解
33
51～軒集

553

## $4928_0$狄

33～梁公家傳
197

## $4942_0$妙

88～筆集
539

## $4980_2$趙

00～康靖日記
211
17～丞相行實、附録
219
21～師秀集、天樂堂集
609
44～韓王遺稿
488
～華文行狀
219
50～忠定集、奏議
548
～忠定行狀、謚議
219
72～氏家塾蒙求、宗室蒙求
432

## $5000_6$中

00～庸章句、或問(大學章句、或問,中庸章句、或問)
48
00～庸説
49
～庸説、大學説、少儀解
48
～庸集解
48
～庸大學廣義
48
～庸輯略
49
03～誡經
347
08～説
275
～説注(龔鼎臣撰)
275
～説注(阮逸撰)
275
～論
274
22～山刀筆集
491
44～藏經
384
～華古今注
307
47～朝故事
199
50～書備對
166
77～興玉堂制草
134
～興百官題名
181
～興登科小録、姓類
203
～興編年舉要、備要(皇朝編年舉要、備要,中興編年舉要、備要)
121
～興續玉堂制草
134
～興綸言集
134
～興遺史
119
～興十三處戰功録
158
～興忠義録
219
～興間氣集
441
～興會要
162
～興館閣書目
236
～興館閣録、續
178
～興小曆
119

## 史

06～韻
427
07～記
96
～記音義
105
～記正義
106
～記法語

430
～記索隱
106
22～例
641
37～通
641
～通析微
641
83～館故事録
174

申

78～鑒
274

$5000_7$ 聿

42～斯歌
372

事

27～物紀原
309
43～始
307
78～監韻語(遁思遺稿、事監韻語)
553
91～類賦
426

$5001_4$ 擁

08～旄集、伊川集
491

$5002_7$ 摘

10～要方
397

$5003_2$ 夷

26～白堂小集、別集
520
77～堅志甲至癸、支甲至支癸、三甲至三癸、四甲四乙
336
～堅志類編
337

$5003_7$ 摭

00～言
323

$5004_4$ 接

29～伴送語録
204

$5004_7$ 掖

41～垣叢志
176

$5010_6$ 畫

22～繼
413
46～墁集
329 508
50～史
413

$5010_7$ 盡

00～言集
636
50～忠補過録
212

$5013_2$ 泰

74～陵故事
166

$5022_7$ 青

00～唐録
215
22～山集
594
32～溪集
598
34～社賑濟録
165
43～城山記
262
60～羅立成曆
373
88～箱雜記
331

$5023_0$ 本

44～草衍義
386
～草單方
392
～草節要、明堂鍼灸經、膏肓灸法
386
47～朝百家詩選
447
～朝大詔令
134
～朝蒙求
426
～朝事實
167
50～事方
391
～事詩
442

## $5033_3$ 惠

22～崇集
610
～崇句圖
647

## $5033_6$ 忠

10～正德文集
527
78～愍公集
587

## $5050_3$ 奉

06～親養老書
389
10～天録
145
25～使雜録
205
～使鷄林志
204
～使執禮録
205
～使别録
203
90～常雜録、樂章
189

## $5060_1$ 書

00～辨訛
30
01～評
406
08～説
33
～譜
31
20～壬戌事
150
22～後品
407
～斷
406
24～估
406
36～裨傳
30
40～臺集
589
～古經、序
27
44～苑菁華
410
～林韻會
428
50～史
407
60～品
406
77～丹詞
623
80～義
29
87～敍指南
427
90～小傳
34
92～判
495

## $5060_3$ 春

29～秋二十國年表
58
～秋正辭、通例
64
～秋列國諸臣傳
62
～秋集傳（王葆撰）
61
～秋集傳（蘇轍撰）
65
～秋集傳纂例、辨疑
56
～秋集解
65
～秋集善
67
～秋比事
66
～秋經
51
～秋經辨
67
～秋經傳集解
67
～秋經解
59
～秋經解、本例例要
63
～秋經解、指要
65
～秋經社要義
59
～秋後傳、補遺
61
～秋傳（程頤撰）
60
～秋傳（劉絢

撰）
61
～秋傳、通例、通旨
64
～秋傳、考、讞
62
～秋傳、權衡、意林、説例
59
～秋皇綱論、明例隱括圖
60
～秋得法志例論
61
～秋釋例
52
～秋名號歸一圖
58
～秋通訓、五禮例宗
62
～秋通説
69
～秋左氏經傳集解
52
～秋左氏傳
51
～秋左氏傳正義
54
～秋直音
68
～秋古經
51
～秋考異
68
～秋加減
57
～秋穀梁傳
52
～秋穀梁傳疏
54
～秋穀梁傳集解
53
～秋本旨
64
～秋指南
63
～秋折衷論
57
～秋邦典
60
～秋口義
59
～秋分記
68
～秋尊王發微
58
～秋會議
60
～秋公羊傳
52
～秋公羊傳疏
54
～秋公羊傳解詁
53
～秋繁露
55
～秋類事始末
68
34～渚紀聞
333
67～明退朝録
165

$5077_7$春

74～陵圖志
254

$5090_4$秦

10～王貢奉録
201
25～傳玉璽譜
160
42～韜玉集
579
50～中歲時記
191
72～隱君集
560
～氏書目
235
90～少游蠶書
295

$5090_6$東

00～齋記事
328
～京記
241
10～平集
607
22～山寓聲樂府
618
26～皐子
466
30～家雜記
167
～窗集
532
31～江集
550
32～溪試茶録
418

～溪集
535
～浮集
579
33～浦詞
628
34～漢詔令
133
～漢會要(西漢會要、東漢會要)
169
37～湖集
598
44～坡詞
616
～坡論語傳
74
～坡手澤
329
～坡集、後集、内制集、外制集、奏議、和陶集、應詔集
502
～坡書傳
29
～坡易傳
12
～坡别集
502
～萊集、外集
598
～萊書説
31
～萊吕太史集、别集、外集、附録
544
46～觀漢紀
194
～觀奏記
147
～觀餘論
518
47～都事略
110
60～里楊聘君集
588
76～陽記詠
456
～陽志
248
90～堂詞
618
～堂集、詩、書簡、樂府
514

## $5102_0$ 打

71～馬格局
421
～馬圖式
421
～馬賦
421

## $5104_0$ 軒

22～山集
548
～山奏議
640

## $5106_1$ 指

05～訣
400
39～迷方
390
40～南方
392
～南論
458
～南賦經(指南賦箋、指南賦經)
458
～南賦箋、指南賦經
458

## $5202_1$ 折

43～獄龜鑑
221

## $5206_4$ 括

44～蒼集、後集、别集、續
454
～蒼志
248
～蒼志續
248
60～異志、後志
327

## $5207_2$ 拙

00～庵雜著、外集
547
～齋集
539
～齋書集解
32

## $5209_4$ 採

15～珠格局
422

## $5225_7$ 静

30～安作具、別集
550
50～泰堂集
603

$5260_2$哲

30～宗實録
130

$5302_7$輔

17～弼名對
165

$5320_0$戊

50～申維揚録
156
～申英政録
201

成

26～和子觀妙經
379
47～都古今集記
256

戚

44～苑英華
425
～苑纂要
424

咸

10～平集
488
37～通庚寅解圍録
147
80～鎬故事
191

$5340_0$戎

44～幕閒談
319
60～昱集
473

$5409_4$楪

44～蓍古法
375

$5492_7$勑

01～語堂判集
484

$5504_3$轉

00～庵集
606

$5509_6$揀

80～金集
611

$5523_2$農

50～書
296
66～器譜、續
296

$5560_0$曲

27～阜集、奏議、西垣集、外制集、内制集
504
31～江集
468
34～洧舊聞、雜書、骪骳説
333
35～禮口義
49

$5560_6$曹

00～唐集
578
13～武惠別傳
207
37～鄴集
573
48～松集
579

$5580_1$典

12～刑録
220

$5590_0$耕

23～織圖
296
77～桑治生要備
296

$5602_7$揚

17～子雲集
461
32～州詩集
455

$5605_0$押

06～韻釋疑
95

$5608_1$捉

73～卧甕人事數
422

$5609_4$操

26～縵集
596

### $5619_3$ 螺

31～江集
611

### $5701_2$ 抱

43～朴子
289

### $5701_4$ 擢

27～象策(擢犀策、擢象策)
458
77～犀策、擢象策
458

### $5704_7$ 投

53～轄録
343
80～知小録
486

### 搜

10～玉小集
440
35～神祕覽
332

### $5705_6$ 揮

00～麈録、後録、第三録、餘話
343

### $5708_1$ 擬

20～皎然十九字
643

### $5743_0$ 契

77～丹講和記
204
～丹疆宇圖
267
～丹録
140

### $5750_2$ 擊

40～壤集
591

### $5790_3$ 繫

20～辭精義
21

### $5801_6$ 攬

22～轡録
205

### $5806_1$ 拾

35～遺記
316

### 輶

51～軒集
449

### $5840_1$ 聱

50～書
486
76～隅子
308

### $5844_0$ 數

21～術大略
368
77～學
23

### $6001_4$ 唯

30～室兩漢論
553

### $6010_0$ 日

31～涉園集
597
77～月玄樞篇
350

### $6010_4$ 星

88～簿讃曆
363

### 墨

17～子
293
30～客揮犀、續
331
44～苑
414
～藪
407

### $6011_3$ 晁

10～无咎詞
617
17～君成集、别集
591
27～叔用詞
618
72～氏讀書志
235
～氏客語
310

### $6012_7$ 蜀

07～記
257
10～爾雅

88
44～檮杌
137

## $6015_3$ 國

01～語
54
～語注
55
～語補音
55
10～璽傳、傳國璽記
160
20～秀集
440
27～紀
118
44～老閒談
326
47～朝名臣奏議
452
～朝官制沿革
179
～朝通典
161
～朝相輔年表、續
179
～朝時令集解
191
～朝會要總類
163
50～史後補
152
～史補
146

## $6021_0$ 四

00～六話
649
～六談塵
648
～六集（崇福集、四六集）
514
～六餘話
650
～六類稿
546
27～象論
351
30～家詩選
444
～家禮範
188
～家胡笳詞
451
40～十二章經
355
47～朝國史
105
50～夷朝貢録
147
64～時治要方
396
～時栽接花果圖
299
～時纂要
295
67～明志
247
～明尊堯集
166
77～門經
373

## 見

40～南山集
600

## $6022_7$ 易

00～童子問
11
～意蘊凡例總論
12
～辨、淵源録
23
02～證墜簡
8
05～講義
14
08～説（司馬光撰）
12
～説（趙善譽撰）
23
10～正誤
16
17～翼傳
25
23～稽覽圖
79
24～緯
79
25～傳積算法雜占條例
375
～傳解説、微旨
7
～傳、本義、易學啓蒙
21
～傳拾遺
21
26～總説

24
27～解（王安石撰）
12
～解（皇甫泌撰）
12
～解（沈括撰）
14
～解義
19
33～補注、王劉易辨
9
36～裨傳、外篇
24
37～通卦驗
79
40～索
19
44～老通言
286
～林
374
48～乾鑿度
79
50～本傳
22
58～數鈎隱圖（新注周易、卦德統論、略例、易數鈎隱圖）
9
60～足居士自鳴集
604
71～原
22
77～學辨惑（褒德集、易學辨惑）
210
～學啓蒙（易傳、本義、易學啓蒙）
21
80～義海撮要
13
88～筌
10
～簡方
396
～筆記、總説
25
90～小傳
19

## $6033_0$思

34～遠筆録
342
74～陵大事記、阜陵大事記
120

## $6040_0$田

10～霖四六集
487
17～承君集
513

## $6040_4$晏

17～子春秋
269

## $6060_0$回

00～文類聚
452
10～天録
212

## 吕

00～文靖試卷
492
～文靖集
590
10～正獻集
499
16～聖求詞
625
21～衡州集
481
23～獻可章奏
636
40～真人血脈論
351
50～申公掌記
166
～忠穆集
527
～忠穆家傳、逢辰記、遺事
210
～忠穆勤王記
155
～忠穆答客問
155
72～氏讀書記
282
～氏鄉約、鄉儀
188
～氏家塾讀詩記
39
～氏家塾記
210
～氏家祭禮
187
～氏春秋
301

80～公窨頭坯歌
352

昌

27～黎集、外集
475
～黎集、外集、附録、年譜、舉正、外鈔
475

$6060_4$ 圖

50～畫見聞志
412

$6066_0$ 品

44～茶要録
419

$6073_2$ 畏

00～齋經學
83

$6080_1$ 是

00～齋百一選方
393

異

43～域歸忠傳
198

77～聞集
322

$6080_6$ 圓

77～覺了義經
354

$6090_3$ 累

23～代歷年
113

$6090_6$ 景

01～龍文館記
196
24～德會計録
164
27～物類要詩
605
31～迂集
522
34～祐廣樂記
403
～祐天竺字源
356
～祐集韻
91
～祐樂府奏議
402
～祐遁甲玉函符應經
369
～祐太一福應集要
370
～祐乾象新書
364

$6091_4$ 羅

04～計二隱曜立成曆
373
31～江東集
578
～江東甲乙集、後集、湘南集
486
32～浮山記
264
34～漢因果識見頌
356
37～鄴集
379
60～星妙論
379

$6101_0$ 毗

74～陵集
530
～陵志
246
～陵公奏議
638

$6104_0$ 盱

31～江志、續
250

$6203_4$ 睽

50～車志
336

$6240_0$ 别

50～書金坡遺事
175

$6333_4$ 默

51～軒訶
628
53～成居士集
531
90～堂集
531

$6355_0$ 戰

60～國策
142

$6384_0$ 賦

77～門魚鑰
642

### $6402_7$晞

01～顏録
280

### $6404_1$時

08～議（鼎論、時議）
553

### $6408_1$哄

90～堂集
626

### $6500_6$呻

68～吟集
511

### $6502_7$嘯

90～堂集古録
93

### $6624_8$嚴

20～維集
562

### $6702_0$明

12～刑盡心録
221
26～皇雜録
144
28～倫集
284
38～道集、遺文
503
90～堂鍼灸經（本草節要、明堂鍼灸經、膏肓灸法）
386

### $6702_7$喻

00～廝囉傳
214

### $6706_2$昭

24～德新編
308
～德易詁訓傳
19
30～宗實録
126
67～明太子集
465
～明太子事實
222

### $6712_2$野

21～處類稿
542
37～逸堂詞
627
50～史甘露記
146
80～人閒話
324

### $6722_7$鄂

60～國金陀粹編、續編
223

### $6772_7$鷃

37～冠子
289

### $6782_7$�

32～溪集
501
43～城志
255

### $6802_1$喻

27～鳧集
572
46～坦之集
577

### $6802_7$吟

30～窗雜録
647

### $6805_7$晦

00～庵語録
280
～庵語類
78
～庵詞
627
～庵集、紫陽年譜
543
～庵續録
280
～庵書説
32
22～巖集
549

### $7021_4$雅

38～道機要
644

### $7113_6$蠶

50～書
295

## $7121_1$阮

21～步兵集
462　555

歷

23～代帝王年運詮要
116
～代帝王纂要譜括
122
～代疆域志
240
～代確論
448
～代名畫記
411
～代紀年
116
～代宮殿名
261
～代奏議
452
～代星史
365
～代年號并宮殿等名
164
76～陽志
252

## $7122_0$阿

11～彌陁經
355

## $7122_7$鴈

22～山行記
264

## $7123_2$辰

32～州風土記
255

## $7132_7$馬

11～班異辭
431
17～子才集
514
43～戴集
572

## $7171_1$匡

07～謬正俗
305

## $7171_7$巨

79～勝歌
351

## $7173_2$長

12～孫佐輔集
564
22～樂集
455
～樂志
257
～樂財賦志
167
30～安志
242
～安圖記
242
39～沙土風碑
254
～沙志
254
77～興集
506

## $7210_0$劉

10～貢父詩話
647
17～子
304
～叉集
566
～司空集
463
～乙集
582
18～改之詞
631
21～行簡詞
620
～虞部集
473
23～狀元東歸集
500
24～先生談録
279
26～得仁集
580
28～給事集
524
30～賓客集、外集
479
34～汝一進卷
553
36～涓子神仙遺論
397
38～滄集
578
40～左史集
519
44～孝綽集
556

46～駕集
573
50～中壘集
461
～忠肅集
508
～忠肅行年記
211
～忠肅救荒録
169
53～威集
581
60～景文集
593
67～昭禹集
581
72～氏西行録
203
74～隨州集
473
80～公佳話
319
85～餗小説
318

## $7240_0$ 刪

30～定易圖論
9

## $7277_2$ 岳

12～飛事實、辨誣
212
13～武穆集
536
76～陽志甲、乙
255
～陽風土記
255

## $7323_2$ 脉

05～訣機要
383
10～要新括
383

## $7326_0$ 胎

00～産經驗方
394

## $7370_0$ 卧

38～遊録
222

## $7420_0$ 附

26～釋文互注韻略
95
40～索隱史記
106

## 肘

22～後三成篇
349
～後百一方
386

## 尉

24～繚子
359

## $7421_4$ 陸

30～宣公集
474
～宣公奏議
634
40～士龍集
463
～士衡集
463

## $7421_7$ 骫

74～骳説（曲洧舊聞、雜書、骫骳説）
333

## $7422_7$ 隋

00～唐嘉話
318
50～書
102

## $7423_8$ 陜

10～西聚米圖經
214

## $7424_7$ 陵

60～園記
197
76～陽集
527　597

## $7529_6$ 陳

10～正獻集
602
～正獻奏議、表劄
639
12～孔璋集
462
17～羽集
567
～郡袁氏譜
229
43～博士書解
30
47～都官集
503
50～書

101
58～拾遺集
467
60～國佐奏議
639
～思王集
462
72～氏手集方
395
77～留集
599
90～光集
581

## $7622_7$ 陽

50～春白雪
633
～春録
615

## $7710_4$ 閩

20～秀集
554

## $7712_7$ 邱

00～文定集、拾遺
547

## $7713_6$ 閩

10～王列傳
138
～王事迹
138
22～川名士傳
199
50～中記
257
～中實録
138

## $7721_0$ 風

28～俗通義
303
72～后握奇經
361
77～騷要式
644
～騷指格
643

## 鳳

34～池歷
197
43～城詞
623
88～策聯華
486

## $7721_4$ 隆

07～韶導和集
405
77～興奉使審議録
205

## $7722_0$ 同

00～庵集
605
30～安志
252

## 周

17～子通書遺文遺事
276
～子通書、太極圖説
276
21～盧注博物志、盧氏注
338
22～繇集
575
34～濆集
581
35～禮新義
44
～禮講義
45
～禮詳解
45
～禮説（黄度撰）
45
～禮説（陳傅良撰）
45
～禮疏
44
～禮致太平論（李泰伯退居類藳、續藳、常語、周禮致太平論）
496
～禮釋文
44
～禮綱目、摭説
46
～禮注（周禮、周禮注）
43
～禮中義
45
～禮井田譜
45
～禮邱乘圖説
45

～禮、周禮注
43
40～太祖實録
127
44～世宗實録
128
46～賀集
577
60～易意學
10
～易言象外傳
10
～易註、略例、繫辭註
1
～易玄悟
375
～易正義
3
～易玩辭
24
～易聖斷
13
～易集解
5
～易經傳集解
23
～易版詞
375
～易變體
21
～易外義
16
～易参同契
345
～易釋文
4
～易解義
11
～易疑難圖解
18
～易物象釋疑
7
～易窮微
7
～易窺餘
18
～易啓源
6
～易古經
2
～易析藴
10
～易口訣義
8
～易口義
10
～易舉正
7
～易義類
12
72～氏山房集、後集
551
76～髀算經、音義
363
80～益公集、年譜、附録
541
88～簡惠聖傳録
282

陶

05～靖節集
464
～靖節年譜、年譜辨證、雜記
464
22～山集
514
48～翰集
560
72～氏家譜
229

門

91～類杜詩
560

脚

80～氣治法
390

$7722_7$閒

22～樂奏議
637
30～適集
617
44～燕常談
334
52～静治本論、將論
554
90～堂雜記
415

$7724_1$屏

22～山集
534
～山七者翁
604

$7724_7$服

88～飾變古元録
189

$7726_4$居

30～家雜禮

188

$7727_7$陷

44～燕記
153

$7733_1$熙

30～寧正旦國信録
204
～寧收復熙河陣法
362
～寧日録
210

$7736_4$駱

30～賓王集
467

$7740_1$聞

40～奇録
319
60～見後録
342
～見近録
212

$7740_7$學

22～制(官制、學制)
177
60～易集
512

$7744_0$丹

32～淵集
498
76～陽詞
621
～陽集、後集
528

册

00～府元龜
425

$7744_1$開

01～顔集
325
10～元天寶遺事
199
～元禮
182
～元禮百問
182
～元通禮
183
～元昇平源
144
～天傳信記
144
34～禧曆、立成
368

$7760_1$閤

77～門儀制
185

醫

08～説
385
21～經正本書
384
77～門玉髓
384

$7760_7$閫

23～外春秋
361
88～範
282

$7771_7$巴

50～東集
586

鼠

12～璞
338

$7773_2$艮

22～嶽集
456

$7777_2$關

17～子明易傳
5
～尹子
288
43～博士集
534
50～中記
242

$7778_2$歐

76～陽行周集
478
～陽修撰集
525
80～公本末
213

$7780_1$具

44～茨集
598
60～員故事
173

輿

44～地廣記
240
～地紀勝
240
～地圖
241

$7780_6$ 賢

60～異録
343

$7782_7$ 鄖

27～峰真隱漫録
539

$7823_1$ 陰

22～山雜録
139
76～陽二遁圖局并雜訣
370
～陽備用
371
87～鏗集
557
88～符玄機
362

$7826_6$ 膾

27～炙集
450

$7876_6$ 臨

22～川詩選
591
～川集
497
～川集、二府集、年譜
491
30～安志
244
34～漢居士集
600

$7923_2$ 滕

10～工部集
588
80～公守台録
216

$8000_0$ 八

10～五經
377
30～寶記
160
47～朝名臣言行録
219

入

37～洛記
199

人

27～物志
293

$8010_4$ 全

60～國官制
181

$8010_7$ 益

32～州名畫録
412

$8010_9$ 金

10～石遺音
626
～石録
233
16～碧上經古文龍虎傳
353
～碧古文龍虎上經
346
21～虎鉛汞篇
350
22～鑾密記
147
24～科類要
226
30～液還丹圖論
349
40～大明曆
368
～壺記
407
44～坡遺事
175
～華子新編
323
45～樓子
304
60～國志(不著名氏)
141
～國志(張棣撰)
141
～國節要
141
～園集
357
71～匱要略
383
72～剛經(武敏之書)

355
～剛經(鄔彤書)
356
～剛般若經
353
74～陵覽古詩
590
80～人亡遼録
140
～人南遷録
142
～人犯闕記
153
～鏡九真玉書
352
～谷園記
190
84～針詩格
644
88～鑰
424

$8012_7$翁

17～承贊集
576
90～卷集
609

$8022_0$介

00～庵詞
623
～庵集
540

$8022_1$前

30～定録
320
34～漢古字韻編
94
60～蜀紀事
137

$8022_7$弟

17～子職等五書
312

$8030_7$令

42～狐公表奏
634

$8033_1$無

02～讖集
575
10～可集
583
20～爲集、别集
505
～爲志
253
21～能子
290
42～垢語録、言行編、遺文
280
～垢鄉黨少儀咸有一德論語、孟子拾遺
82
～垢尚書詳説
31
60～思集
596

$8033_2$煎

44～茶水記
417

$8033_3$慈

28～谿甲稿
551
37～湖遺書
284

$8033_7$兼

22～山集
549
～山遺學
282
～山中庸説
48
67～明書
307

$8034_6$尊

17～孟辨
283
25～生要訣
389
40～堯録
167
61～號録
165

$8050_0$年

67～略譜
115

$8050_1$羊

40～士諤集
567

$8055_3$義

44～林
311
76～陽志
253

$8060_1$合

00～齋集

548
77～肥志
252

$8060_6$曾

00～文清集
600
17～子
269
84～紘父詩詞
608

會

10～元曆
367
23～稽續志
247
～稽和買事宜録
169
～稽紀詠
457
～稽志
247
～稽掇英集、續集
453
60～昌一品集、别集、外集
482
～昌伐叛記
146

$8073_2$公

12～孫龍子
292
60～是集
501

食

33～治通説
385

養

25～生真訣
348
～生必用書
389
52～拙堂詞集
627

$8111_7$鉅

00～鹿東觀集
587

$8211_4$鍾

22～鼎篆韻
93
60～吕傳道記
348

$8280_0$劍

32～溪野語
331
40～南詩稿、續稿
603
～南詩稿、續稿（渭南集、劍南詩稿、續稿）
541

$8315_0$鐵

60～圍山叢談
333

$8315_3$錢

40～塘韋先生集
511
～希白歌詩
589
44～考功集
562
72～氏小兒藥證真訣
389

$8377_7$館

29～伴日録
205
77～閣續書目
236

$8418_1$鎮

31～江志
246

$8490_0$斜

22～川集
516

$8511_7$鈍

00～齋集
551

$8612_7$錦

25～繡萬花谷、續
432
44～帶
190
60～里耆舊傳、續傳
200

$8640_0$知

23～稼翁集
625
80～命録
319

$8652_7$ 羯

44～鼓録
402

$8712_0$ 釣

40～臺新集、續集
454
58～鰲圖
422

$8716_1$ 鉛

10～汞五行篇
350

$8718_2$ 欽

30～宗實録
131

歙

16～硯説、辨歙石説
414
～硯圖譜
414

$8722_7$ 郃

40～志
145

$8742_7$ 鄭

60～景望集
543
72～氏謚法
85
～氏祠享禮
186
～氏書目
236

$8810_4$ 坐

00～忘論
289

$8810_8$ 笠

36～澤叢書、補遺
485
～澤叢書蜀本
485

$8811_7$ 鑑

03～誡別録
344

$8812_7$ 筠

28～谿集
531

$8822_0$ 竹

00～齋詞
623
08～譜
297
10～西論語感發
76
～西集、西垣集
531
40～友詞
618
～友集
597 515
44～坡詞
623
51～軒雜著
533
72～隱畸士集
520
77～屋詞
631

$8822_7$ 簡

00～齋詞
620
～齋集
601

$8824_3$ 符

44～蒙集
582

$8832_7$ 篤

21～行事實
218

$8843_0$ 笑

88～笑詞集
629

$8844_6$ 算

21～經（夏侯陽撰）
415
～經（張邱建撰）
415

$8856_2$ 籀

50～史
408

$8862_7$ 筍

08～譜
297

$8871_3$ 篋

50～中集
439

$8872_7$ 節

44～孝集
512
～孝先生語
281

$8877_7$ 管

17～子
291

$8880_1$ 箕

21～潁集
519

$8890_3$ 纂

10～要備急諸方
397

$9000_0$ 小

00～畜集、外集
490
10～爾雅
86
16～醜集、續集
539
22～山雜著
550
～山集
618
72～隱集
542
77～兒班疹論
390
～兒保生方
393
～兒醫方妙選
391
～學書
282

$9003_2$ 懷

26～峴居士集
600

$9020_0$ 少

28～微集
496
～儀外傳
283

$9022_7$ 尚

01～顏供奉集
584
50～書講義
32
～書正義
27
～書釋文
28
～書注（尚書、尚書注）
26
～書大傳
28
～書故實
320
～書、尚書注
26
～書精義
33

常

15～建集
559

$9060_2$ 省

00～齋詩餘
624
～齋歷官表奏
640

$9080_0$ 火

15～珠林
375

$9090_4$ 米

72～氏譜
230

$9096_7$ 糖

10～霜譜
301

$9106_1$ 悟

40～真篇集注
349

$9148_6$ 類

08～説
333
10～要
426
20～集詩史
560
80～分樂章
633
88～篇
91

$9181_4$ 煙

44～花集
443

$9306_0$ 怡

00～齋百中經
374

## $9408_1$ 慎

17～子
291

## $9884_0$ 燉

96～煌新録
199

## $9960_6$ 營

34～造法式、看詳
225

# 直齋書録解題著者索引

## 説　明

（一）本索引收録本書解題中署稱的編、撰、述、注、譯、監修等人名。無編著者名而僅有鈔録、刊刻者姓名，以鈔録、刊刻者姓名編入索引。

（二）本索引一般只録編撰鈔刊者的姓名（以字行者則爲姓字），如原目下僅署字號别稱而在本書他處亦未出現姓名的，按原目下所用稱謂編列；如一人著書多種，原目或用姓名，或用字號别稱，則以其姓名爲正條，而列他稱爲參見條。凡只在書目中出現的作者名，不予收入。

（三）同名異人，分别列條，在人名後注明時代或籍貫。

（四）頁碼後以圓括弧注的“編”、“撰”、“注”、“修”等字樣，俱依本書著録，本書無著録而爲編制索引時所注的，加六角括號以示區别。原題中托名或存疑的作者，括弧中分别以“托名”或“?”等表示；原目下撰著者闕疑而盧校已有辨明者，酌依盧校收録，并加注説明。

（五）本索引採用四角號碼檢字法編排。

## $0010_4$ 童

30～宗説
250（修）
250（修）

## $0021_1$ 龎

08～謙儒
537（撰）
10～元英
211（撰）
30～安時
389（撰）
～安常
389（撰）

## $0022_2$ 廖

21～行之
624（撰）
50～中
374（撰）
52～挺
258（哀集）
54～拱
258（哀集）
71～匡圖
582（撰）

## $0022_3$ 齊

00～唐
497（撰）
17～己
584（撰）
643（撰）
27～物子
329（?）

## $0022_7$ 方

10～干
578（撰）
～醇道
560（編）
20～信孺
629（撰）
22～崧卿
475（增攷）
475（撰）
27～勺
334（撰）
37～淑
68（撰）
～深道
650（集）
～冠
153（撰）
40～杰
258（撰）
47～慤
48（撰）
90～惟深
595（撰）

## 高

00～彦休
321（撰）
02～誘
142（注）
301（注）
12～登
535（撰）
23～峻
109（撰）
28～似孫
301（撰）
415（撰）
608（撰）
650（編）
30～適
473（撰）
34～遠
135（撰）
44～荷
598（撰）
～若拙
324（撰）
46～觀國
631（撰）
57～蟾
575（撰）
77～閌
64（撰）
188（撰）
78～駢
577（撰）
90～少逸
147（撰）

## $0023_0$ 卞

60～圜
78（撰）

## $0023_1$ 應

14～劭
171（撰）
303（撰）
72～垕
365（撰）

## $0023_2$ 康

12～延澤
201（撰）
77～與之
620（撰）

## $0023_7$ 庾

20～信
465（撰）
25～仲容
305（撰）
30～肩吾
406（撰）

## $0026_7$ 唐

00～彦謙
579（撰）
～庚
518（撰）
07～詢
414（撰）
10～元度
81（撰）
25～仲友
430（撰）
457（編）
～積
414（撰）
26～稷
334（撰）
40～太宗
275（撰）
466（撰）
43～求
580（撰）
67～明皇
70（撰）
71～既濟
60（撰）
78～臨
318（撰）
84～錡
252（撰）
91～慎微
385（撰）

$0040_0$文

00～彦博
184（撰）
388（撰）
493（撰）
10～丙
582（撰）
22～彪
427（增廣）
24～升
150（撰）
32～兆
445〔撰〕
77～同
498（撰）
99～瑩
329（撰）
611（撰）

$0040_1$辛

00～棄疾
622（撰）
93～怡顯
267（撰）

$0040_6$章

16～碣
575（撰）
21～衡
116（撰）
～穎
254（撰）
24～僚
266（撰）
32～淵
336（撰）
35～沖
68（撰）
44～孝標
569（撰）
53～甫
604（撰）
90～懷太子 見 李賢
91～炳文
332（撰）

$0044_1$辯

42～機
266（撰）

$0071_4$雍

38～裕之
569（撰）
40～希稷
205（撰）

$0073_2$玄

24～奘
266（譯）
40～真子
449〔撰〕

$0090_6$京

30～房
375（撰）
89～鏜
224（表上）
225（上）
606（撰）
628（撰）

$0121_1$龍

60～昌期
309（撰）
309（撰）

$0128_6$顔

21～師古（顔籀）
97（注）
102（撰）
305（撰）
466（注）
30～之推
305（撰）
317（撰）
466（撰）
40～真卿
471（撰）

88～籀　見顏師古

## $0180_1$ 龔

20～維蕃
251（修）
22～鼎臣
275（撰）
44～茂良
603（撰）
639（撰）
46～相
335（撰）
50～夬
638（撰）
71～原
14（撰）
～頤正
121（撰）
157（撰）
180（撰）
220（撰）
337（撰）

## $0460_0$ 謝

06～諤
220（撰集）
10～靈運
439〔撰〕
～天錫
396（撰）
20～皎然
583（撰）
24～德興
454（續集）
27～伋
535（撰）
649（撰）
30～良佐
75（撰）
32～淵
262（注）
37～深甫
225（表上）
550（撰）
～逸
515（撰）
596（撰）
618（撰）
40～希孟
612（撰）
44～薖
515（撰）
597（撰）
619（撰）
50～惠連
439〔撰〕
556（撰）
67～暉
95（撰）
72～朓
439〔撰〕
464（撰）

## $0466_0$ 諸

44～葛亮（武侯）
362〔撰〕
400（托名）
～葛深
116（撰）
～葛興
222（編）
553（撰）

## $0742_7$ 郭

00～應祥
629（撰）
～雍
20（撰）
282（録）
375（撰）
～京
7（撰）
10～震
588（撰）
12～璞（郭景純）
85（注）
122（注）
237（注）
378（依托）
23～稽中
391［附益］
24～縝
231（撰）
27～象
337（撰）
～彖
287（撰）
30～之美
264（撰）
～憲
316（撰）
36～湜
197（撰）
38～祥正
595（撰）
44～茂倩
446（集）
～若虛
412（撰）
50～忠孝
48（撰）
282（遺書）
～忠恕
90（撰）
60～思
413（撰）
～景純　見郭璞
86～知達

559（集）

$0821_2$施

10～元之
591（注）
21～師點
546（撰）
30～肩吾
348（撰）
348（撰）
351〔撰〕
569（撰）
～宿
247（撰）
591〔編〕
40～士衡
455（編）
605（撰）

$0864_0$許

21～顗
648（撰）
22～嵩
143（撰）
27～叔微
391（撰）
392（撰）
37～洞
185（撰）
～渾
571（撰）
48～翰
273（撰）
523（撰）
～敬宗
123（撰）
50～中應
255（撰）
60～景衡
524（撰）
77～開
251（修）
90～棠
574（撰）
92～忻
217（撰）
94～慎
89（撰）
301（注）

$0968_9$談

88～鑰
245（撰）

$1000_0$一

21～行
366（撰）

$1010_1$正

20～受
358（編）

$1010_4$王

00～充
302（撰）
～彦
362（撰）
～彦威
125〔撰〕
183〔撰〕
～庭珪
602（撰）
625（撰）
～度
247（撰）
～袞
387（撰）
01～顔
135（撰）
07～韶
362（撰）
09～讜
334（撰）
10～元
643（撰）
～霌
29（撰）
～雲
204（撰）
～无咎
504（撰）
11～碩
396（撰）
12～砯
382（注）
14～珪（王禹玉）
105（上）
129（撰）
162（撰）
162（監修）
447（著）
498（撰）
594（撰）
15～建
447（著）
565（撰）
565（撰）
17～瓊
393（撰）
～弼（王輔嗣）
1（注）
7〔撰〕
285（撰）
～及甫
365（撰進）
～子俊
551（撰）
～鞏
212（撰）

341（撰）
18～玲
362（撰）
20～千秋
630（撰）
～季友
560（撰）
～禹玉　見王珪
～禹偁
149（撰）
150（撰）
490（撰）
～維
468（撰）
21～仁裕
199（撰）
199（撰）
～衍
443（集）
～偁
110（撰）
～睿
307（撰）
～貞白
576（撰）
～貞範
443（集）
～柜
541（撰）
22～巖叟
208（撰）
511（撰）
～繼先
386（撰）
23～倈
93（撰）
24～先生
427〔撰〕
～德韶
27〔撰〕
35（撰）
24～綝
159（撰）
25～仲修
447〔撰〕
～仲邱
182（撰）
～伸
127（撰）
～績（唐）
466（撰）
～績（宋）
327（編）
26～伯大
250（重修）
～俁
392（撰）
～得臣
330（撰）
～皞
109（撰）
207（撰）
～嵎
604（撰）
27～象之
240（撰）
241（撰）
～叡
644（撰）
～叔和
383（撰）
384（集）
～紹珪
220（撰）
28～以寧
626（撰）
30～之望
536（撰）
～之道
533（撰）
622（撰）
～安石
12（撰）
37（撰）
44（撰）
210（撰）
444（選）
444（選）
451（撰）
497（撰）
12（撰）
～安禮
498（撰）
～安中
523（撰）
620（撰）
～安國
498（撰）
～寓
342（撰）
～定保
323（撰）
31～涇
183（撰）
～涯
273（撰）
570（撰）
33～溥
128（監修）
161（撰）
162（撰）
34～祜
443〔撰〕
～藎
640（撰）
～逨
108（撰）
538（撰）
35～洙

139（撰）
～舉正
129（同修）
～闢之
330（撰）
80～益之
180（撰）
180（撰）
～令
74（撰）
501（撰）
～普
366（撰）
～曾
105（提舉）
206（撰）
81～銍
341（撰）
343（續補）
532（撰）
649（撰）
87～欽若
104（修）
129（監修）
425（撰）
～欽臣
594（撰）
88～符
303（撰）
90～懷隱
387（編集）
～尚恭
613（撰）
～當
62（撰）
～炎
25（撰）
34（撰）
97～灼
301（撰）
98～爚
285（編）

$1010_8$ 靈

10～一
583（撰）

$1014_1$ 聶

22～崇義
50（撰）
37～冠卿
231（撰）
50～夷中
574（撰）
～奉先
649（撰）
60～田
327（撰）

$1020_0$ 丁

00～度
91（典領）
91（重修）
06～謂
164（撰）
417（撰）
20～維皋
230（撰）
24～德用
382（補注）
～特起
153（撰）
30～注
521（撰）
71～鷺
637（撰）
77～居晦
175（撰）
88～銳
221（集）
221（集）

$1021_1$ 元

17～君
350〔撰〕
21～行沖
143（撰）
24～結
439（録）
471（撰）
～積
174（撰）
478（撰）
27～絳
499（撰）
593（撰）
40～真
349〔撰〕
43～載
124（撰）
124（監修）
44～革
420（注）
76～陽子
353（注）

$1021_4$ 霍

88～篪
252（修）

$1022_7$ 万

23～俟卨
224（表上）
～俟雅言
619（撰）

$1024_7$ 夏

05～竦
105（修）
492（撰）
17～子益

396（撰）
24～休
45（撰）
27～倪
599（撰）
～侯陽
415（撰）
～僎
34（撰）

## $1040_0$于

10～霆
455（編）
13～武陵
581（撰）
27～鵠
571（撰）
34～濆
574（撰）
46～恕
280（編）

## $1040_9$平

40～堯卿
396（撰）

## $1060_0$石

00～文德
324（撰）
04～塾
48（集録）
12～延年
590（撰）
17～悉
517（撰）
34～汝礪
13（撰）
44～茂良
154（撰）
～孝文
626（撰）
～孝隆
402（録）
47～朝英
68（撰）
80～介
11（撰）
165（編進）
493（撰）
～公弼
332（撰）
342（撰）
～公輔
438（編）

## $1062_0$可

90～尚
611（撰）

## $1080_6$賈

03～誼
270（撰）
10～至
471（撰）
11～項
186（撰）
17～子莊
153（撰）
24～緯
112（撰）
127（撰）
127（撰）
149（撰）
27～島
568（撰）
642（撰）
44～黄中
183（損益）
60～思勰
295（撰）
～昌朝
82（撰）
184（編修）
192（撰）
77～同
277（撰）
80～無可
584（撰）
～公彦
42（撰）
44（撰）

## $1111_4$班

60～固
81（撰）
97（撰）
67～昭
303（撰）

## $1111_7$甄

22～鸞
363（重述）

## $1118_6$項

30～安世
24（撰）
40（撰）
45（撰）
49（撰）
71（撰）
83（撰）
606（撰）
42～斯
572（撰）

## $1122_7$彌

36～迦釋迦
354（譯）

## $1123_2$張

40～九齡
227（撰）
468（撰）
～九成
31（撰）
48（撰）
71（撰）
75（撰）
82（撰）
～大亨
62（撰）
～士南
338（撰）
～有
91（撰）
～南史
570（撰）
～志和
290（撰）
42～機（張仲景）
383（撰）
384（撰）
43～載
13（撰）
187（撰）
276（撰）
276（撰）
277（作）
～栻
76（撰）
118（撰）
118（撰）
188（集）
213（撰）
280（語）
280（編）
538（撰）
639（撰）
44～茂先
315（傳）
～孝祥
538（撰）
622（撰）
～孝忠
627（撰）
～攀
236（撰）
～華
338（撰）
381（注）
303（撰）
463（撰）
～著
159（撰）
45～棣
141（撰）
46～垍
125（撰）
47～聲道
255（修）
～根
17（撰）
63（撰）
50～耒
391（傳）
510（撰）
～柬之
420（撰）
53～嬪
576（撰）
～戒
355（集注）
56～揖
87（撰）
58～掄
630（撰）
60～國均
261（撰）
～甲
420（撰）
～固
319（撰）
～杲
385（撰）
64～時舉
312（編）
67～昭　見張昭遠
～昭遠（張昭）
126（撰）
127（撰）
127（撰）
127（撰）
127（撰）
149（撰）
71～匯
141（撰）
77～邱建
415（撰）
～又新
417（撰）
80～公庠
447〔撰〕
84～銑
437（注）
88～銳
391（撰）
～籍
565（撰）
565（撰）
90～懷瓘
406（撰）
406（撰）
406（撰）
406（撰）
406（撰）


## $1173_2$裴


00～度
475（撰）

08～説
580（撰）
12～延裕
147（撰）
24～休
125〔撰〕
46～垍
125（撰）
48～松之
100（注）
76～駰
96（集注）
82～鉶
322（撰）

## $1220_0$列

27～禦寇
286（撰）

## $1241_0$孔

00～文仲
505（撰）
10～平仲
310（撰）
330（撰）
505（撰）
12～延之
453（纂集）
13～武仲
299（撰）
505（撰）
20～稚圭
465（撰）
21～穎達
3（撰）
27〔撰〕
35（撰）
47（撰）
54（撰）
25～傳
167（撰）
427（撰）
30～安國
26（傳）
38～道輔
647（?）
47～猛
269（傳）
60～晁
28（注）

## $1249_3$孫

00～應符
122（撰）
428（撰次）
13～武
359（撰）
14～珪
380（撰）
18～瑜
184（編修）
21～綽
304（撰）
24～僅
589（撰）
～德輿
254（撰）
27～紹遠
394（撰）
34～汝聽
502（撰）
37～祖德
184（編修）
～祖義
251（撰）
～逢吉
177（撰）
38～棨
321（撰）
40～奭
73（撰）
73（撰）
129（同修）
223（撰）
～樵
484（撰）
46～坦
10（撰）
～覿
527（撰）
50～抃
636（撰）
53～甫
116（撰）
60～日用
187（撰）
～思邈
191（撰）
347（撰）
386（撰）
387（撰）
67～明復
58（撰）
77～覺
59（撰）
59（撰）
453（集）
～用和
388（集）
90～惟信
264（撰）
610（撰）
632（撰）
～光憲
295（撰）
324（撰）

## $1314_0$武

10～元衡
567（撰）

～平先生
372〔撰〕
11～甄
197（撰）
14～珪
139（記）
140（撰）
27～侯　見諸葛亮
30～密
364（撰）
88～敏之
355（書）

$1623_6$强

10～至
208（撰）
451（集）
512（撰）
32～淵明
185（撰）

$1710_7$孟

07～郊
481（撰）
564（撰）
30～賓于
582（撰）
34～浩然
558（撰）
38～啓
442（集）
51～軻
73（撰）
84～銑
186（撰）

$1712_0$刁

27～約
184（編修）

$1712_7$鄧

10～元
627（撰）
22～繼祖
610（撰）
27～名世
230（撰）
40～嘉猷
265（撰）
42～析
292（撰）
45～椿
413（撰）
50～忠臣
517（撰）

$1721_4$翟

34～汝文
526（撰）
44～耆年
217（述）
408（撰）

$1722_7$務

53～成子
346（注）

鄺

38～道元
238（注）

$1742_7$邢

14～璹
6（撰）
60～昺
70（撰）
73（撰）
86（撰）

$1750_6$鞏

22～豐
455（編）
607（撰）

$1750_7$尹

00～文
293（撰）
31～源
494（撰）
35～洙
494（撰）
495（撰）
40～喜
288（撰）
52～拙
127（撰）
90～焞
75（撰）
528（撰）

$1760_2$習

37～鑿齒
196（撰）

$1760_7$君

10～玉
326（撰）

$1762_0$司

30～空圖
485（撰）
574（撰）
～空曙
563（撰）
71～馬康
114（撰）
～馬承禎（司馬子微）
290

347
～馬子微　見司馬承禎
～馬穰苴
359（撰）
～馬貞
106（索隱）
106（撰）
～馬彪
99（撰）
143（撰）
～馬伋
115（編）
～馬遷
96（撰）
～馬札
574（撰）
～馬光
12（撰）
48（撰）
70（撰）
91（撰）
113（撰）
113（撰）
113（撰）
113（撰）
114（撰）
115（集）
150（撰）
177（撰）
188（撰）
188（撰）
211（記）
273（撰）
275（撰）
285（撰）
309（手鈔）
498（撰）
646（撰）

$1762_7$邵

00～雍
16（撰）
277（撰）
591（撰）
06～諤
580（撰）
26～伯温
17（撰）
151（撰）
151（撰）
210（撰録）
278（撰）
43～〔博〕[①]
342（撰）
60～思
229（撰）
97～焕
246（修）

$1918_0$耿

12～延禧
155（撰）
20～秉
482（輯）
34～湋
563（撰）
74～肱
348（撰）

$2022_7$喬

86～知之
558（撰）

$2026_1$信

47～都鎬
135（撰）

$2033_1$焦

12～延壽
374（撰）

$2040_7$季

46～相
605（撰）

$2064_8$皎

23～然
642（撰）

$2071_4$毛

00～文錫
137（撰）
417（撰）
11～幵
543（撰）
625（撰）
30～滂
514（撰）
618（撰）
77～居正
84（撰）
80～公
34（撰）
87～欽一
472（撰）

$2110_0$上

30～官融
326（撰）

$2121_7$虛

① “博”原作“某”，此據盧校改。

50～中
643（撰）

伍

20～喬
586（撰）

盧

00～言
321（撰）
14～耽
125〔撰〕
24～告
125〔撰〕
27～多遜
183（損益）
28～從愿
223（删定）
～綸
563（撰）
30～憲
246（撰）
37～祖皋
631（撰）
40～士衡
581（撰）
43～載
593（撰）
57～拯
262（注）
67～照鄰
467（撰）
80～仝
566（撰）
91～炳
627（撰）

$2122_0$何

12～烈
153（撰）
22～偁
392（撰）
605（撰）
24～先覺
296（撰）
～休
53（撰）
56（著）
198（著）
27～粲
288（注）
30～宗姚
421（編）
32～遜
465（撰）
37～澹
550（撰）
40～友諒
479（撰）
～去非
511（撰）
44～薳
333（撰）
～萬
23（撰）
168（撰）
553（撰）
60～晏
72（撰）
～異
181（撰）
264（撰）
68～晦
323（撰）
84～鑄
205（録）

$2122_1$行

38～肇
445〔撰〕

$2123_4$虞

23～允文
162（監修）
27～翻
376（注）
44～荔
419（纂）
～世南
423（撰）

$2133_1$熊

21～儒登
569（撰）
28～皦
581（撰）
40～克
119（撰）
119（撰）
179（撰）
179（撰）
419（傳）
454（集）
547（撰）
44～蕃
419（撰）

$2150_6$衛

10～元嵩
6（撰）
18～玠
248（撰）
30～宏
171（撰）
36～湜
49（撰）

$2190_3$紫

76～陽先生
346〔撰〕

## $2190_4$柴

50～中行
219（撰）
53～成務
128（同修）

## $2220_7$岑

23～參
560（撰）

## $2221_4$任

00～廣
427（撰）
13～戩
173（撰）
23～弁
257（撰）
26～伯雨
637（撰）
32～淵
545（撰）
593（注）
～澇
253（編修）
44～藩
578（撰）
645（撰）
50～盡言
539（撰）
60～昉
641（撰）

## 崔

10～靈恩
50（撰）
17～子方
63（撰）
27～龜從
111（撰）
～豹
304（撰）
37～逢
160（修）
38～塗
575（撰）
～遵度
442（編）
～道融
579（撰）
580（撰）
47～櫓
575（撰）
60～國輔
558（撰）
61～顥
558（撰）
66～曙
559（撰）
77～鷗
513（撰）
80～鉉
161（續）

## $2290_4$巢

10～元方
384（撰）

## 欒

50～史
200（撰）
239（撰）
325（撰）
80～全子
329（?）

## $2323_4$伏

79～勝
28（撰）

## $2324_2$傅

10～正
186（修定）
～雱
155（撰）
22～巖
255（撰）
～崧卿
190（注）
26～伯壽
131（撰）
131（撰進）
28～牧
262（撰）
30～察
521（撰）
40～堯俞
209〔語〕
507（撰）
636（撰）
44～共
446（注）
48～幹
632（撰）
50～婁景
351〔撰〕
74～肱
301（撰）
99～燮
349（撰進）

## $2325_0$臧

40～梓
155（撰）

## $2397_2$嵇

00～康
463（撰）
80～含
260（撰）

## $2423_1$ 德

30～淳[①]
643（撰）
34～洪　見惠洪

## $2426_0$ 儲

67～嗣宗
573（撰）
90～光羲
559（撰）

## $2480_6$ 贇

30～寧
297（撰）
308（撰）

## $2500_0$ 牛

21～師德
20（撰）
28～僧孺
338（撰）
32～叢
125〔撰〕

## $2520_6$ 仲

24～休
297（撰）
80～并
538（撰）

## $2522_7$ 佛

73～陀多羅
354（譯）

## $2524_3$ 傳

30～密居士　見晁公邁

## $2590_0$ 朱

02～端章
250（撰）
08～放
564（撰）
～敦儒
535（撰）
620（撰）
10～震
18（撰）
367（監視）
～可久
570（撰）
17～翌
335（撰）
600（撰）
～鼒
247（撰）
23～弁
333（撰）
449（撰）
28～繪
116（撰）
30～安國
362（注）
～定國
341（撰）
32～灣
564（撰）
33～黼
121（撰）
37～滄遠
423（撰）
40～有
589（撰）
～熹
21（撰）
27（録）
35（録）
39（撰）
42（撰）
49（撰）
49（撰）
51（刻）
71（撰）
77（撰）
77（撰）
77（撰）
118（撰）
188（集）
188（集）
188（撰）
219（撰）
276（集次）
277（集録）
278（撰）
282（集）
346（撰）
435（撰）
436（撰）
476（校定）
504〔編〕
543（撰）
650（語）
46～棹
602（撰）
48～松
534（撰）
602（撰）
50～奉
373（奏）
53～彧
334（撰）


① "德"據盧校補録。

57～邦基
153（撰）
60～景玄
411（撰）
411（撰）
570（撰）
71～長文
245（撰）
401（撰）
74～肱
390（撰）
79～勝非
155（撰）
332（鈔）
342（撰）

$2590_6$种

08～放
445（撰）
490（撰）

$2591_7$純

76～陽子　見呂洞賓

$2600_0$白

10～雲先生
400（撰）
64～時中
185（撰）
72～氏
642〔撰〕
77～居易
424（撰）
479（撰）
644（撰）

$2610_4$皇

53～甫謐
195（撰）
～甫牧
322（撰）
～甫泌
12（撰）
～甫湜
480（撰）
～甫松
322（撰）
～甫冉
561（撰）
～甫曾
561（撰）

$2629_4$保

36～暹
445〔撰〕
613（撰）

$2641_3$魏

00～文帝
642（假託）
17～了翁
284（撰）
～子敬
628（撰）
24～德謨
160（潤色）
26～伯陽
345（撰）
351（編）
352〔撰〕
352（注）
28～收
101（撰）
～徵
102（撰）
44～謩
125（監修）
67～野
587（撰）
587（撰）
77～閑
77（集）

$2643_0$吴

00～充
105（提舉）
129（撰）
～彦夔
395〔撰〕
08～説
449（書）
～説之
21（述）
10～元緒
61（撰）
12～飛英
454（纂輯）
15～融
576（撰）
17～琚
249（銓次）
～子良
247（續）
18～致堯
255（撰）
20～億
537（撰）
21～仁傑
3（録）
108（撰）
～處厚
331（撰）
24～縝
107（撰）
107（撰）
28～從政
253（撰）
30～沆
651（撰）

～宏
220（編）
34～逵
230（撰）
36～禔
384（注）
37～淑
128（同修）
135（撰）
325（撰）
426（撰）
～澥
240（撰）
38～激
629（撰）
43～棫
30（撰）
38（撰）
76（撰）
92（撰）
44～兢
123（撰）
123（撰）
124（撰）
144（撰）
158（撰）
～莘
251（撰）
46～如愚
25（撰）
313（撰）
47～均
317（撰）
～起
359（撰）
50～聿
650（撰）
62～則禮
518（撰）
68～晦父 見吳炎
77～與
235（家藏）
80～曾
68（撰）
343（撰）
88～鎰
624（撰）
～筠
347（撰）
472（撰）
～敏
212（撰）
90～炎（吳晦父）
370〔藏〕
370〔藏〕
379（録）
379（録）
379（録）
379（録）
379（録）
379（録）
379（録）
379（録）
389（録）
397（録）

$2690_0$和

26～峴
183（損益）
37～凝
447（著）

$2691_4$程

08～敦厚
311（撰）
21～師孟
453（纂集）
27～俱
178（撰）
310（撰）
429（撰）
527（撰）
37～迥
22（撰）
282（記）
384（撰）
40～九萬
252（撰）
～大昌
22（撰）
31（撰）
31（撰）
242（撰）
266（撰）
286（撰）
312（撰）
312（撰）
543（撰）
～太古
263（撰）
～垓
623（撰）
50～本（假託）
302
61～顥
503（撰）
504（撰）
71～匡柔
149（撰）
～頤
13（撰）
60（撰）
82（撰）
187（撰）
503（撰）
504（撰）
80～公説
68（撰）

90～少魏
251（撰）

## $2692_2$穆

26～伯芻
212（撰）
28～修
489（撰）

## $2721_2$危

18～致明
255（撰）

## $2721_7$倪

22～稱
545（撰）
34～濤
520（撰）
37～祖義
453（編）
～祖常
219（輯）
60～思
181（撰）
337（撰）
431（撰）
431（撰）
549（撰）
640（撰）

## $2722_0$向

17～子諲
621（撰）
30～滈
623（撰）

## $2723_4$侯

12～延慶
625（撰）
30～寘
626（撰）
72～氏
416〔撰〕

## $2724_7$殷

00～文珪
581（撰）
12～璠
441（集）
40～堯藩
569（撰）
44～芸
316（撰）
48～敬順
287（撰）

## $2726_1$詹

21～仁澤
222（編輯）

## $2731_2$鮑

22～彪
143（注）
33～溶
567（撰）
38～澥之
368（撰進）
67～照
464（撰）
90～當
590（撰）
94～慎由
520（撰）

## $2732_7$鄔

72～彤
356（書）

## $2733_6$魚

00～玄機
585（撰）

## $2742_7$鄒

30～淮
365（撰）
33～補之
246（撰）
34～浩
209（語）
513（撰）

## $2744_7$般

52～剌密諦
354（譯）

## $2762_0$句

01～龍材
427（校正）
12～延慶
200（撰）

## $2771_2$包

07～諝
144（撰）
21～何
561（撰）
24～佶
562（撰）
56～揚
650（録）
57～拯
636（撰）

## $2823_7$伶

10～元
195（撰）

## $2828_1$從

44～梵

237（集）
358（集）[①]

## $2829_4$徐

00～鹿卿
280（編）
～商
442〔撰〕
～庸
12（撰）
～度
119（撰）
334（撰）
～文卿
457（撰）
10～靈府
263（撰）
～天麟
170（撰）
～雲虔
267（撰）
12～璣
609（撰）
17～子光
428（撰）
20～俯
598（撰）
21～衍
644（述）
25～積
281（語）
512（撰）
26～自明
254（重修）
～得之
550（撰）
628（撰）
28～徽
453（集）
30～宅
560（編次）
～寅
644（撰）
34～浩
144（撰）
37～潤
186（撰）
44～夢莘
157（撰）
158（編次）
～兟
267（撰）
48～幹
274（撰）
60～景
160（撰）
64～時幼
280（録）
67～照
608（撰）
72～氏
554（撰）
74～陵
438（集）
556（撰）
77～堅
424（撰）
80～鉉
135（撰）
340（撰）
443〔編〕
488（撰）
81～鍇
90（撰）
90（撰）
88～筠
180（撰）
261（撰）

## $2835_1$鮮

10～于侁
13（撰）

## $2891_6$税

30～安禮
240（撰）
77～與權
46（録）

## $3021_4$寇

30～準
586（撰）
587（撰）
～宗奭
386（撰）

## $3021_7$扈

43～蕺
487（撰）
44～蒙
128（撰）
183（損益）
325（撰集）
425（撰）
443〔編〕

## $3022_7$房

00～玄齡
100（修）
291（注）
30～審權
403（撰）

① 此條據盧校收録。

扁

47~鵲
347（注）

$3023_2$家

30~安國
214（撰）

$3030_2$適

30~之
407（撰）

$3040_1$宇

00~文虚中
134（編集）
~文紹奕
332（撰）
~文籍
125（撰）
~文粹中
134（編集）
67~昭
445〔撰〕

$3043_2$宏

44~基　見趙崇祚

$3060_6$富

17~弼
163（撰）
165（撰）
203（撰）
493（撰）
635（撰）

$3080_6$實

17~叉難陀
354（譯）

竇

00~卞
204（記）
~庠
440〔撰〕
10~正固
127（監修）
17~羣
440〔撰〕
~鞏
440〔撰〕
23~牟
440〔撰〕
26~儼
127（撰）
27~叔向
567（撰）
~叔蒙
265（撰）

28~儀
224（詳定）
44~蒙
411（録）
~苹
107（撰）
419（撰）
90~常
440〔撰〕

$3090_1$宗

30~永
356（集）
60~杲
359（語）
90~懔
190（撰）

$3090_4$宋

00~齊邱
308（撰）
~高宗
408（撰）
~庠
55（撰）
112（撰）
165（撰）
176（撰）
325（録）
495（撰）

~衷
272（解詁）
10~玉
460（撰）
13~武帝
555（撰）
16~璟
223（删定）
17~子安
418（撰）
21~行古
367（撰）
22~綬
129（同修）
184（撰）
~綬（宣獻）家子孫
134（編纂）
26~白
161（撰）
443〔編〕
447〔撰〕
489（撰）
27~攸
457（編）
28~徽宗
285（御製）
384（御製）
30~宜之
253（纂）

～之問
467（撰）
37～次道　見宋敏求
～祁
91（修定）
103（撰）
309（撰）
403（撰）
495（撰）
40～太宗
232（御製）
645（選）
～真宗
232（御製）
645（選）
53～咸
9（撰）
164（撰）
88～敏求（宋次道）
105（編修）
126（追述）
126（追述）
126（追述）
126（追述）
126（追述）
129（撰）
165（撰）
241（撰）
241（撰）
242（撰）
445（集）
479〔編〕

## $3111_0$江

00～文叔
259（編）
02～端禮
281（録）
～端友
600（撰）
～端本
599（撰）
24～休復
328（撰）
26～總
557（撰）
34～爲
582（撰）
～淹
465（撰）
90～少虞
428（撰）

## $3111_4$汪

00～立中
410〔纂集〕
～應辰
107（撰）
536（撰）
539（撰）
20～季良
170（撰）
26～伯彦
155（撰）
34～浹
166（撰）
44～藻
153（撰）
526（撰）
591（録）
～革
520（撰）
598（撰）
77～聞
439（集）

## $3112_7$馮

10～正符
61（撰）
～元
403（撰）
12～延巳
615（撰）
22～繼先
58（撰）
44～贄
339（撰）
50～忠恕
280（録）
60～景中
247（撰）
88～鑑
112（注、續）
91～炳
213（撰）

## $3128_6$顧

10～雲
486（撰）
11～非熊
583（撰）
27～叔思
12（撰）
36～況
562（撰）
60～景蕃
591（注）
67～野王
89（撰）
77～陶
442（集）

## $3214_7$浮

77～邱公
380（撰）

## $3216_9$潘

12～廷立

251（撰）
30～良貴
531（撰）
34～遠
324（撰）
37～洞
265（撰）
40～大臨
596（撰）
44～夢旂
363（撰）
～若沖
327（撰）
～植
281（撰）
313（撰）
46～樫
606（撰）
47～墀
78（增益）
53～咸
572（撰）
77～閭
587（撰）

## $3222_1$ 祈

30～寬
280（録）

## $3390_4$ 梁

10～元帝
190（撰）
304（撰）
317（撰）
556（撰）
40～克家
162（監修）
257（撰）
43～載言
173（撰）
239（撰）
50～肅
474（撰）
61～顥
128（同修）
88～簡文帝
556（撰）

## $3411_1$ 湛

37～鴻
594（撰）

## $3411_2$ 沈

00～立
300（撰）
～該
19（撰）
01～顔
486（撰）
02～端節
624（撰）
10～亞之
481（撰）
11～棐
66（撰）
13～琯
153（撰）
20～季長
204（記）
22～繼祖
610（撰）
25～仲喆
603（撰）
～傳師
125（撰）
27～約
100（撰）
465（撰）
28～佺期
467（撰）
30～瀛
623（撰）
～良
154（撰）
34～遼
506（撰）
35～清臣
550（撰）
～遘
506（撰）
38～汾
347（撰）
44～芝
372（撰）
52～括
14（撰）
226（修）
297（撰）
328（撰）
341（撰）
388（撰）
388（撰）
506（撰）
71～既濟
124（撰）
77～與求
529（撰）
90～懷遠
259（撰）

## $3411_4$ 灌

60～圃耐得翁
338〔撰〕

## $3412_7$ 瀟

36～湘野夫
157〔撰〕

## $3413_1$ 法

00～應

358（撰）
38～海
356（集）
77～具
612（撰）
87～欽
444（集）

$3414_7$凌

00～唐佐
19（撰）
30～準
145（撰）

$3418_1$洪

12～璞
457〔撰〕
24～皓
140（撰）
449（唱酬）
532（撰）
27～芻
250（撰）
597（撰）
32～适
202（編集）
203（編）
236（撰）
456（賦）
542（撰）
34～邁
105（修）
131（進）
169（集）
312（撰）
336（撰）
430（撰）
430（撰）
430（撰）
430（撰）
431（撰）
431（撰）
431（撰）
431（撰）
450（編）
456（撰）
542（撰）
37～咨夔
553（撰）
38～遵
134（編）
176（撰）
176（撰）
248（撰）
420（撰）
421（集）
542（撰）
72～氏
392〔撰〕
77～朋
597（撰）
～興祖
64（撰）
178（撰）
311（撰）
433（補注）
434（撰）
475〔撰〕
90～炎
343（集）
597（撰）

$3426_0$褚

43～載
576（撰）
44～孝錫
254（撰）

$3512_7$清

21～虚子
350〔撰〕

$3520_6$神

53～彧
643（撰）

$3530_0$連

40～南夫
204（記）
638（撰）

$3611_7$温

00～庭筠
320（撰）
442〔撰〕
571（撰）
17～豫
343（續補）
40～大雅
122（撰）
44～革
344（撰）

$3612_7$湯

21～衡
395（撰）
50～中
565（校定）
60～思退
131（上）
98～悦
135（撰）

$3721_0$祖

03～詠
558（撰）
10～可
612（撰）
12～珽
423（撰）

$3722_0$ 初

21～虞世
389（撰）
389（撰）

$3730_2$ 通

40～真子
383（注）
383（撰）

$3730_4$ 逢

21～行珪
288（撰）

$3772_7$ 郎

40～士元
561（撰）
60～昱
280（編）

$3810_4$ 塗

32～近正
284（撰）

$3814_7$ 游

18～酢
75（撰）
21～師雄
214（撰）
44～桂
83（撰）

$3830_4$ 遵

43～式
357（撰）
357（撰）
611（撰）

$3830_6$ 道

08～謙
359（録）
31～潛
611（撰）
90～光
349（撰）

$3930_2$ 逍

37～遥子
352〔撰〕

$4001_1$ 左

00～文質
245（撰）
72～丘明
51（撰）
54（著）

$4001_7$ 九

22～仙君
347（撰）

$4003_0$ 大

72～隱翁
419（撰）

$4010_7$ 壺

50～中子
372〔撰〕

$4022_7$ 希

50～晝
445〔撰〕

有

77～朋
611（撰）

南

21～卓
402（撰）

$4024_7$ 皮

00～文璨
425（撰）
60～日休
442（倡和）
485（撰）

$4033_1$ 赤

48～松子
350〔撰〕

$4040_7$ 李

00～方子
218（撰）
543（述）
～鳶
331（撰）
413（撰）
510（撰）
510（撰）
～商隱
320（撰）
424（撰）
439（集）
483（撰）
484（撰）
570（撰）
～廓
574（撰）
～康成
439（集）
～庚
454（集）
540（撰）
～廣
405（撰）

28～攸
167（撰）
～復
514（撰）
～復圭
329（撰）
～從周
95（撰）
～綸
217（撰）
30～沆
128（監修）
～漳
629〔撰〕
～淳風
363（注釋）
364（撰）
364（撰）
375（撰）
378（?）
～涪
306（撰）
～宥
184（編修）
～庭中
422（撰）
～之儀
511（撰）
619（撰）
～宏宣
644（撰）
～宗諤
128（同修）
176（撰）
206（撰）
245（撰）
246（修）
252（修）
31～江
6（注）
～涉
569〔撰〕
～濳用
146（撰）
32～淛
629〔撰〕
33～心傳
120（撰）
158（撰）
158（撰）
163（編）
～泳
629〔撰〕
34～洪
415（撰）
629〔撰〕
～遠
215（撰）
571（撰）
35～清照（李氏）
235〔撰〕
621（撰）
～清臣
105（上）
508（撰）
37～洞
577（撰）
645（撰）
～淑
91（典領）
129（同修）
163（撰）
163（修纂）
185（修定）
231（撰）
645（撰）
～迅
398（撰）
～逸民
421（撰集）
～迎
544（撰）
～逢吉
441（撰）
～罕
204（撰）
38～洤
629（撰）
～祥
640（撰）
～道傳
280（編）
～肇
146（撰）
174（撰）
40～九齡
586（撰）
～大諒
141（撰）
～大謙
284（集刻）
～士表
290（撰）
～有慶
593（撰）
～燾
51（述）
119（撰）
119（撰）
120（撰）
131（重修）
～嘉祐
561（撰）
～吉甫
125（監修）
173（撰）
239（撰）
239（撰）
～樵
594（撰）

41～樗
38（撰）
42～彭
597（撰）
43～朴
210（撰）
524（撰）
44～孝美
414（撰）
～英
298（述）
～蓍
312（撰）
～若水
519（撰）
～甘
484（撰）
～林甫
172（注）
229（纂）
45～椿
203（撰）
～椿年
21（撰）
46～覩
477（撰）
～覩民
394（集）
～如圭
43（撰）
～賀
565（撰）
～樫
393（撰）
393（撰）
47～朝正
393（撰）
～格非
243（撰）
48～翰
424（撰）
51～頔
397（録）
53～咸用
581（撰）
54～軌
272（注）
56～覯
9（撰）
496（撰）
60～昉
164（纂）
183（損益）
261（纂）
325（撰集）
425（撰）
443（撰）
～昌齡
344（撰）
～昌符
574（撰）
67～瞻
260（撰）
～昭玘
512（撰）
～郢
573（撰）
～嗣真
407（撰）
411（録）
68～畋
207（撰）
328（撰）
70～璧（壁）
158（撰）
591（撰）
71～頎
559（撰）
～匡文
228（撰）
228（撰）
306（撰）
72～隱
339（撰）
～氏〔莆田人〕
235〔撰〕
～氏　見李清照
77～周翰
437（注）
～問
591（撰）
～賢（章懷太子）
97（撰）
80～益
563（撰）
～錞
599（撰）
～兼
454〔集〕
609（撰）
649（撰）
～善
437（注）
437（注）
～公佐
145（撰）
88～筌
361（撰）
～繁
198（撰）
90～光
21（撰）
92～燔
219（撰）
95～性傳
280（編）
96～熀
486（撰）

614（撰）

## $4050_6$ 韋

00～應物
562（撰）
21～行規
191（撰）
～處厚
125（撰）
175（撰）
26～保衡
126（監修）
27～絢
319（撰）
319（撰）
33～述
174（撰）
228（撰）
44～莊
576（撰）
～執誼
175（撰）
46～韞
405（撰）
405（撰）
47～縠
443（集）
57～蟾
442〔撰〕
67～昭
55（撰）
70～驤
512（撰）
80～公肅
183（撰）
94～慎微
191（撰）

## $4073_2$ 袁

07～郊
189（撰）
320（撰）
08～説友
131（進）
10～天綱
372（撰）
～不約
570（撰）
20～喬
33（録）
～采
261（撰）
314（撰）
30～宏
110（撰）
40～去華
546（撰）
625（撰）
41～樞
118（撰）
44～夢麟
170（撰）
47～轂
426（撰）
53～甫
71（説）
60～昂
406（撰）
71～陟
229（録）
77～覺
33（集）
80～公輔
349（注）
98～悦
425（撰）
99～燮
552（撰）

## $4080_1$ 真

24～德秀
25（撰）
84（撰）
284（撰）
458（撰）
552（撰）
77～際禪師
357（撮要）

## $4090_8$ 來

77～鵬
578（撰）

## $4191_6$ 桓

30～寬
270（撰）

## $4192_0$ 柯

44～夢得
450（編）
609（撰）

## $4212_2$ 彭

10～百川
167（撰）
27～龜年
168（撰）
64～曉
345（撰）

## $4240_0$ 荆

34～浩
412（撰）

## $4241_3$ 姚

10～一謙
251（撰）
20～舜輔
367（撰）
21～顗

127（監修）
30～寬
335（撰）
601（撰）
630（撰）
～憲
205（記）
34～汝龍
144（撰）
60～思廉
101（撰）
101（撰）
80～鉉
443（撰）
～合
441（集）
568（撰）
～公立
405（撰）

## $4301_0$尤

00～袤
236〔撰〕
237（校定）
543（撰）

## $4385_0$戴

24～德
46（撰）
190（傳）
27～凱之
297（撰）
32～溪
24（撰）
39（撰）
49（撰）
77（撰）
258（撰）
37～迅
430（撰）
44～埴
338（撰）

## $4410_0$封

33～演
319（撰）

## $4410_4$董

00～庭蘭
401（撰）
21～穎
539（撰）
25～仲舒
55（撰）
461（撰）
30～淳
137（撰）
31～逌
17（撰）
37（撰）
233（撰）
233（撰）
413（撰）
37～汲
390（撰）
390（撰）
80～弁
246（撰）
310（撰）
334（撰）
88～鑑
627（撰）
96～熠
221（編）

## $4411_2$范

06～謌昌
8（撰）
07～望
272（解贊）
25～仲淹
492（撰）
493〔撰〕
635（撰）
～傳式
186（修定）
～純仁
507（撰）
636（撰）
～純粹
636（撰）
30～甯
53（撰）
35～沖
130（撰）
130（重修）
179（撰）
209（記）
36～温
648（撰）
37～祖禹
70（撰）
116（撰）
129（撰）
164（撰）
187（撰）
276（編集）
508（撰）
43～越鳳
378（撰）
44～蔚宗
97（撰）
47～垌
137（撰）
51～攄
322（撰）
53～成大
205（記）
245（撰）
259（撰）

300（撰）
343（撰）
540（撰）
622（撰）
60～旻
260（撰）
72～質
112（撰）
149（撰）
80～公
379〔撰〕
84～鎮
91（修）
129（撰）
328（撰）
426（撰）
635（撰）

## 4412$_7$ 蒲

00～庚
352（進）

## 4421$_4$ 花

44～蘂夫人
447（著）

## 莊

21～綽
386（集）
40～南傑
569（撰）
77～周
287（撰）

## 4422$_7$ 芮

52～挺章
440（撰）

## 蕭

17～子顯
101（撰）
20～統
437（撰）
465（撰）
21～穎士
228（撰）
472（撰）
22～嵩
182（撰）
24～德藻
544（撰）
44～楚
67（撰）
90～常
98（撰）

## 4424$_7$ 蔣

00～文惲
138（記）
20～舜元
416（撰）
21～偕
125〔撰〕
159（録）
30～濟
303（撰）
34～邁
280（記）
40～乂
125（撰）
～吉
583（撰）
44～芾
151（撰）

## 4433$_1$ 燕

50～肅
265（撰）

## 4433$_3$ 慕

30～容彦逢
185（撰）

## 4439$_4$ 蘇

00～庠
523（撰）
619（撰）
10～元老
516（撰）
11～頲
223（删定）
20～舜欽
494（撰）
22～嶠
502（刊）
24～特
159（撰）
27～象先
330（撰）
31～源明
6（傳）
37～泂
608（撰）
631（撰）
～洵
84（撰）
502（撰）
～滌
125〔撰〕
～過
516（撰）
～逢吉
127（監修）
40～真人
353（撰）
53～軾（東坡）
13（撰）
29（撰）
74（撰）

329（撰）
329（?）
388（撰）
447（唱和）
502（撰）
502（撰）
616（撰）
57～拯
583（撰）
58～轍
37（撰）
61（撰）
74（撰）
74（撰）
109（撰）
286（撰）
329（撰）
355（書）
502（撰）
60～易簡
176（撰）
414（撰）
429（撰）
443〔編纂〕
～冕
161（撰）
～景裔
125〔撰〕
67～鶚
307（撰）
321（撰）
81～頌
105（編修）
365（撰）
506（撰）

$4442_7$ 萬

82～鍾
251（參正）

$4443_0$ 樊

21～綽
199（撰）
25～紳
125（撰）
30～宗師
480（撰）
34～汝霖
475（撰）

莫

24～休符
259（撰）
26～伯虛
393（刻、附）

$4445_6$ 韓

00～彥直
300（撰）
～康伯
1（注）
06～諤
295（撰）
10～玉
629（撰）
～元吉
210（撰）
277（編）
537（撰）
621（撰）
11～非
292（撰）
13～琬
173（撰）
14～璀
279（撰）
～琦
129（提舉）
187（撰）
493（撰）
635（撰）
20～維
129（撰）
505（撰）
27～偓
147（撰）
575（撰）
30～宗武
209（撰）
47～翃
562（撰）
～郁
475（編注）
50～忠彥
212（記）
66～嬰
35（撰）
67～嘐
632（撰）
～鄂
191（撰）
77～駒
528（撰）
597（撰）
～熙載
308（撰）
80～愈
74（撰）
125（撰）
475（撰）

$4450_4$ 華

23～佗
384（撰）

$4460_2$ 苕

22～川子
328（記）

$4462_7$ 荀

36～況
270（撰）
98～悦
110（撰）
274（撰）

## $4471_1$老

17～子
351〔撰〕

## $4472_7$葛

00～立方
545（撰）
626（撰）
649（撰）
10～元鷺
258（撰）
22～嶠
477（裒集）
34～洪
195（撰）
242（撰）
262（撰）
289（撰）
386（撰）
37～次仲
602（撰）
79～勝仲
528（撰）
621（撰）
92～剡
626（撰）

## $4474_1$薛

20～季宣
65（撰）
255（撰）
361（校定）
21～能
572（撰）
～貞
4（注）
26～稷
558（撰）
28～收
111（傳）
34～濤
584（撰）
37～逢
484（撰）
572（撰）
38～道衡
557（撰）
40～士龍　見薛季宣
60～易簡
400（撰）
77～居正
104（撰）
99～瑩
571（撰）

## $4480_6$黄

00～庶
509（撰）
～庭堅（黄山谷）
129（撰）
449（著）
509（撰）
509（撰）
510（撰）
592（撰）
617（撰）
～度
33（撰）
39（撰）
45（撰）
～唐
380（撰）
09～談
626（撰）
12～璞
199（記）
13～琮
179（撰）
21～儒
419（撰）
22～山谷　見黄庭堅
24～休復
328（撰）
412（撰）
25～仲炎
69（撰）
26～伯思
234（撰）
342（撰）
408（撰）
436（撰）
470（校）
518（撰）
28～倫
33（編次）
～徹
649（撰）
30～宜
252（撰）
～適
218（撰）
～定
623（撰）
40～士毅
32（集）
42～彬
148（撰）
47～朝英
311（撰）
48～榦（幹）
42（撰）

71（撰）
78（撰）
218（撰）
57~邦先
230（撰）
58~敷忠
250（修）
60~景説
607（撰）
64~晞
308（撰）
77~履
105（編修）
80~人傑
623（撰）
~公度
625（撰）
85~銖
606（撰）
88~鑑
646（編）
90~裳
522（撰）
549（撰）
99~嵤
592（編録）
607（撰）

## $4490_1$蔡

00~卞
37（撰）
130（撰）
~廣成
6（撰）
~襄
299（撰）
418（撰）
499（撰）
19~琰
451〔撰〕
22~耑
410（撰）
~邕
182（撰）
461（撰）
23~傅
647（撰）
24~幼學
121（撰）
552（撰）
25~伸
622（撰）
26~伯堅
629（撰）
27~逢
156（撰）
~絛
152（撰）
152（撰）
333（撰）
28~攸
85（修）
162（重修）
30~宗顔
418（撰）
43~戡
550（撰）
45~枏
602（撰）
622（撰）
72~質
171（撰）
88~範
260（撰）
90~惇
178（撰）

## $4490_3$綦

30~密禮
528（撰）
77~毋潛
558（撰）

## $4490_4$葉

12~廷珪
416（撰）
427（撰）
18~玠
385（撰）
25~仲堪
83（重編）
30~適
24（撰）
313（撰）
547（撰）
34~汝明
249（撰）
40~大廉
394（撰）
~士表
349（注）
44~夢得
30（撰）
62（撰）
75（撰）
156（撰）
286（撰）
310（撰）
310（講説）
332（撰）
332（撰）
332（撰）
342（作）
525（撰）
526（撰）
526（撰）
619（撰）
632（撰）
638（撰）

648（撰）
～茂卿
422（撰）
～模
310（編輯）
77～鳳
428（撰）

## $4491_0$杜

06～諤
60（撰）
08～旃
650（撰）
11～預
52（撰）
53（撰）
12～延業
110（撰）
14～確
160（撰）
17～務滋
209（言）
20～信
229（撰）
21～衍
187（撰）
～師益
209（録）
24～佑
160（撰）
306（撰）
28～牧（杜牧之）
360（撰）
483（撰）
～牧之 見杜牧
30～安世
616（撰）
～審言
557（撰）
～賨
143（撰）
40～臺卿
190（撰）
44～荀鶴
578（撰）
47～圮
605（撰）
53～甫
470（撰）
77～周士
293（撰）
90～光庭
262（撰）
264（撰）
348（撰）
348（撰）

## $4491_4$權

24～德輿
474（撰）

## $4499_0$林

00～應辰
436（撰）
07～諝
257（撰）
10～至
24（撰）
～栗
23（撰）
67（撰）
20～億
384（校正）
～季仲
533（撰）
～禹
137（撰）
21～虙
133（編）
～須
264（撰）
～師蒧
454（輯）
24～贊
228（修）
～紘
222（撰）
30～瀛
255（修）
～淳
627（撰）
～寛
574（撰）
～之奇
32（撰）
45（撰）
539（撰）
～憲
604（撰）
～賨
227（撰）
125（撰）
33～逋
589（撰）
646（詩句）
35～清之
450（鈔）
37～通
539（撰）
40～希
130（撰）
151（撰）
164（編）
43～越
429（撰）
44～藻
481（撰）
～世程
257（重修）

～蘊
481（撰）
～椅
46（撰）
47～桷
249（撰）
455（集）
552（撰）
50～表民
247（撰）
454（補）
53～成季
217（述）
88～敏功
596（撰）
～敏修
596（撰）
90～光
258（撰）
94～慎思
307（撰）

## $4594_4$ 棲

26～白
584（撰）

## 樓

14～璹
296（撰）
60～昉
133（編）
157（撰）
452（撰）
88～鑰
205（記）
549（撰）

## $4622_7$ 獨

12～孤及
473（撰）
～孤郁
125（撰）

## $4680_6$ 賀

84～鑄
595（撰）
618（撰）

## $4692_7$ 楊

00～應誠
156（撰）
02～訓
280（録）
10～无咎
625（撰）
20～億
105（修）
128（同修）
425（撰）
491（撰）
445（唱和）
～倞
270（注）
21～顒
354（集）
～衒之
243（撰）
24～備
590（撰）
～偉
163（修纂）
25～傑
505（撰）
26～侃
176（撰）
29～倓
392（家藏、刻）
30～濟
551（撰）
～完
184（撰）
32～淵
650（撰）
34～漢公
125〔撰〕
37～迥
279（録）
40～士勛
54（撰）
～堯弼
217〔撰〕
43～載
217〔撰〕
～朴
588（撰）
44～萬里
23（撰）
218（撰）
542（撰）
50～肅
363（撰）
～忠輔
368（撰）
64～時
74（撰）
82（撰）
279（語）
523（撰）
67～昭儉
183（損益）
71～巨源
566（撰）
81～鉅
175（撰）
88～筠松
378〔撰〕
～簡
49（撰）
269（注）
283（撰）

284（撰）
284（撰）
551（撰）
～符
599（撰）
90～惟德
364（撰）
370（撰）
370（撰）
～炎正
628（撰）

## $4702_7$ 鳩

00～摩羅什
353（譯）
355（譯）

## $4724_2$ 麴

20～信陵
564（撰）

## $4762_0$ 胡

04～訥
220（撰）
10～元質
429（撰）
12～瑗（胡翼之）
10（撰）
59（撰）
402（撰）
402（撰）
403（撰）
16～珵
279（録）
17～翼之　見胡瑗
20～舜申
371（撰）
～舜舉
258（裒集）
27～仔
213（撰）
649（撰）
30～寧
280（録）
～宿
91〔撰〕
497（撰）
～安國
64（撰）
280（語）
530（撰）
～宏
75（撰）
117（撰）
281（撰）
533（撰）
～寅
75（撰）
117（撰）
532（撰）
32～兆
249（修）
～沂
540（撰）
639（撰）
40～大原
279（録）
44～世將
529（撰）
60～旦
82（撰）
80～曾
578（撰）
88～銓
21（撰）
67（撰）
533（撰）
639（撰）

## $4762_7$ 都

57～絜
21（撰）

## $4792_0$ 柳

10～三變
616（撰）
16～珵
319（撰）
17～璨
641（撰）
30～宗元
339（撰）
476（撰）
477（撰）
564（撰）
564（撰）
35～沖用
351（撰）
44～芳
111（撰）
77～開
489（撰）
97～惲
556（撰）

## $4794_7$ 穀

33～梁赤
52（傳）

## $4864_0$ 敬

52～播
123（撰）
87～翔
148（撰）

## $4894_0$ 枚

20～乘
460（撰）

## $4895_7$梅

40~堯臣
330（撰）
494（撰）
645（撰）
44~執禮
519（撰）

## $4980_2$趙

00~彥端
540（撰）
623（撰）
~彥琇
456（重編）
~彥衛
337（撰）
~彥絟
432（撰）
~彥博
222（編）
~彥若
129（撰）
~彥勵
258（集）
~育
546（撰）
~庚夫
610（撰）
10~元一
145（撰）
~不敵
455（編）
12~磻老
547（撰）
17~珦
214（撰）
~子直
250（撰）
~君卿
363（注）
20~粹夫
633（編）
21~師秀
609（撰）
~師俠
277（集解）
627（撰）
22~鼎
130（撰）
130（重修）
527（撰）
596（撰）
621（撰）
~鼎臣
520（撰）
~崇憲
219（編集）
~崇祚（宏基）[1]
614（集）
24~岐
73（撰）
25~甡之
119（撰）
26~自勔
306（撰）
30~安仁
105（修）
128（同修）
34~汝談
25（撰）
34（撰）
~汝礪
419（撰）
~汝适
268（記）
~汝愚
218（編）
452（編）
548（撰）
~逵
540（撰）
40~士紆
391（撰）
~希弁
170（撰）
45~蕤
5（注）
46~勰
215（撰）
47~㮚
572（撰）
50~抃
256（撰）
635（撰）
67~明誠
233（撰）
~明遠
421（撰）
71~槩
211（記）
77~鳳
126（監修）
~邪利
400（撰）
80~令畤
447（撰）
619（撰）
~普
488（撰）
~善譽


① 此據盧校編録。

23（撰）
266（撰）
90～惟暕
400（撰）
～粹中
189（撰）
96～憬
197（撰）

### $5000_6$中

44～黄真人
347（注）

### 史

10～正志
249（撰）
300（撰）
30～之徽
8（撰）
～浩
539（撰）
34～達祖
630（撰）
38～游
86（撰）
44～堪
392（撰）
71～愿
140（撰）
97～炤
114（撰）

### $5033_3$惠

22～崇
445（撰）
610（撰）
647（作）
34～洪（喻德洪、德洪）
331（撰）
357（撰）
357（撰）
521（撰）
611（撰）
648（撰）

### $5040_4$婁

26～伯高
221（編）
42～機
94（撰）
94（撰）
94（撰）
77～居中
385（撰）

### $5090_4$秦

20～系
560（撰）
34～湛
212（撰）
40～九韶
368（撰）
42～韜玉
486（撰）
579（撰）
43～越人
382（撰）
46～觀
295（撰）
510（撰）
510（撰）
617（撰）
48～檜
224（表上）
60～昌朝
95（撰）
72～氏〔濡須人〕
235〔撰〕

### $5090_6$東

00～方朔
315（撰）
315（撰）
44～坡　見蘇軾
51～軒居士
397〔撰〕
76～陽助
7（撰）

### $5320_0$成

00～玄英
287（撰）
21～師仲
421（編）

### 戚

28～綸
91（定）

### 盛

90～光祖
526（録）

### $5340_0$戎

60～昱
473（撰）

### $5560_6$曹

00～唐
578（撰）
21～偃
207（撰）
27～組
519（撰）
～叔遠
248（撰）
37～鴻
632（注）

～冠
547（撰）
605（撰）
624（撰）
～鄴
573（撰）
40～士蔦
373〔撰〕
44～植
462（撰）
47～杓
632（注）
48～松
579（撰）
50～東野
374〔撰〕
64～勛
156（撰）

## $5580_6$費

41～樞
220（撰）

## $5602_7$揚

40～雄
87（撰）
272（撰）
272（撰）
461（撰）
461（撰）

## $5709_4$探

10～元子
350〔撰〕

## $6010_4$墨

17～翟
293（撰）

## $6011_3$晁

02～端禮
617（撰）
～端友
591（撰）
03～詠之
514（撰）
08～説之
2（録）
15（撰）
310（撰）
377（撰）
522（撰）
10～百揆
250（撰）
33～補之
434（撰）
510（撰）
510（撰）
617（撰）
35～沖之
598（撰）
618（撰）
37～迥
105（修）
176（撰）
308（撰）
308（撰）
356（撰）
80～公武
19（撰）
235（撰）
～公邁（傳密居士）
117（撰）
343（撰）

## $6022_7$易

40～有開
95（撰）

## $6040_0$田

10～霖
487（撰）
24～緯
140（編次）
36～況
165（撰）
～渭
256（撰）
41～概
231（纂）
50～晝
513（撰）
86～錫
489（撰）

## $6040_4$晏

15～殊
129（撰）
426〔纂〕
426（撰）
444（集）
492（撰）
615（撰）
22～幾道
618（撰）
40～大正
492〔編〕
66～嬰
269（撰）

## $6050_4$畢

25～仲衍
166（撰）
30～良史
64（撰）
76（撰）
535（撰）

## $6060_0$ 吕

10～夏卿
107（撰）
～不韋
301（撰）
12～延濟
437（注）
24～皓
553（撰）
26～和卿
226（修）
27～向
437（注）
36～温
482（撰）
～渭老
625（撰）
37～洞賓（純陽子）
349〔撰〕
351〔撰〕
～祖謙
2（定）
22（集）
31（撰）
39（撰）
65（撰）
66（撰）
66（撰）
66（撰）
66（撰）
110〔撰〕
120（撰）
213（編）
222（撰）
278（撰）
282（撰）
283（撰）
283（撰）
430（撰）
447（編）
451（編、標注）
452（集）
452（集）
544（撰）
～祖謙門人
83（録）
～祖儉
544（編録）
544（撰）
40～大防
2（録）
187（撰）
242（著）
～大臨
47（撰）
187（撰）
234（撰）
～大鈞
188（撰）
～才
370（撰）
～希哲
192（撰）
210（撰）
～南公
508（撰）
50～夷簡
105（修）
492（撰）
590（撰）
～本中
281（撰）
281（撰）
598（撰）
～惠卿
180（撰）
290（撰）
361（撰）
68～晦
636（撰）
71～頤浩
155（撰）
527（撰）
77～堅中
280（録）
80～公綽
184（編修）
231（撰）
～公著
129（撰）
166（撰）
500（撰）
94～忱
89（撰）
99～榮義
222（撰）

## $6080_6$ 貫

24～休
584（撰）

## $6090_6$ 景

97～焕
324（撰）

## $6091_4$ 羅

11～璿
247（修）
28～從彦
167（撰）
279（録）
30～適
390（撰）
507（撰）
37～鄴
579（撰）
52～虬
579（撰）

64~畸
177（撰）
71~愿
249（撰）
72~隱
486（撰）
578（撰）
80~含
262（撰）
88~鑑
610（撰）

## $6138_6$顯

44~萬
612（撰）

## $6333_4$默

40~希子
289（注）

## $6624_8$嚴

20~維
562（撰）
37~次山
631（撰）
40~士元
160（重修）
160（撰）
~有翼
311（撰）
97~焕
450（刻）

## $6716_4$路

51~振
139（撰）
203（撰）
74~隋
125（撰）
125（監修）

## $6802_1$喻

24~德洪　見惠洪
27~皃
572（撰）
41~樗
76（撰）
282（語）
46~坦之
577（撰）

## $7121_1$阮

37~逸
10（撰）
111（補、注）
275（撰）
403（撰）
88~籍
463（撰）
555（撰）

## $7122_7$厲

77~居正
253（重修）

## $7132_7$馬

11~玗
263（録）
17~子嚴
255（修）
20~縞
307（撰）
22~稱
642（撰）
26~總
112（撰）
197（撰）
305（撰）
30~寧祖
624（撰）
~永易
427（撰）
~永卿
279（撰）
~永錫
151（撰）
177（撰）
40~希孟
48（撰）
455（編）
~存
514（撰）
43~戴
572（撰）
80~令
136（撰）

## $7173_2$長

12~孫佐輔
564（撰）

## $7210_0$劉

00~商
451（撰）
473（撰）
~康國
380（注）
~度
553（撰）
01~顔
165（編）
07~歆
237（校）
08~放

263（撰）
10～一止
530（撰）
620（撰）
～元城　見劉安世
11～珏
428（撰）
638（撰）
12～延世
330（録）
14～劭
293（撰）
16～琨
464（撰）
～琿
604（撰）
17～孟容
94（修校）
～叉
566（撰）
～子翬
535（撰）
～乙
582（撰）
18～珍
194（撰）
20～季孫
594（撰）
～禹錫
479（撰）
22～岑
354（再刻）
～崇遠
323（撰）
23～峻
316（注）
24～德秀
628（撰）
26～伯莊
105（撰）
～得仁
580（撰）
27～向
142（校）
193（撰）
271（撰）
271（撰）
345（撰）
433（集）
461（撰）
～彝
389（撰）
45（撰）
～絢
61（撰）
28～牧
9（撰）
30～宇
36（撰）
～安
301（撰）
～安上
524（撰）
～安世（劉元城）
279（語）
637（撰）
～安節
519（撰）
～良
437（注）
～宗
253（編纂）
36～温潤
140（撰）
～温叟
172（撰）
183（撰）
37～涣
203（撰）
～次莊
446（撰）
～過
631（撰）
38～滄
579（撰）
～道醇
411（撰）
412（撰）
40～存
307（撰）
～燾
600（撰）
44～蒙
300（撰）
～孝綽
556（撰）
～孝榮
367（造）
～摯
211（撰）
508（撰）
～荀
157（編）
216（編）
46～駕
573（撰）
～恕
115（撰）
115（撰）
139（撰）
～勰
641（撰）
48～松年
377（傳）
50～晝
304（撰）
～肅
146（撰）

～奉世
106（撰）
51～軻
112（撰）
198（撰）
53～威
581（撰）
56～揚名
424（撰）
58～蜕
484（撰）
60～昉
394（撰）
～昇
418（撰）
61～昞
200（著）
64～跂
512（撰）
67～昫
102（撰）
～昭
99（補注）
～昭禹
581（撰）
71～願
319（撰）
～長卿
473（撰）
77～鵬
181（撰）
～騊駼
194（撰）
～熙
87（撰）
80～弇
518（撰）
～羲仲
115（纂集）
～義慶
316（撰）
85～餗
318（撰）
318（撰）
641（撰）
86～知幾
123（撰）
124（撰）
641（撰）
～知古
350〔撰〕
88～筠
445（唱和）
491（撰）
～敚
106（撰）
299（撰）
501（撰）
647（撰）
～籍
400（撰）
90～光祖
83（撰）
629（撰）
～棠
260（撰）
91～炳
404（撰）
96～煜
475（録）
97～煇
500（撰）
98～敞
59（撰）
82（撰）
106（撰）
501（撰）

## $7277_2$岳

11～珂
212（撰）
223（撰）
338（撰）
12～飛
536（撰）

## $7420_0$尉

24～繚
359〔撰〕
37～遲偓
199（撰）

## $7421_4$陸

00～廣微
245（撰）
10～雲
463（撰）
12～璣
36（撰）
17～羽
263（撰）
416（撰）
～子正
394（撰集）
～子虚
247（撰）
20～秉
10（撰）
～維則
223（撰）
24～德明
4（撰）
28（撰）
35（撰）
41（撰）
44（撰）
47（撰）
54（撰）
72（撰）
81（撰）

86（撰）
287（撰）
25～績
5（注）
272（釋文）
26～佃
30（撰）
50（撰）
62（撰）
88（撰）
88（撰）
288（校）
289（解）
514（撰）
27～龜蒙
442（唱和）
485（撰）
485（撰）
30～宰
62（補遺）
34～法言
89（撰）
38～游
137（撰）
168（修）
336（撰）
541（撰）
603（撰）
621（撰）
40～九淵
545（撰）
～希聲
7（撰）
42～機
463（撰）
44～贄
474（撰）
634（撰）
64～時雍
451（刻）
71～長源
318（撰）
72～質
56（撰）

## $7529_6$陳

00～亮
548（撰）
～商
125〔撰〕
～應行
431（撰）
～康伯
105（編修）
～言
393（撰）
～襄
500（撰）
06～謬
183（損益）
08～謙
218（撰）
248（撰）
264（撰）
10～正敏
331（撰）
～亞
590（撰）
～元景
366（撰）
～天麟
94（撰）
～百朋
248（撰）
454（纂輯）
12～孔碩
395（撰）
552（撰）
14～瓘
14（撰）
166（撰）
515（撰）
515（撰）
637（撰）
～琳
462（撰）
17～羽
567（撰）
～子昂
467（撰）
～子兼
335（撰）
18～致雍
138（撰）
259（撰）
20～舜俞
263（撰）
503（撰）
21～仁稜
355（書）
～仁軌
144（撰）
～師文
395（校正）
～師道
447（撰）
509（撰）
510（撰）
592（撰）
617（撰）
648（撰）
～師錫
637（撰）
22～嶽
111（撰）
23～傅良
45（撰）
67（撰）
121（撰）
121（撰）

547（撰）
～俊卿
603（撰）
639（撰）
24～岐
250（修）
25～倩
262（修）
26～伯疆
216（撰）
～得一
367（更造）
～繹
180（撰）
28～從古
371（撰）
630（撰）
30～淮
389（附益）
～宇
253（撰）
32～淵
279（録）
531（撰）
34～汝錫
536（撰）
38～祥道
50（撰）
40～直
389（撰）
～堯佐
105（修）
129（同修）
～克
601（撰）
620（撰）
～壽
100（撰）
44～翥
300（撰）
～耆卿
78（撰）
247（撰）
～材夫
446（編）
47～均
121（撰）
48～翰
322（撰）
50～抃
395〔集〕
51～振
552（撰）
～振孫
479（撰）
53～旉
296（撰）
55～摶
380（撰）
60～昉
140（撰）
～昱
337（編）
344（增廣）
～思
237（撰）
410（集）
66～暘
404（撰）
71～長方
553（撰）
72～騤
178（撰）
236（撰）
～岳
57（撰）
77～周輔
373（撰）
～鵬飛
30（撰）
40（撰）
～舉
350（撰）
～與義
601（撰）
620（撰）
80～公亮
246（重修）
～公輔
639（撰）
88～纂
339（撰）
90～光
581（撰）
91～炳
553（撰）

## $7622_7$ 陽

18～玠松
196（撰）

## $7712_7$ 邱

00～雍
91（定）
30～密
547（撰）
31～濬
298（撰）
36～昶
651（撰）
90～光庭
307（撰）

## $7722_0$ 周

00～彥質
447（撰）
～文規
325（撰）
08～敦頤
276（撰）

503（撰）
17～羽沖
138（撰）
21～行己
515（撰）
～紫芝
435（撰）
536（撰）
623（撰）
22～繇
575（撰）
27～绛
418（撰）
30～沆
84（編）
～之瑞
252（修）
33～必大
134（編進）
496（編校）
541（撰）
640（撰）
～淙
244（撰）
34～濆
581（撰）
36～渭
371（撰）
39～麟之
540（撰）
40～士貴
222（撰）
～南
551（撰）
～去非
260（撰）
43～越
407（撰）
44～葵
282（撰）
46～賀
577（撰）
57～邦
215（撰）
～邦彦
516（撰）
517（撰）
596（撰）
618（撰）

## 陶

12～弘景（陶隱居）
294（注）
346（撰）
386（增補）
420（撰）
13～武
261（撰）
27～叔獻
438（編次）
31～潛
464（撰）
40～直夫
229（録）
47～穀
340（撰）
48～翰
560（撰）
72～隱居　見陶弘景
～岳
149（撰）

## 朋

28～谿居士
343〔撰〕
40～九萬
330（録）

## 7726₄居

30～實
511（撰）

## 屠

77～鵬
396（撰）

## 7736₄駱

30～賓王
467（撰）

## 7744₇段

30～安節
399（撰）
402（撰）
53～成式
321（撰）
321（撰）
442〔撰〕

## 7760₄閣

17～那多迦
356（譯）

## 7777₂關

30～注
534（撰）
～良臣
253（撰）
37～朗
5（撰）

## 7777₇閻

20～季仲
389（集）
26～自若
200（撰）

## 7778₂歐

76～陽忞
240（撰）
～陽詢
423（撰）
～陽棐
232（撰）
～陽德隆
95（撰）
～陽修
11（撰）
36（補亡）
36（撰）
103（撰）
104（撰）
231（撰）
232（撰）
298（撰）
340（撰）
496（撰）
616（撰）
635（撰）
646（撰）
～陽詹
478（撰）
～陽永叔　見歐陽修
～陽澈
525（撰）
～陽邦基
344（撰）

## $7790_4$ 桑

44～世昌
409（撰）
409（撰）
453（集）
589（輯）
87～欽
238（撰）

## $7823_1$ 陰

87～鏗
557（撰）

## $7923_2$ 滕

00～康
333（撰）
26～白
588（撰）
53～甫
214（撰）

## $8012_7$ 翁

17～承贊
576（撰）
90～卷
609（撰）

## $8022_1$ 俞

27～向
455（集）
60～國寶
607（撰）

## $8030_7$ 令

22～岑
376（撰）
42～狐峘
124〔撰〕
124（撰）
～狐德棻
102（撰）
～狐澄
147（撰）
～狐楚
440（纂）
441（撰）
634（撰）
～狐見堯
262（撰）

## $8033_1$ 無

20～爲子
651（撰）

## $8040_4$ 姜

24～特立
607（撰）
26～得平
78（撰）
80～夔
408（撰）
408（撰）
630（撰）
606（撰）

## $8050_1$ 羊

40～士諤
567（撰）

## $8055_3$ 義

40～存
358（語）

## $8060_5$ 善

44～權
612（撰）

## $8060_6$ 曾

17～鞏
504（撰）
20～伉
418〔編録〕
～季貍
537（撰）
650（撰）
～維
450（輯、刻）
～穜

22（集）
21～紆
333（撰）
525（撰）
22～幾
76（撰）
280（録）
600（撰）
24～紘
600（撰）
30～之謹
296（撰）
～安止
296（撰）
35～逮
544（撰）
38～肇
240（删定）
504（撰）
40～布
211（撰）
～賁
248（撰）
～樵
222（編輯）
46～覿
630（撰）
60～思
600（撰）
68～旼
454（纂）
80～公亮
129（上）
184（編修）
361（撰）
90～惇
608（撰）
94～慥
333（撰）
349（撰）
349（撰）
447（編）
632（編）

## $8060_8$谷

35～神子
318（記）
36～況
145（撰）

## $8073_2$公

12～孫龍
292（撰）
～孫鞅
291（撰）
80～羊高
52（傳述）

## $8090_4$余

05～靖
184（編修）
204（記）
493（撰）
23～允文
283（撰）
27～綱
395（撰）
29～嶸
206（撰）
30～安行
534（撰）
86～知古
200（撰）
442〔撰〕

## $8211_4$鍾

27～將之
628（撰）
29～嶸
641（撰）
88～簵
320（撰）

## $8315_3$錢

00～文子
41（撰）
362（撰）
02～端禮
429（撰）
07～諷
427（撰）
17～乙
389（撰）
25～紳
252（撰）
26～儼
137（撰）
201（撰）
44～若水
128（重修）
128（修撰）
45～棲業
265（述）
46～如璧
374（編）
47～起
562（撰）
60～易
202（撰）
326（撰）
491（撰）
589（撰）
77～聞詩
554（撰）
88～竽
394（編）
90～惟演
175（撰）
201（撰）
201（撰）

201（撰）
409（撰）
445（唱和）
491（撰）

## $8471_1$ 饒

88～節
598（撰）

## $8742_7$ 鄭

00～康成
28（注）
34（箋）
36（撰）
41（撰）
43（撰）
47（撰）
69（撰）
79（注）
79（注）
79（注）
～庠
41（撰）
～文寶
136（撰）
136（撰）
07～望之
153（撰）
10～正則
186（撰）
～亞
125〔撰〕
12～延晦
148（撰）
13～戩
91（修定）
21～處誨
144（撰）
～熊
259（撰）
24～俠
507（撰）
26～伯熊
543（撰）
～伯英
543（撰）
～儼
206（撰）
～嵎
573（撰）
30～定
477（刊）
～寅
134（編）
237（藏）
421（撰）
34～汝諧
25（撰）
36～湜
169（集）
554（撰）
37～澥
145（撰）
38～棨
144（撰）
40～克
221（撰）
375（撰）
～樵
30（撰）
38（撰）
50（撰）
65（撰）
85（撰）
88（撰）
93（撰）
93（撰）
93（撰）
234（撰）
235（記）
237（撰）
305（撰）
47～獬
501（撰）
50～東卿
18（撰）
60～景龍
452（集）
64～暐
257（撰）
68～畋
484（撰）
72～剛中
18（撰）
533（撰）
77～居中
185（撰）
80～翁歸
218（述）
～谷
575（撰）

## $8810_1$ 竺

34～法蘭
355（譯）

## $8822_7$ 簡

71～長
445〔撰〕

## $8824_3$ 符

44～蒙
582（撰）

## $8877_7$ 管

50～夷吾
291（撰）

## $9001_4$ 惟

32～浄
356（集）
77～鳳
445〔撰〕

### $9003_2$懐

40～古
445〔撰〕

### $9022_7$尚

01～顔
584〔撰〕

### $9022_7$常

11～璩
143（撰）
15～建
559（撰）

### $9090_4$米

30～憲
230（録）
44～芾
233（撰）
407（撰）
408（撰）
413（撰）
414（撰）
517（撰）

### $9181_4$煙

44～蘿子
350〔撰〕

### $9408_1$慎

12～到
292（撰）